PREMIER EXAMEN DU BACCALAURÉAT ÈS LETTRES

(Programme de 1880)

TABLEAUX SYNOPTIQUES

DE

L'HISTOIRE DE L'EUROPE

ET PARTICULIÈREMENT DE LA FRANCE

Troisième fascicule : De 1610 à 1789

(CLASSE DE RHÉTORIQUE)

REDIGÉS D'APRÈS LE PROGRAMME DU BACCALAURÉAT ÈS LETTRES

Par M. H. BRIAND

PROFESSEUR D'HISTOIRE.

NEUVIÈME ÉDITION

ENTIÈREMENT REFONDUE.

PARIS

IMPRIMERIE ET LIBRAIRIE CLASSIQUES

Maison Jules DELALAIN et Fils

DELALAIN FRÈRES, Successeurs

56, RUE DES ÉCOLES, 56

HISTOIRE DE L'EUROPE

ET PARTICULIÈREMENT DE LA FRANCE

DU XVIIᵉ SIÈCLE A LA FIN DU XVIIIᵉ SIÈCLE

(1610-1789).

LOUIS XIII (1610-1643). — TROUBLES DE LA RÉGENCE. ÉTATS GÉNÉRAUX DE 1614.

Minorité de Louis XIII, âgé seulement de *neuf ans*, à la mort de son père, **Henri IV**. — Sur l'injonction du *duc d'Épernon*, le **Parlement de Paris** confère la RÉGENCE à la *reine mère*, **Marie de Médicis**, *femme hautaine, de peu d'intelligence et de cœur, sans force* contre les intrigues des seigneurs et les conspirations des **huguenots** : « *Le roi est mineur*, disait le vieux Duplessis-Mornay, *soyons majeurs;* » et Henri de Rohan, *gendre de Sully*, pensait dès lors à « *hasarder tout et périr, ou faire une république* ».

Ministère de l'Italien Concini, favori de la reine, qui devient le *maréchal d'Ancre*. — On abandonne les *projets politiques* de Henri IV, et on se rapproche de la *Maison d'Autriche* par le double mariage de **Louis XIII** avec *Anne d'Autriche*, fille de **Philippe III** d'Espagne, et du *fils* de celui-ci, plus tard **Philippe IV**, avec *Élisabeth de France*, sœur cadette de Louis XIII (1615). — Sully se retire dans son gouvernement du *Poitou*, pour y vivre jusqu'à sa mort (1641), *dans la pompe austère d'un souverain féodal*.

Première révolte des grands : *Condé, Soissons, Mayenne, Bouillon, Vendôme, Nevers*, etc. ; — traité de *Sainte-Menehould* (1614) : un million aux révoltés. — **Louis XIII** est déclaré *majeur*, mais la *reine mère* n'en garde pas moins le gouvernement du royaume. — Dilapidation des finances.

Deuxième révolte des grands, soutenus par les *protestants* ; — traité de *Loudun* (1616) : **Condé** comblé d'honneurs; six millions aux rebelles, « *belle prime à l'insurrection* »; les anciens ministres de Henri IV (les barbons), *Villeroy, Jeannin, Sillery*, disgraciés. — Sur le conseil de **Richelieu**, *aumônier de la reine*, **Condé** est arrêté et emprisonné à *la Bastille*, puis à *Vincennes*.

(sidebar)
Troubles
de la régence.

Ministère de Concini
(1610-1617).

ⓒ

19

PREMIER EXAMEN DU BACCALAURÉAT ÈS LETTRES

(Programme de 1880)

TABLEAUX SYNOPTIQUES

DE

L'HISTOIRE DE L'EUROPE

ET PARTICULIÈREMENT DE LA FRANCE

Troisième fascicule : De 1610 à 1789

(CLASSE DE RHÉTORIQUE)

REDIGÉS D'APRÈS LE PROGRAMME DU BACCALAURÉAT ÈS LETTRES

Par M. H. BRIAND

PROFESSEUR D'HISTOIRE.

NEUVIÈME ÉDITION

ENTIÈREMENT REFONDUE.

PARIS

IMPRIMERIE ET LIBRAIRIE CLASSIQUES

Maison Jules DELALAIN et Fils

DELALAIN FRÈRES, Successeurs

56, RUE DES ÉCOLES, 56

HISTOIRE DE L'EUROPE

ET PARTICULIÈREMENT DE LA FRANCE

DU XVIIᵉ SIÈCLE A LA FIN DU XVIIIᵉ SIÈCLE

(1610-1789).

━━━◆◇◆◇◆━━━

LOUIS XIII (1610-1643). — TROUBLES DE LA RÉGENCE. ÉTATS GÉNÉRAUX DE 1614.

Minorité de Louis XIII, âgé seulement de *neuf ans*, à la mort de son père, **Henri IV**. — Sur l'injonction du *duc d'Épernon*, le **Parlement de Paris** confère la RÉGENCE à la *reine mère*, **Marie de Médicis**, *femme hautaine, de peu d'intelligence et de cœur, sans force* contre les intrigues des **seigneurs** et les conspirations des **huguenots** : « *Le roi est mineur*, disait le vieux Duplessis-Mornay, *soyons majeurs;* » et Henri de Rohan, *gendre de Sully*, pensait dès lors à « *hasarder tout et périr, ou faire une république* ».

Ministère de l'Italien Concini, favori de la reine, qui devient le *maréchal d'Ancre*. — On abandonne les *projets politiques* de Henri IV, et on se rapproche de la *Maison d'Autriche* par le double mariage de **Louis XIII** avec *Anne d'Autriche*, fille de **Philippe III** d'Espagne, et du *fils* de celui-ci, plus tard **Philippe IV**, avec *Élisabeth de France*, sœur cadette de Louis XIII (1615). — **Sully** se retire dans son gouvernement du *Poitou*, pour y vivre jusqu'à sa mort (1641), *dans la pompe austère d'un souverain féodal*.

Première révolte des grands : *Condé, Soissons, Mayenne, Bouillon, Vendôme, Nevers,* etc. ; — traité de *Sainte-Menehould* (1614) : un million aux révoltés. — **Louis XIII** est déclaré *majeur*, mais la *reine mère* n'en garde pas moins le gouvernement du royaume. — Dilapidation des finances.

Deuxième révolte des grands, soutenus par les *protestants* ; — traité de *Loudun* (1616) : **Condé** comblé d'honneurs; six millions aux rebelles, « *belle prime à l'insurrection* »; les anciens ministres de Henri IV (les barbons), *Villeroy, Jeannin, Sillery*, disgraciés. — Sur le conseil de **Richelieu**, aumônier de la reine, **Condé** est arrêté et emprisonné à *la Bastille*, puis à *Vincennes*.

(marge:) Troubles de la régence.

Ministère de Concini (1610-1617).

©

Marie de Médicis convoque les États généraux, à Paris, en 1614. — 464 députés. — *Le cardinal de Joyeuse*, président du clergé : *Armand Du Plessis de Richelieu*, évêque de Luçon, âgé de vingt-neuf ans, orateur du clergé. — *Le baron de Sénécé*, président de la noblesse. — *Robert Miron*, président du Tiers État : *Savaron*. — L'orateur du *tiers* parle au roi, *à genoux*.

Le Clergé demande *la publication des décrets du concile de Trente*. — La noblesse demande *l'abolition de la vénalité* et par là même de *l'hérédité des charges judiciaires*, c'est-à-dire la suppression de *la Paulette*. — Le tiers état réclame une déclaration d'*indépendance des rois vis-à-vis des papes* et *la diminution des pensions et des impôts*.

États généraux de 1614.

Lutte ardente entre la noblesse et le tiers état, qui appelle les gentilshommes « *ses frères aînés.* » — La noblesse froissée rappelle le tiers état aux rapports « *de maîtres à valets.* » — La cour fait réclamer la salle des séances pour un *ballet*, et l'assemblée se sépare *sans résultat*. — Aux *remontrances hardies* du Parlement, qui prétend se substituer aux *États congédiés*, Marie de Médicis répond fièrement : « *Que dans un État monarchique, comme la France, le roi ne doit compte de ses actions qu'à Dieu.* »

Louis XIII s'éprend d'amitié pour Albert de Luynes, son *fauconnier*, qui fait assassiner le *maréchal d'Ancre* par *Vitry*, capitaine des gardes (1617) ; — sa veuve, *Léonora Galigaï*, sœur de lait de Marie de Médicis, qui n'avait *ensorcelé la reine mère que par l'ascendant d'un esprit supérieur sur un esprit faible*, périt sur le bûcher. — Marie de Médicis est reléguée à Blois, et Richelieu est exilé dans son évêché de *Luçon*. — Les anciens ministres sont rappelés.

Ministère d'Albert de Luynes (1617-1621).

Ministère d'Albert de Luynes : « *La taverne a seulement changé de bouchon.* » — Marie de Médicis, échappée de Blois, tente de renverser Luynes avec l'aide du *duc d'Épernon*. — Richelieu, rappelé par Luynes, réconcilie le roi avec sa mère par le traité d'*Angoulême*, confirmé bientôt à *Angers*, à la suite d'une vive escarmouche en avant des *Ponts-de-Cé* (1620). — Le duc de Luynes épouse *Marie de Rohan, duchesse de Chevreuse*. — Condé est mis en liberté.

Révolte des protestants.

Soulèvement des protestants, provoqué par le rétablissement du catholicisme en *Béarn*. — L'assemblée de la Rochelle proclame *la république des 722 églises réformées de France et de Béarn*.—Luynes, qui a pris le titre de *connétable*, *sans savoir ce que pèse une épée*, emmène le *jeune roi* combattre les troupes calvinistes commandées par le *duc de Rohan*. — Il échoue au siège de Montauban et en *meurt de chagrin* (1621). — Soumission de *La Force*, qui devient *maréchal de France* ; de *Lesdiguières*, qui abjure et devient *connétable*. — *Siège* et *traité* de Montpellier, qui interdit aux protestants *toute assemblée politique* et ne leur laisse que deux places de sûreté, *la Rochelle et Montauban* (1622).

Ministère des Sillery, Puisieux-Sillery et la Vieuville. — Marie de Médicis, qui a fait obtenir à son favori Richelieu le chapeau de *cardinal*, en 1623, le fait enfin entrer au *Conseil*, en 1624, malgré les *répugnances du roi.*

19.

RICHELIEU
(1585 - 1642).

Le ministre et le roi.

RICHELIEU (**Armand-Jean Du Plessis, duc de**), né à Paris en 1585, appelé par **Henri IV** à *l'évêché de Luçon*, à l'âge de vingt-deux ans, — *cardinal à* trente-sept ans, — s'était fait remarquer aux **états généraux de 1614** par *son intelligence pratique des affaires, sa parole facile, nette et lumineuse.* — Il était doué *d'un esprit vaste et profond, d'une rare connaissance des hommes et des choses, d'une volonté de fer et d'une activité que rien ne lassait;* — *Sully*, du fond de sa retraite, disait « *que le roi avait été comme inspiré de Dieu en le choisissant comme ministre.* »

Louis XIII, *caractère faible, mélancolique et ombrageux, cœur sec et sans attachement, esprit juste, mais peu étendu*, comprit cependant **Richelieu**; — il eut le mérite de *se laisser conduire* par ce grand homme d'État et de *le maintenir au pouvoir* en dépit de toutes les intrigues, lui sacrifiant tout, mère, femme, amis, courtisans, ses propres inclinations même, *car il ne l'aima jamais.*

Richelieu fit prévaloir, dans tout le royaume, *les volontés du roi*, c'est-à-dire *les siennes; faisant de son maître son esclave, mais de cet illustre esclave un des plus puissants monarques de l'Europe.*

Politique de Richelieu.

Richelieu, en arrivant au pouvoir (1624), se proposa, pour *la grandeur de la monarchie française*, **trois buts**, qu'il poursuivit *de front*, pendant les dix-huit années de son ministère : — 1° **la ruine des protestants** comme *parti politique*; — 2° **l'abaissement des grands** devant *l'autorité royale*; — 3° **la prépondérance de la France** en Europe, par **l'abaissement de la maison d'Autriche**.

1° Lutte contre les protestants.

Siège de la Rochelle.

Les protestants, qui forment un parti armé au sein du royaume, soulevés par les frères *Rohan* et *Soubise*, sont battus par les troupes royales en 1625. — Ils recommencent, en 1627, **la guerre civile**, soutenus par l'Angleterre, à l'instigation du favori *Buckingham*, malgré le mariage de **Charles I**ᵉʳ avec *Henriette de France*, sœur de Louis XIII.

Richelieu les frappe au cœur en mettant le siège devant la Rochelle. — Les secours des Anglais conduits par *Buckingham*, repoussé de *l'île de Ré* par le marquis de *Toiras*, viennent échouer devant la *digue de 1 600 mètres*, construite pour fermer l'entrée du port.— **Richelieu**, tour à tour *général*, *amiral*, *munitionnaire*, *comptable*, pourvoit à tout; — il est secondé par ses dignes lieutenants *d'église militante*, *Sourdis*, archevêque de Bordeaux, *l'évêque de Mende*, *l'abbé de Marcillac*.

Héroïque résistance des Rochellois animés par leur *maire*, l'énergique **Guiton**. — Ils capitulent après quatorze mois *d'horribles souffrances;* sur 30 000 habitants, 25 000 avaient péri (1628).

Paix d'Alais (1629), avec *Henri de Rohan*, généralissime du parti, qui avait essayé de prolonger la guerre dans *les Cévennes*. — **Richelieu** laisse aux protestants *la liberté de conscience*, mais leur retire *toutes leurs places de sûreté*, et leur interdit *toute assemblée politique*. — **Les calvinistes** cessent d'être *un État dans l'État*, ils ne sont plus désormais qu'une *secte dissidente*.

Richelieu, pour abaisser l'orgueil des grands : — fait *démolir* les châteaux forts non situés sur la frontière, comme inutiles désormais pour la défense du royaume ; — supprime les *charges* de **connétable** et de **grand amiral**; — crée les **intendants** (1635), agents dociles et d'ailleurs révocables à volonté, chargés dans les *provinces* de *l'administration judiciaire, civile et financière*, ce qui diminue singulièrement l'importance des **gouverneurs**, grands seigneurs si souvent armés contre le roi ; — édicte *la peine de mort contre les duellistes*, pour réprimer la *fureur* des duels, qui avaient fait périr, en dix-huit ans, près de 4 000 gentilshommes, et fait exécuter les *comtes de Bouteville* et *des Chapelles*, qui avaient osé braver l'édit et se battre, à Paris, *en plein midi*, sur la place Royale ; — reprend les **Grands-Jours**; ceux de *Poitiers*, en 1634, condamnent plus de 200 *nobles*, pour exactions et violences. — Sévérités du *code* **Michau** contre la *noblesse*.

2° Lutte contre la noblesse.

———

Création des intendants.

Les grands répondent à ces mesures par des *intrigues* et des *complots* contre le premier ministre, à qui « *les six pieds carrés du cabinet du roi donnent plus de mal et d'inquiétude que tous les cabinets de l'Europe.* »

Première conspiration : *Gaston*, frère du roi, la jeune reine *Anne d'Autriche*, *Chalais, Ornano*, la *duchesse de Chevreuse* (veuve de Luynes), *la princesse de Condé*. — Le complot est découvert. — *Chalais* est décapité, *Ornano* emprisonné, la *duchesse de Chevreuse* chassée; les autres demandent pardon (1626). — **Gaston** est marié à *Mademoiselle de Montpensier*, et reçoit le *duché d'Orléans* en apanage. — Assemblée de notables, qui approuvent chaleureusement tous les projets de réforme administrative de Richelieu (1626).

Maladie de Louis XIII : *le grand orage* contre Richelieu, à *Lyon* (1630). — *Marie de Médicis*, devenue l'ennemie de son favori, somme le roi de choisir entre *sa mère et son valet*. — La Journée des Dupes : *le cardinal fait ses paquets le matin, ce sont ses ennemis qui les font le soir* (11 novembre. 1630). — *Marillac* est décapité comme concussionnaire, *Bassompierre* mis à la Bastille, *Anne d'Autriche* reléguée au Val-de-Grâce; — **Marie de Médicis** sort du royaume, elle mourra *en exil* à Cologne.

Complots des grands contre Richelieu.

———

La Journée des Dupes.

Soulèvement armé de Gaston et de Montmorency en Languedoc (1632). — Les rebelles sont battus à *Castelnaudary*, et le duc de Montmorency, *ce dernier représentant du monde chevaleresque et féodal*, est *décapité* à Toulouse. — Le *lâche* **Gaston** s'enfuit à Bruxelles, puis revient en France (1634), jurant « *d'aimer monsieur le cardinal autant qu'il l'avait haï.* » — **Richelieu** l'épargnait, parce qu'il était *du sang de France qu'il faut respecter*; mais la **naissance d'un dauphin** (Louis XIV), quatre ans après (1638), lui enleva son importance et son rang privilégié *d'héritier présomptif de la couronne*.

Révolte du comte de Soissons et du duc de Bouillon. — Bataille de *la Marfée*, où le comte de Soissons, vainqueur, est tué (1641). — Le duc de Bouillon livre *Sedan*, qui est réuni à la France (1642).

Conspiration du jeune Cinq-Mars, *grand écuyer de France* (1642). — Il est décapité à Lyon, avec son ami et confident *De Thou*, fils de l'historien.

Richelieu reprend les projets de Henri IV contre la Maison d'Autriche, dont les vastes États *cernent de tous côtés la France.*

Affaire de la Valteline (1624) : il prend parti pour les *Grisons protestants* contre le *gouverneur espagnol de Milan*, et leur fait restituer cette province.

Affaire de la succession de Mantoue (1628-1631). — *Vincent de Gonzague, duc de Mantoue*, étant mort sans enfant, son héritage revient de droit à un prince français, *Charles de Gonzague, duc de Nevers*. — L'Empereur, l'Espagne et la Savoie lui opposent *le prince de Guastalla*. — Après *deux expéditions au delà des Alpes*, Richelieu établit *le duc de Nevers à Mantoue*, et obtient de *Victor-Amédée*, duc de Savoie, *Pignerol* et le *libre passage des Alpes*, par le traité de Chérasco (1631), où se révèle toute la *finesse de Mazarin*, alors agent diplomatique du Saint-Siège.

Période française de la guerre de Trente ans. — Richelieu lance d'abord *Gustave-Adolphe* contre la Maison d'Autriche. — Après la mort de ce prince, tué à *Lutzen*, Richelieu, avec l'appui des *Suédois*, des *Hollandais* et des *protestants d'Allemagne*, entre directement en lutte contre *l'Espagne* et *l'Empire* (1635). — Il conduit les opérations avec un tel succès, qu'à sa mort (4 décembre 1642) il a déjà réuni à la France *l'Alsace* (1639), *l'Artois* (1640) et le *Roussillon* (1642). — Il s'est, de plus, attaché le *prélat italien Mazarin*, qui a succédé dans sa confiance au fameux *capucin, le Père Joseph* (l'Éminence grise), et qui continuera sa politique sous Louis XIII et sous Louis XIV.

Accroissement de l'autorité monarchique et progrès de *l'unité nationale et administrative*, par la création des **intendants**, qui porte le *dernier coup à la féodalité* ; — les *gouverneurs de provinces* n'ont plus que le commandement des troupes. — Plus *d'États généraux*, et même, après 1626, plus *d'assemblées de notables*.

Soumission du Parlement, qui dut se borner à *enregistrer* et à *promulguer les édits*, sans même *en prendre connaissance* ; — les *lits de justice* triomphent de ses résistances. — Création du *Parlement de Metz* ou *d'Austrasie*.

Finances. — Le marquis d'Effiat, père de Cinq-Mars, *surintendant des finances*, reprend d'abord les *sages traditions d'économie et de régularité* de Sully, et conçoit l'idée du *budget annuel*. — Mais *les grandes dépenses de la guerre* amènent le **désordre dans les finances**. — *Augmentation des impôts* ; émeutes à Paris et dans les provinces : les *croquants* de Guyenne et les *va-nu-pieds* de Normandie. — Impôt sur le *tabac* (1629).

Armée. — Suppression des charges de **connétable** et de **grand amiral**, dont l'un payait l'*armée*, et l'autre la *flotte*, sans *contrôle*. — L'armée française compte 180 000 hommes, répartis en 100 *régiments d'infanterie* et 300 *cornettes* ou *compagnies de cavalerie*. — Le *simple soldat* peut avancer jusqu'au grade de **capitaine** et *plus avant s'il s'en rend digne* (ordonnance de 1629). — Les armées ont des *ambulances*, des *chirurgiens*, des **aumôniers**, des *intendants* ou *munitionnaires*.

Sidebar (left margin):

3° Lutte contre la Maison d'Autriche.

Affaires de la Valteline et de la succession de Mantoue.

Guerre de Trente ans.

Administration de Richelieu.

Administration de Richelieu. *(Suite.)*

Marine. — Richelieu est le véritable créateur de *la puissance maritime* de la France ; il prend le titre de *surintendant de la navigation*. — Il organise un *matériel* et des *magasins* ; établit des *écoles de mousses, de pilotes* ; crée les *premiers régiments de marine* et fait creuser le *port* de **Brest** pour la *marine royale* (1627-1639). — En 1642, la France possédait 85 *vaisseaux de guerre.*

Commerce et industrie. — Richelieu organise des *consulats* sur toutes les côtes visitées par nos *bâtiments de commerce*. — Il veut créer de *grandes compagnies privilégiées* pour exploiter le commerce des *Indes*, du *Canada*, des *îles d'Amérique* ; mais ses essais ne sont pas heureux. — Un **édit royal** déclare que *les gentilshommes peuvent faire le commerce maritime sans déroger*. — Création dans les villes de *monts-de-piété*, maisons de prêts sur gages. — Les **Postes royales** sont ouvertes aux *correspondances des particuliers*. — Richelieu encourage les industries naissantes de *glaces* et de *tapis* ; fait venir des ingénieurs des Pays-Bas pour *dessécher les marais*, et achève le *canal de Briare.*

L'Église de France, sous l'inspiration de Richelieu, fut comme *régénérée*. — **Saint Vincent de Paul**, *l'intendant de la charité* (1576-1660), fonde *la Congrégation des Prêtres de la Mission* (Lazaristes), *les Sœurs de la Charité, les Enfants-Trouvés, l'Hospice de la Salpêtrière*. — **Le cardinal de Bérulle** fonde *la Congrégation de l'Oratoire*. — Richelieu favorise de tout son pouvoir les *Bénédictins de la Congrégation de Saint-Maur* ; — il fait enfermer à Vincennes le fameux *abbé de Saint-Cyran*, en qui il croyait voir un nouveau Calvin. — Le *siège épiscopal* de Paris est érigé en archevêché (1622).

Richelieu protecteur des lettres et des arts.

Richelieu, protecteur des lettres, — fonde, en 1635, l'**Académie française** *pour fixer et épurer la langue* ; — pensionne *Boisrobert, L'Estoile, Colletet, Rotrou* et le grand **Corneille**, l'auteur du *Cid*, dont il eut le *ridicule* d'être jaloux ; — reconstruit la **Sorbonne**, où l'on voit, dans la chapelle, son *tombeau*, œuvre de *Girardon* ; — fonde l'*Imprimerie royale*, le *Collège du Plessis* et le *Jardin des Plantes.*

Richelieu, écrivain lui-même, compose de remarquables *ouvrages théologiques*, des *Mémoires*, un *Testament politique* et une tragédie, *Mirame*. — Il encouragea la fondation de la **Gazette de France** de *Renaudot, le plus ancien journal de France*, dont le premier numéro parut le 30 mai 1631, et y *collabora* souvent. — Dans l'intervalle des affaires, il composait des *plans dramatiques*, qu'il faisait *rimer* par des poètes *à ses gages*. — Influence de l'**hôtel de Rambouillet**, *le tribunal souverain des affaires d'esprit en ce temps-là.*

Richelieu, protecteur des arts, — offre 40 000 *écus* pour un tableau de *Fra Sébastien* ; — pensionne **Simon Vouet**, qui fut *le peintre ordinaire* de Louis XIII, et le **Poussin**, qu'il logea aux *Tuileries* et chargea de décorer *la grande galerie du Louvre* ; — orne les maisons royales des chefs-d'œuvre de *Lesueur*, de *Champaigne* et de *Sarrazin*, et construit le **Palais-Cardinal** (Palais-Royal), magnifique résidence où il *vivait en roi*, et qu'il *légua* en mourant à Louis XIII. — C'est *Marie de Médicis* qui fit élever le palais du **Luxembourg**.

Mort de Richelieu et de Louis XIII.

Richelieu meurt à 58 ans (4 décembre 1642), en recommandant au roi *Mazarin*, son protégé, et en prenant Dieu à témoin *qu'il n'avait jamais eu d'autres ennemis que ceux de l'État.* — « *Voici mort un grand politique,* » dit froidement **Louis XIII**, qui mourut cinq mois après (14 mai 1643) ; — mais, *fidèle à la politique du cardinal,* il appela **Mazarin** au Conseil pour la continuer.

GUERRE DE TRENTE ANS.
PAIX DE WESTPHALIE. PROGRÈS DE LA HOLLANDE ET DE LA SUÈDE.
TRAITÉ D'OLIVA.

GUERRE DE TRENTE ANS.

Définition.

C'est la lutte des princes protestants d'Allemagne contre l'Empereur et les princes catholiques ; — guerre **religieuse**, au début, qui, s'alimentant ensuite des *animosités de l'Europe* contre la **Maison d'Autriche**, devient **purement politique** et s'étend à *toute l'Europe occidentale.*

Cette guerre, qui dura **trente ans** (1618-1648), fut *la première des guerres dites modernes,* par sa longue durée, les forces mises en jeu, l'habileté de stratégie et de tactique des généraux.

Elle couvrit l'Allemagne de sang et de ruines ; dépeupla des *provinces entières,* ruina des *villes florissantes,* anéantit l'*agriculture,* le *commerce,* l'*industrie,* et livra aux flammes d'immenses trésors d'*érudition,* de *sculpture,* de *gravure,* de *vitraux,* etc. — **Schiller** a été *l'historien* de cette guerre terrible.

Causes de la guerre de Trente ans.

1° **L'inobservation du réservat ecclésiastique,** clause de la *paix d'Augsbourg* (1555), qui interdit à tout ecclésiastique de conserver, en passant à la Réforme, *les biens attachés à son Église.* — L'archevêque de Cologne se fait *calviniste,* se marie et prétend conserver son *électorat* (1562) en le sécularisant ; mais les *luthériens* l'abandonnent, par *haine des calvinistes,* et il va mourir misérablement à Strasbourg.

2° **L'antagonisme des catholiques et des protestants en Allemagne,** qui forment, en 1608, pour la défense de leurs intérêts, *deux ligues* indépendantes de l'Empereur : — la **Ligue évangélique** ou **protestante,** qui a pour chef *l'électeur palatin, Frédéric V ;* — la **Ligue catholique,** qui a pour chef *le duc de Bavière, Maximilien.*

3° **L'ouverture de la succession des duchés de Clèves, Berg et Juliers** (1609). — Les deux ligues vont soutenir à main armée *leurs prétendants respectifs ;* mais *la mort de Henri IV* arrête les hostilités (1610).

4° **La défénestration de Prague.** — Les Bohémiens révoltés contre l'empereur **Mathias,** qui, malgré les *Lettres de Majesté* (1609), a fait démolir *deux temples protestants,* bâtis, il est vrai, en terre *catholique,* envahissent le **château de Prague** sous la conduite du *comte de Thurn,* et, « *selon un vieil usage de Bohême,* » précipitent par la fenêtre les commissaires autrichiens (1618). — *Ce fut le signal de la guerre de Trente ans.*

Divisions.

LA GUERRE DE TRENTE ANS se divise en quatre périodes : palatine, danoise, suédoise et française, qui tirent leurs noms des *principaux acteurs* de chacune d'elles.

1° Période palatine (1618-1623).

L'électeur palatin Frédéric V.

L'empereur Mathias veut venger la défénestration de Prague, mais il meurt peu après (1619).—Ferdinand II lui succède à *Vienne* et est élu empereur à *Francfort*. — Mais les *Bohémiens* prennent pour roi l'électeur palatin Frédéric V, gendre de *Jacques Ier*, roi d'Angleterre, et *chef de l'Union évangélique*, qui accepte sur les instances de sa *femme*.

Ferdinand II, assiégé dans Vienne par *le comte de Thurn*, est sauvé par *Dampierre et Bucquoy*.— Il est soutenu par le pape, l'Espagne et *l'Union catholique*, dont le général, *Tilly*, écrase les protestants à la bataille de la Montagne Blanche, près de *Prague* (1620). — Frédéric s'enfuit en Hollande. — Vaine résistance d'*Ernest de Mansfeld* et de *Christian de Brunswick* (ami de Dieu, ennemi des prêtres). — Ferdinand II fait prononcer dans une diète à Ratisbonne (1623) la confiscation des domaines de *l'électeur palatin* et les donne, avec son titre d'électeur, à *Maximilien de Bavière*.

2° Période danoise (1625-1629).

Christian IV de Danemark.

Le roi de Danemark, Christian IV, vient au secours des protestants d'Allemagne. — Mais il est battu à *Lutter* (1626), par l'habile et impitoyable Tilly, surnommé le *démon de la guerre*, et à *Dessau*, par Waldstein ou Wallenstein, *duc de Friedland*, puissant seigneur bohémien, *d'une ambition sans bornes, exaltée par l'astrologie*, qui a donné à l'empereur une armée de 50 000 hommes, *aventuriers* levés et commandés par lui, et qu'il a promis de *nourrir par la guerre*. — Christian se retire alors de la lutte par le traité de Lubeck (1629), qui lui rend ses États, à la condition de ne plus se mêler, à l'avenir, des affaires de l'Allemagne.

Waldstein échoue au *siège* de Stralsund, l'une des grandes *villes hanséatiques*, qu'il avait juré de prendre, *fût-elle attachée au ciel avec des chaînes, et l'enfer l'eût-il entourée d'une enceinte de diamants ;* — puis il fait exécuter, avec une *barbarie inouïe*, l'édit de Restitution, lancé par Ferdinand II (1629), qui ordonne *la restitution de tous les biens ecclésiastiques sécularisés ou usurpés depuis la paix d'Augsbourg*.

Le Père Joseph, agent de Richelieu, qui avait su « *faire entrer dans son étroit capuchon six bonnets électoraux,* » obtient, à la diète de *Ratisbonne* (1630), la disgrâce de Waldstein et le licenciement de son armée, pendant que *Richelieu*, par un subside annuel de 400 000 écus, déterminait Gustave-Adolphe, *roi de Suède* et *luthérien*, à fondre sur l'*Empire* (traité secret de Bernwald).

3° Période suédoise (1630-1635).

Gustave-Adolphe.

Le roi de Suède, Gustave-Adolphe, « *cette Majesté de neige,* » débarqué en Poméranie avec 15 000 soldats admirablement disciplinés, ne peut d'abord empêcher *le sac de Magdebourg* par l'armée catholique du farouche *Tilly ;* — mais il atteint, à *Leipzig*, cette armée, dite *invincible*, et la détruit (1631). — Il s'empare de *Francfort*, de *Mayence*, rend le palatinat à *Frédéric V* et entre en vainqueur à *Munich* (1632), après avoir forcé le passage du *Lech*, où Tilly est tué.

Waldstein, rappelé par l'empereur effrayé, stipule des pouvoirs illimités. — *Les deux grands capitaines s'observent pendant trois mois devant Nuremberg,* sous les yeux de l'Europe attentive. — Enfin, **Waldstein** se jette sur la Saxe; **Gustave-Adolphe** l'y suit, et les deux armées en viennent aux mains à **Lutzen** (1632): Gustave-Adolphe est frappé à mort dès le commencement de l'action : « *A d'autres le monde!* » s'écrie le héros en tombant ; mais son meilleur élève, le duc *Bernard de Saxe-Weimar,* achève la victoire. — *L'Europe pleura Gustave ;* sa fille **Christine** devint *reine de Suède* (1632-1654), à l'âge de six ans, sous la *régence du chancelier Oxenstiern.*

Waldstein, *cet homme terrible, qu'on voyait peu, qui ne riait jamais, qui ne parlait à ses soldats que pour faire leur fortune ou prononcer leur mort,* retiré dans son château de Prague, était l'attente de l'Europe. — Il allait peut-être se joindre aux *protestants* et se faire *roi de Bohême,* lorsqu'il fut assassiné à *Égra,* par ordre de **Ferdinand** (1634). — Ses successeurs, *Piccolomini, Galas, Jean de Werth,* triomphent avec son armée, à **Nordlingen** (1634), des Suédois commandés par *Bernard de Saxe-Weimar* et *le comte de Horn,* qui est fait prisonnier.

Les princes protestants d'Allemagne renoncent alors à la lutte et signent avec l'empereur le **traité de Prague,** qui consacre, avec quelques réserves, *l'édit de restitution* (1635). — *La Maison d'Autriche triomphe de la confédération protestante.*

Après la mort de Gustave-Adolphe, Richelieu, vainqueur en France des *protestants* et des *grands,* intervient directement dans la guerre de Trente ans, **pour abaisser la Maison d'Autriche.**

Il conclut des alliances avec les *Provinces-Unies, le duc de Savoie, les princes italiens et les Suédois,* dont le chancelier *Oxenstiern* vient conférer avec lui à Compiègne ; — **prend, à la solde du roi,** l'armée de *Bernard de Saxe-Weimar ;* — et, *jetant enfin le masque,* **déclare ouvertement la guerre à** *l'empereur et au roi d'Espagne* (1635).

Quatre armées sont mises sur pied et lancées dans *les Pays-Bas,* sur *le Rhin,* en *Italie* et aux *Pyrénées ;* — **deux flottes** sont équipées sur *l'Océan* et sur *la Méditerranée.* — *La guerre de Trente ans va embraser l'Europe.*

La campagne s'ouvre aux **Pays-Bas** par la *victoire d'Avein* (1635). — Mais, grâce à *la méfiance des Hollandais,* nos alliés, **les Espagnols** envahissent la **Picardie,** s'emparent de *Corbie* (1636) et jettent l'épouvante dans **Paris.** — Richelieu, *un moment déconcerté,* songe à quitter le ministère ; mais, ranimé par *Mazarin,* alors nonce à Paris, et par *le Père Joseph,* il *appelle tout le peuple aux armes,* et va, avec le roi, reprendre *Corbie,* à la tête de 40 000 soldats. — Héroïque défense de la petite ville de *Saint-Jean-de-Losne* en Bourgogne, sauvée par *le comte de Rantzau.* — Mort de Ferdinand II (1637); **Ferdinand III,** son fils, lui succède sur le trône impérial.

Bernard de Saxe-Weimar bat les impériaux à *Rheinfelden,* s'empare de *Brisach* et de *l'Alsace* (1638), mais meurt subitement l'année suivante ; — **Guébriaut** prend le commandement de son *armée.*

20

Gustave-Adolphe et Waldstein.

Leur mort.

Richelieu intervient dans la guerre de Trente ans.

Ses alliances, ses préparatifs.

4° PÉRIODE FRANÇAISE (1635-1648).

1° Sous Louis XIII et Richelieu.

4° Période française (1635-1648).

1° Sous Louis XIII et Richelieu. *(Suite.)*

Prise d'**Arras** et conquête de l'*Artois* (1639). — Prise de *Perpignan* et conquête du *Roussillon* (1642). — Victoires du **comte d'Harcourt** en Italie, à *Casal*, *Turin*, *Ivrée* (1639-1640). — **Le Portugal** se soulève contre l'Espagne (1640) et proclame roi *Jean de Bragance*, que Richelieu s'empresse de soutenir.

Banner, *le second Gustave*, bat les Impériaux à *Wittstock* (1636), à *Chemnitz* (1639), et manque d'enlever l'empereur à *Ratisbonne* (1641). — Son successeur, *le paralytique* **Torstenson**, étonne l'Europe par la *rapidité et la fougue* de ses opérations, et écrase l'armée impériale à *Breitenfeld* (1642). — **Guébriant**, à la tête de l'armée *weimarienne*, bat *Piccolomini* à *Wolfenbuttel* (1641), puis *Lamboi* à *Kempen* (1642).

Lorsque Richelieu descend dans la tombe (4 décembre 1642), où bientôt le suivra **Louis XIII** (14 mai 1643), *la France est victorieuse sur tous les points*, et l'œuvre du grand cardinal va être continuée par **Mazarin**, héritier de sa puissance et de ses idées politiques.

2° Sous Louis XIV et Mazarin.

Le jeune **duc d'Enghien**, plus tard prince de Condé, âgé de 21 ans, inaugure brillamment le règne de Louis XIV en écrasant, à **Rocroy** (19 mai 1643), la fameuse *infanterie espagnole*, réputée jusque-là *invincible*, et en remportant avec **Turenne**, sur *Mercy*, la brillante victoire de **Fribourg** (août 1644), qui nous donne *Philippsbourg*, *Worms* et *Mayence*.

Turenne, laissé en Allemagne, veut se joindre à **Torstenson**; mais il est surpris et défait par **Mercy** à *Marienthal* (1645). — **D'Enghien** accourt, et *Mercy* trouve la défaite et la mort à *Nordlingen* (1645). — Le **duc d'Enghien** enlève aux Espagnols la ville de *Dunkerque* (1646), mais échoue devant *Lérida*, en Catalogne (1647). — Une **flotte franco-hollandaise** va secourir *Naples*, insurgée contre l'Espagne, à la voix du pêcheur *Masaniello* (1647).

Turenne, qui a opéré sa jonction avec **Wrangel**, successeur de Torstenson, détruit l'armée bavaroise à *Summerhausen* et menace *Vienne* (1648). — Enfin, le *duc d'Enghien*, devenu **prince de Condé** par la mort de son père, remporte sur l'archiduc *Léopold* la victoire décisive de **Lens** (1648), qui décide **Ferdinand III**, désormais sans armée, à céder au vœu des peuples, épuisés par cette cruelle guerre, et à faire la paix.

Traités de Westphalie (1648).

Congrès à Osnabruck (Westphalie), entre l'*empereur*, la *Suède* et les *princes protestants d'Allemagne*. — **Congrès à Munster** (Westphalie), entre l'*empereur*, la *France*, l'*Espagne*, les *Provinces-Unies* et les *princes catholiques d'Allemagne*.

Les plénipotentiaires : *comte d'Avaux*, *Abel Servien* et le *duc de Longueville* (France), *le baron d'Oxenstiern* (Suède), *le comte de Trautmansdorf* (Autriche), *et le nonce Chigi* (plus tard Alexandre VII), etc.

L'Espagne, qui espère profiter des troubles de *la minorité de Louis XIV*, se refuse à faire la paix avec la France; — elle continuera *seule* la guerre jusqu'au **traité des Pyrénées**, en 1659.

20.

1° Clauses territoriales.

La France acquiert l'*Alsace*, sauf Strasbourg ; *Pignerol*, *Vieux-Brisach* et *Philippsbourg*, *clefs* du Piémont et de l'Allemagne, et se fait confirmer la possession des *Trois-Évêchés* (Metz, Toul et Verdun), conquis depuis 1552. — La *navigation du Rhin* est déclarée libre.

La Suède obtient la *Poméranie occidentale*, les évêchés de *Bremen*, de *Verden* et de *Wismar*, avec *trois voix* à la diète et cinq millions d'écus.

L'électeur de Brandebourg, qui a déjà reçu la *Poméranie orientale* (1637), obtient encore l'*archevêché de Magdebourg* et les évêchés d'*Halberstadt*, de *Minden* et de *Camin*, avec *quatre voix à la diète*.

L'électeur de Bavière garde la *dignité électorale* et le *Haut-Palatinat*, qu'il a obtenus en 1623 ; — mais le fils de l'*électeur palatin Frédéric V* recouvre le *Bas-Palatinat* ou *Palatinat du Rhin*, et on crée en sa faveur un *huitième électorat*.

2° Clauses politiques.

L'indépendance de la république des sept Provinces-Unies est reconnue, ainsi que celle de **la Suisse**, qui est déclarée *neutre*, ce qui élève une *barrière* entre l'Autriche et nos frontières.

L'Empire comprend 343 *États souverains et indépendants* (158 séculiers, 123 ecclésiastiques et 62 villes impériales) ayant le droit de faire *la paix et la guerre* et de *contracter des alliances* au dedans comme au dehors.

La Diète, composée des représentants de tous les États, règle les *affaires d'intérêt général*, décide de la *paix* et de la *guerre*, fixe le *tribut* et le *contingent* de chaque État.

L'Empereur, *chef suprême de l'Allemagne*, n'a plus qu'un *vain titre* et un pouvoir très limité ; — il est nommé par les **huit électeurs**, dont *trois ecclésiastiques* (Mayence, Trèves et Cologne), *deux laïques catholiques* (Bohême et Bavière), et *trois protestants* (Brandebourg, Saxe et Palatinat).

Les droits des États et la nouvelle Constitution sont garantis : — à *l'intérieur*, par la **Chambre impériale** (26 membres catholiques et 24 protestants), et par le **Conseil Aulique** (6 membres protestants sur 20) ; — à *l'extérieur*, par **la médiation de la France et de la Suède** (Ligue du Rhin, 1658).

3° Clauses religieuses.

Les calvinistes jouiront désormais de tous les *avantages* accordés aux **luthériens** par la paix d'*Augsbourg* (1555).

L'exercice du culte et la jouissance des biens ecclésiastiques sécularisés sont rétablis tels qu'ils étaient le 1ᵉʳ janvier 1624 (année normale ou décrétoire) dans tout l'*Empire*, excepté dans le *Palatinat*, où l'on remonte jusqu'en 1618.

Catholiques et **protestants** sont également *admissibles à toutes les fonctions publiques*. — Hors des **trois églises**, *catholique*, *luthérienne*, *calviniste*, aucune autre secte n'a d'*existence légale*.

Résultat des traités de Westphalie.

Les traités de Westphalie, que Richelieu sembla dicter du fond de son tombeau, **consacrent** : la *prépondérance de la France en Europe* ; — *l'élévation de la Suède*, *qui devient la première puissance du Nord* ; — *l'abaissement de la Maison d'Autriche et la ruine de l'autorité impériale au profit de la Diète*.

Résultat des traités de Westphalie (Suite.)

L'Allemague, où l'esprit de *division féodale* l'a emporté sur l'esprit d'*unité*, — est vouée désormais à l'impuissance et à l'anarchie par les *rivalités* et les *alliances étrangères* de cette multitude d'États, dont les *plus pauvres* seront achetés et soudoyés par *qui pourra les payer*; — elle deviendra nécessairement le *théâtre de toutes les intrigues* et le champ de bataille de l'Europe, comme l'Italie l'avait été aux siècles précédents, et pour les *mêmes raisons.*

Le système d'équilibre européen, qui consiste dans l'*union de plusieurs États pour assurer leur indépendance contre les prétentions d'une puissance prépondérante*, régira désormais la diplomatie moderne.

Le principe de la liberté de conscience est reconnu par tous. — *Il n'y aura plus, en Europe, de guerre religieuse.* — Protestation du pape Innocent X contre un traité qui rejetait toutes les *traditions de l'Europe catholique.*

Ce traité, surnommé le *Code des Nations*, servira de base à la constitution de l'Europe jusqu'en 1789.

Progrès de la Hollande sous les frères de Witt.

L'indépendance de la république des sept Provinces-Unies est reconnue par l'*Espagne*, en 1648, et garantie par les *traités de Westphalie.* — Guillaume II meurt, en 1650; il n'a qu'un *fils posthume.* — Le stathoudérat est aboli pour vingt-quatre ans, jusqu'à l'*invasion de Louis XIV* (1674).

Cette petite république de marchands, gouvernée par le *parti français et républicain* des frères de Witt, atteint, en 1661, l'apogée de sa force et de sa prospérité. — Devenus *les rouliers des mers*, les Hollandais, doués d'une *rare activité* et d'un *prodigieux esprit d'ordre et d'économie*, succèdent aux Portugais dans l'empire des Indes coloniales, fondent, en 1619, Batavia, la capitale de tous leurs établissements, et changent en *tonnes d'or* leurs *tonnes infectes de harengs et de fromages.*

Leur marine devient si puissante, que les amiraux *Tromp* et *Ruyter* peuvent lutter victorieusement contre les amiraux anglais *Blake* et *Monck.*

Progrès de la Suède sous Gustave-Adolphe et ses successeurs.

La Suède au dix-septième siècle est gouvernée d'abord par Charles IX (1604-1611), fils de *Gustave Wasa*, qui fait la conquête de la *Finlande* (1609).

Gustave-Adolphe, son fils et successeur (1611-1632), prend à la Russie, l'*Ingrie* et la *Carélie* (1617), et à la Pologne la *Livonie*, avec une partie de la *Prusse occidentale* (1629); — il intervient ensuite dans la guerre de Trente ans, bat *Tilly* à *Breitenfeld* (1631), traverse l'Allemagne en vainqueur, mais tombe frappé à mort, dès le début de la bataille de *Lutzen* (1632).

Christine, fille de Gustave-Adolphe, lui succède à l'âge de six ans (1632-1654), sous la tutelle du chancelier *Oxenstiern*, qui continue avec gloire la guerre contre l'*empereur.* — Le traité de Bromsebro (1645), à la suite d'une guerre avec le *Danemark*, donne à la Suède le *Halland*, les îles de *Gotland* et d'*Œsel*, deux provinces à l'est de la *Norvège*, et affranchit les vaisseaux suédois de tous *les péages du Sund.* — Le traité de Westphalie (1648) donne à la Suède la *Poméranie* et les *bouches des trois grands fleuves* du nord de l'Allemagne.

Progrès de la Suède.
(*Suite*.)

———

Traité d'Oliva
(1660).

Christine attire à *Stockholm* des écrivains et des savants : *Descartes, Grotius, Vossius, Saumaise, Nandé,* etc. — **Elle abdique à** *Upsal*, en 1654, en faveur de son cousin *Charles-Gustave*, se fait *catholique*, vient en France, où elle fait tuer sous ses yeux, à *Fontainebleau*, son grand-écuyer *Monaldeschi* (1657), retourne deux fois en Suède et va mourir à *Rome* (1689).

Charles X Gustave (1654-1660). — *Jean-Casimir Wasa*, plus proche parent de Christine que Charles-Gustave, mais **roi de Pologne et catholique**, lui dispute la couronne avec l'appui du czar de Russie, *Alexis I*er, et du roi de Danemark *Frédéric III*. — Vainqueur à *Varsovie*, avec l'appui de *Frédéric-Guillaume*, margrave de Brandebourg et grand électeur, **Charles X** obtient par **le traité de Roskild** (1658), le *Halland* à perpétuité, la *Scanie*, la *Blekingie, l'île de Bornholm et le pays de Drontheim.*

Charles XI, son fils (1660-1697), lui succède à l'âge de quatre ans. — *Le Conseil de régence* signe, avec la Pologne, **le glorieux traité d'Oliva** (mai 1660), par lequel *Jean Casimir* renonce à tous ses droits au trône de Suède, cède la *Livonie* et l'*Esthonie*, et reconnaît *l'indépendance du duché de Prusse.*

La Suède, maîtresse de la Baltique, *devenue un lac suédois,* est alors à l'apogée de sa grandeur et de sa puissance. — Elle entre dans la *triple alliance* contre **Louis XIV** (1668), puis se déclare pour lui dans la *guerre de Hollande* (1675-1679). — Mais la *faiblesse de ses ressources* et son *épuisement* ne lui permettront pas de garder longtemps, dans l'**Europe du Nord,** son rang de *puissance prépondérante ;* — ce rôle reviendra bientôt à **la Russie,** qui commence à la fin du siècle, avec **Pierre le Grand.**

LES STUARTS EN ANGLETERRE. RÉVOLUTION DE 1648.

OLIVIER CROMWELL. L'ACTE DE NAVIGATION. RESTAURATION DES STUARTS.

L'Angleterre
à l'avènement
des Stuarts.

Situation religieuse : — les **Anglicans,** qui admettent *l'épiscopat* et *la hiérarchie ecclésiastique ;* c'est la *religion officielle,* celle du roi et de l'aristocratie ; — les **Presbytériens,** qui ne veulent que des *ministres tous égaux entre eux ;* — les **Indépendants,** qui repoussent tout clergé et prétendent que *chaque chrétien est prêtre,* et n'a besoin d'aucun intermédiaire entre Dieu et lui, *la Bible suffit ;* — les **Niveleurs,** qui réclament la *liberté de conscience* et le *suffrage universel ;* — les **Puritains,** calvinistes fanatiques, qui veulent suivre le *pur évangile,* regardent la royauté comme *une abomination,* et invoquent *le règne des saints.* — Les **Catholiques** et le *serment de suprématie.*

Situation politique : — **Despotisme des Tudors,** que les Stuarts vont essayer de continuer ; — la **Tradition anglaise :** *la loi ne peut être faite que par le Parlement ; tout impôt non voté est illégal ; nul ne peut être soustrait au jugement du jury.* — **Puissance de la bourgeoisie,** enrichie par le commerce et l'industrie, et qui forme la *majorité* dans la *Chambre des Communes.*

L'Angleterre
à l'avènement
des Stuarts.
(Suite.)

La Chambre étoilée, tribunal d'exception, composé de *juges* nommés par le roi et *révocables* par lui, jugeant sans le concours du *jury*, et devant lequel le témoignage d'*un homme de qualité* suffisait à établir la culpabilité d'un accusé. — La Cour de Haute Commission, établie par Élisabeth, en 1584, pour connaître des *opinions religieuses dissidentes* et frapper les ennemis de *l'église anglicane.*

Jacques Ier Stuart, *roi d'Écosse,* fils de Marie Stuart et de *Henri Darnley,* et arrière-petit-fils de *Marguerite,* fille aînée de Henri VII Tudor, succède à Élisabeth sur le trône d'Angleterre. — Son avènement *réunit* pour toujours l'Angleterre et l'Écosse sous le *même sceptre,* mais avec une *administration* et un *Parlement distincts.* — Il acheva la soumission de l'Irlande, y établit une administration régulière et s'intitula, le premier, *roi de la Grande-Bretagne et de l'Irlande.*

Jacques, *prince étranger, entêté, pédant et despote,* que Henri IV appelait *Maître Jacques,* et Sully « *le plus sage fou de la chrétienté,* » et qui ne pouvait supporter la vue d'une *épée nue,* devient profondément impopulaire :

JACQUES Ier STUART
(1603-1625).

I° Par ses persécutions contre les non-conformistes ou *non-anglicans.* — Déçus dans leurs espérances sur le fils de *Marie Stuart,* les catholiques organisent la conspiration des Poudres, *pour faire sauter le roi et tout le Parlement* (1605). — *La découverte du complot* amène une aggravation de persécutions contre les catholiques, qui sont mis *hors du droit commun.* — *Serment d'allégeance.* — Châtiments infligés aux puritains, qui commencent à *émigrer en Amérique.* — *Discussions théologiques* du roi avec les dissidents.

II° Par l'abandon de la cause protestante en Europe : il laisse détrôner son gendre, *l'électeur palatin* ; son fils aîné, *le prince de Galles,* après avoir failli s'unir à une *infante d'Espagne,* est fiancé à *Henriette de France,* sœur du *roi très chrétien* Louis XIII (1625) ; — et il sacrifie aux réclamations de l'Espagne le célèbre amiral *Walter Raleigh,* qui est décapité (1617).

III° Par ses prétentions à fonder la monarchie absolue et de *droit divin ;* — vive opposition du Parlement, qui est *trois fois dissous.*

IV° Par ses prodigalités à ses favoris : *Robert Cécil,* puis l'Écossais *Robert Carr,* comte de Somerset, et surtout l'insolent *Georges Villiers,* duc de Buckingham, *le plus bel homme de son temps,* dont les scandaleuses folies révoltèrent toute la nation. — Corruption et vénalité : condamnation, par la *cour des pairs,* du chancelier Bacon à la prison et à 40 000 *livres sterling* d'amende pour *concussions.*

Sous Jacques Ier : découvertes faites dans le nord de l'Amérique par *Davis* (1607), *Hudson* (1610), et *Baffin* (1616) ; — prise de possession des *Bermudes* (1609) ; — Mort de *Shakspeare* à 53 ans (1616) ; — apparition du *premier journal* en Angleterre (1622).

CHARLES Ier
(1625-1649).

Charles Ier, *prince de mœurs graves et pures,* d'abord populaire, mécontente bientôt la nation par *son mariage* avec une princesse catholique, *Henriette de France ;* — par ses prétentions à la *monarchie absolue* et par la faveur continuée au *duc de Buckingham.*

Un premier Parlement, plein de *méfiance* pour le roi, ne veut voter les impôts que pour un an ; — *il est dissous* (1625).

Un second Parlement met en accusation Buckingham ; *il est dissous*. — **Buckingham**, pour se rendre populaire, fait déclarer la guerre à la France ; mais il est vaincu dans l'*île de Ré* (1627).

Un troisième Parlement présente au roi la célèbre **pétition des droits**, dite *la seconde charte de l'Angleterre*, ouvrage de *Thomas Wentworth* (nécessité du consentement du Parlement pour la levée des impôts ; maintien de l'*habeas corpus* ; maintien du jury à l'exclusion de tout tribunal extraordinaire ; affranchissement de tout logement militaire). — **Le roi** sanctionne la pétition (1628) ; mais **Buckingham**, *l'entrepreneur de la misère publique*, mis en accusation par le Parlement, est assassiné par un puritain écossais nommé *Felton*. — **Charles**, irrité, *dissout le Parlement* (1629).

(en marge :) **1° Charles Iᵉʳ gouverne d'abord avec le Parlement (1625-1629).**

Charles essaye de régner sans Parlement. — Il fait la paix avec l'*Espagne* et la *France* (1629), et choisit pour principaux ministres *Wentworth*, rallié à la cour, qui devient **comte de Strafford** et *lord lieutenant d'Irlande*, et **William Laud**, *archevêque de Cantorbéry*. — Onze ans *d'arbitraire et de pouvoir absolu*.

Strafford établit le *ship-money*, ou taxe sur les vaisseaux, sans l'approbation du Parlement ; — résistance et procès retentissant de *Hampden* (1637).

Laud persécute les **puritains**, qui émigrent en Amérique, où ils fondent les colonies de *New-Hampshire* et du *Maine* (1631), celles de *Connecticut*, *Rhode-Island* et de *la Providence* (1635-1637) ; — puis il veut imposer *la hiérarchie et la liturgie anglicanes* aux **presbytériens d'Écosse**, qui s'insurgent à *Édimbourg* (1638) et signent le **Covenant**, *ligue politique et religieuse pour la défense de leurs croyances et de leurs libertés*.

Charles Iᵉʳ marche contre les *covenantaires*, que soutient *Richelieu* ; — mais le manque d'argent l'oblige bientôt à convoquer un **quatrième Parlement** (court Parlement) dissous au bout d'un mois (1640). — A *Newborn*, l'armée anglaise refuse de se battre contre les *Écossais*.

(en marge :) **2° Charles Iᵉʳ gouverne sans Parlement (1629-1640).**

Charles convoque un **cinquième Parlement**, dit le **Long-Parlement** (1640-1660). — *L'opposition* (Pym, Hampden, Cromwell, etc.) dresse une *liste de délinquants* ou d'agents prévaricateurs de la couronne. — Procès et exécution de **Strafford**, *le grand délinquant* (1641) et de l'archevêque **Laud** (1645). — Soulèvement des *catholiques d'Irlande*, qui massacrent 40 000 *protestants anglais*. — **Charles** veut arrêter lui-même *cinq membres de la Chambre des communes* ; on refuse de les lui livrer. — **Charles** quitte alors la ville de Londres, et, à la tête des *cavaliers* (partisans du roi), arbore l'étendard royal à *Nottingham* (1642).

Guerre civile : les troupes royales commandées par le neveu du roi, le prince *Robert*, fils de l'électeur palatin, *Frédéric V*, battent, à *Edge-Hill* (1642), les troupes parlementaires ou *Têtes-Rondes*, commandées par le *comte d'Essex*.

(en marge :) **3° Charles Iᵉʳ et le Long-Parlement (1640-1649).**

3° Charles Ier et le Long-Parlement. (*Suite.*)

Cromwell (1599-1658).

Le Parlement s'unit aux *covenantaires d'Écosse* ; — il a pour lui les riches *comtés du centre, de l'est et du sud* de l'Angleterre, la *capitale*, la *flotte* et le fanatisme des *puritains, presbytériens, indépendants et niveleurs.* — Charles Ier a pour lui *la noblesse*, les *comtés du nord et de l'ouest*, les anglicans, les *catholiques*, et les secours que la *reine* Henriette est allée chercher sur le continent.

Charles est battu à *Newbury* (1643) par le *comte d'Essex*, et à *Marston-Moor* (1644) par *Fairfax et* Cromwell, à la tête de ses *saints* ou *côtes de fer*, ces hommes qui « *reniflent des psaumes, et se battent comme des diables.* » — Il est encore battu à la seconde bataille de *Newbury* (1644). — En Écosse, exploits du *royaliste* Montrose, un *héros taillé à la Plutarque.*

L'ambitieux Cromwell « *cet homme d'une profondeur d'esprit incroyable, hypocrite raffiné autant qu'habile politique, capable de tout entreprendre et de tout cacher* » (Bossuet), fait adopter par le Parlement le bill de renoncement à soi-même (1645), qui interdit aux membres des deux Chambres, pendant la guerre, *tous les emplois civils et militaires*; — exception est faite en faveur du *lieutenant-général* Cromwell, à la demande du nouveau commandant en chef *Fairfax*.

CROMWELL, devenu le membre le plus influent d'un **Conseil d'État**, chargé du pouvoir exécutif, où siégeait le poète *Milton*, pour les *relations extérieures*, remplace bientôt *Fairfax* dans le commandement en chef de l'armée, et exerce une véritable **dictature militaire**. — Il est le *chef* et le *maître* des **indépendants**, à qui plaisent tout d'abord « *ces élans désordonnés de son imagination, son empressement à se faire l'égal et le compagnon des plus grossiers amis, ce langage mystique et familier, ces manières tour à tour exaltées et triviales qui lui donnaient l'air tantôt de l'inspiration, tantôt de la franchise, même ce libre et souple génie qui semblait mettre au service d'une cause sainte toutes les ressources de l'habileté mondaine.* »

République anglaise (1649-1660).

Cromwell triomphe : — 1° des **niveleurs**, jaloux de l'influence des *indépendants*, en faisant arrêter et exécuter *les plus fanatiques* ; — 2° des **royalistes d'Irlande**, dont « *il versa le sang comme l'eau* » ; prise de *Drogheda* et de *Wexford*, dont les habitants, *assimilés aux Philistins*, sont tous passés au fil de l'épée (1649) ; — 3° des **presbytériens d'Écosse**, par les victoires de *Dunbar* (1650) et de *Worcester*, qui forcent **Charles II** à se réfugier en France ; — 4° des **Hollandais**, en faisant voter, *pour ruiner leur commerce*, par le *Long-Parlement*, le fameux **Acte de Navigation** (1651), aboli seulement en 1849, qui *monopolise au profit des vaisseaux anglais* tout le commerce d'Afrique, d'Asie et d'Amérique, et par lequel les peuples de l'Europe ne sont autorisés à **importer en Angleterre** que *les produits directs de leur sol ou de leur industrie :* aucune autre marchandise ne peut être importée que sur un navire dont le *propriétaire, le capitaine et les trois quarts de l'équipage soient anglais* ; — 5° du **Long-Parlement**, qu'il *chasse honteusement*, mettant le soir même sur la porte cet écriteau : **maison à louer**, et qu'il remplace par un nouveau Parlement, dit le *Parlement Barebone*, bientôt dissous.

Dictature militaire d'Olivier Cromwell (1649-1653).

L'Acte de Navigation (1651).

Cromwell se fait enfin décerner, par un *conseil d'officiers*, le titre de **Lord Protecteur d'Angleterre, d'Écosse et d'Irlande** (1653). — Ainsi arrivait au pouvoir suprême « *ce subtil conducteur de sectes, qui, en combattant, en dogmatisant, en mêlant mille personnages divers, en faisant le docteur et le prophète aussi bien que le soldat et le capitaine, avait enchanté tout le monde.* » (BOSSUET.)

Politique extérieure. — **Cromwell** est reconnu par toutes les puissances de l'Europe, qui *recherchent son alliance*. — Il signe le glorieux traité de *Westminster* avec la république des *sept Provinces-Unies*, qui s'avoue vaincue (1654) ; — enlève aux Espagnols *l'île de la Jamaïque* (1655), et s'allie avec la France pour conquérir *Dunkerque* et *Mardyck* (1658). — Le *pavillon anglais* domine sur toutes les mers. — Il se déclare le **protecteur du protestantisme** dans toute l'Europe : *un mot de lui* suffit pour protéger les *Vaudois*, persécutés par le *duc de Savoie* (1656). — Il est parvenu au plus haut point de sa puissance et semble l'**arbitre de l'Europe**. — Il justifie presque le mot de fierté tout anglaise qu'il prononça un jour : « *Je rendrai le nom Anglais aussi grand que l'a été jamais le nom de Romain !* »

Protectorat d'Olivier Cromwell (1653-1658).

21

Administration ferme et habile à l'intérieur. — **Cromwell** convoque, en 1654, un *premier Parlement*, qui discute son autorité, et qu'il dissout. — *Un second Parlement* lui offre le titre de *roi* (1656), mais il n'ose l'accepter *de peur de l'armée* ; — il consent seulement à adopter, sous le nom d'**humble pétition** ou **avis**, une nouvelle constitution, qui lui confère le pouvoir de *nommer son successeur* et de rétablir la *Chambre des lords*. — **L'Angleterre** est divisée en 13 *gouvernements*, sous des *majors généraux* investis de pouvoirs absolus. — L'ordre et la paix règnent à l'intérieur.

Cromwell, sur la fin de sa vie, comme *dégoûté du peuple*, recherche la *noblesse* et marie ses deux plus jeunes filles à des *comtes*. — **Les saints** se plaignent *qu'il ait cessé de rire et de prier avec eux*. — Menacé par de fréquents **complots** de *républicains* et de *royalistes*, en proie à des *terreurs* et à des *alarmes continuelles*, **il meurt** le jour anniversaire de ses deux plus grandes victoires, *Dunbar* et *Worcester* (3 septembre 1658), « *condamné à une renommée éternelle.* » (Pope.) — A la nouvelle de sa mort, la plupart des *cours de l'Europe* prirent le *deuil*. — Il avait eu pour *secrétaire* **Milton**, l'auteur du *Paradis Perdu*.

Richard Cromwell est reconnu protecteur (1658-1659) par le *Conseil d'État* ; — *il n'a ni les vices ni les qualités de son père*. — Les anciens généraux de Cromwell, *Fletwood, Desborough* et surtout **Lambert**, le plus célèbre par son audace et ses talents, s'unissent aux *anciens chefs* du Long-Parlement pour renverser **Richard**. — Ils le forcent à renvoyer *son Parlement* et à rappeler le *Long-Parlement*, chassé en 1653. — Ils lui enjoignent enfin *d'abdiquer*, ce qu'il fait (1659). — Son frère **Henri** résigne sa dignité de *gouverneur d'Irlande*, et la famille de Cromwell retombe dans *l'obscurité de la vie privée*.

Le général Lambert se brouille avec le **Long-Parlement**, le chasse et le remplace par un *Comité de sûreté générale*. — **Le général Monk**, l'émule de *Blake* dans la guerre maritime contre les *Hollandais*, alors *gouverneur de l'Écosse*, marche sur Londres, à la tête *d'une armée royaliste*. — Le **Long-Parlement**, rétabli par *Haslerig*, fait emprisonner *Lambert*, nomme **Monk** *général en chef* et consent à sa *dissolution définitive*, après avoir convoqué *un nouveau Parlement*. — La réaction royaliste se préparait. « *Après bien des mouvements, des chocs et des secousses, il fallut se reposer dans le gouvernement même que l'on avait proscrit.* »

Le nouveau Parlement ou *Parlement-Convention*, composé en majorité de *royalistes*, **rappelle les Stuarts**, sans conditions, et **Charles II** rentre en triomphe dans la ville de Londres (1660). — **Monk** devient *duc d'Albermarle*, *chevalier de la Jarretière, membre du Conseil privé*.

Cette restauration brusque fut une imprudence : elle préparait de nouvelles catastrophes à *l'Angleterre* et aux *Stuarts* eux-mêmes, rien n'étant fixé pour les **droits respectifs** du *roi* et du *Parlement* ; ce sera l'œuvre de la **Révolution de 1688**.

Protectorat d'Olivier Cromwell. (*Suite.*)

Sa mort.

Richard Cromwell.

Oligarchie militaire.

Le général Monk.

Restauration des Stuarts (1660).

21.

MINORITÉ DE LOUIS XIV. — LA FRONDE PARLEMENTAIRE.

LA CHAMBRE DE SAINT-LOUIS.

LA FRONDE DES PRINCES. GUERRE CONTRE L'ESPAGNE. TRAITÉ DES PYRÉNÉES.

TOUTE - PUISSANCE DE MAZARIN.

Minorité de Louis XIV.

———

Anne d'Autriche régente (1643-1651).

LOUIS XIV (1643-1715), *fils aîné* de Louis XIII, n'avait que cinq ans à la mort de son père; — son frère, **Philippe d'Orléans**, le chef de la *branche cadette des Bourbons*, qui, après être arrivée au trône en 1830, devait en recueillir légitimement l'héritage à la mort du **Comte de Chambord** (1883), n'avait que trois ans.

La **reine mère**, **Anne d'Autriche**, à qui le *testament* de Louis XIII accordait la régence, mais en lui imposant l'assistance d'un **Conseil** (Gaston, Condé, Mazarin, Séguier, Bouthilier et Chassigny), fait casser le testament du feu roi, dans un *lit de justice*, par le **Parlement**, à qui elle rend le *droit de remontrance*, et est investie de la régence avec la **plénitude du pouvoir royal.** — *Le soir même,* au grand étonnement de la cour, la régente choisit pour *chef de son conseil* le cardinal **Mazarin**, la créature de Richelieu : *c'était le renard succédant au lion.* — Le lendemain (19 mai 1643), le **duc d'Enghien** (plus tard prince de Condé) *inaugurait le règne* par la brillante victoire de **Rocroy**, sur les Espagnols.

Mazarin (1602-1661).

———

Son caractère.

JULES MAZARIN, né en 1602, à *Pescina* (Abruzzes), *capitaine* au service du pape, puis *diplomate*, vint en France en qualité de *nonce extraordinaire* (1634). — **Richelieu**, qui avait remarqué la *souplesse* et la *pénétration de son esprit*, le prit à son service, à la mort du *Père Joseph* (1638), le fit naturaliser *français* (1639), obtint pour lui, quoiqu'il ne fût pas prêtre, le *chapeau de cardinal* (1641) et, en mourant, le recommanda à **Louis XIII,** comme l'*homme le plus capable de lui succéder* dans la direction des affaires (1642).

L'**habile Italien** sut, en effet, conquérir la confiance de Louis XIII, qui le choisit pour *parrain* de son fils aîné **Louis XIV** (1643). — **Anne d'Autriche**, d'abord prévenue contre le *protégé de son persécuteur*, lui donna bientôt, avec sa confiance, *toutes ses affections.*— *Doué d'un esprit inventif, prévoyant, persévérant, de manières insinuantes, d'une grande connaissance des affaires de l'Europe et d'une finesse merveilleuse pour connaître et diriger les hommes*, Mazarin, *plus sensible aux revers qu'aux injures*, n'avait qu'un but, *réussir* : *il aimait mieux tourner les obstacles que les aborder de front, savait se courber devant l'orage, comme le roseau qui plie et ne rompt pas, attendant le moment opportun pour relever la tête*; sa devise était : *Le temps et moi.*

Mazarin triomphe d'abord d'une cabale de seigneurs, qui, après avoir partagé, sous Richelieu, les *intrigues* et la *disgrâce* d'Anne d'Autriche, se croyaient, sous la régence, les *maîtres de l'État*, affectaient une *morgue insolente* et des *airs de suffisance et de protection* qui leur firent donner le nom d'**importants**.

— Leur chef principal était le **duc de Beaufort**, petit-fils de Henri IV et de Gabrielle d'Estrées, *grand garçon turbulent, vantard et mal élevé ;*—autour de lui, *Béthune, Mercœur, Vendôme, Guise, Épernon,* le jeune et brillant *Marsillac,* plus tard *duc de la Rochefoucauld* et auteur des *Maximes,* la *duchesse de Chevreuse* et l'évêque de Beauvais, **Potier,** « *le plus idiot des idiots* », que la coterie imposa à Anne d'Autriche comme **ministre**.

Anne d'Autriche, qui avait paru d'abord tout accorder, « *la reine est si bonne* », sut bientôt *rompre avec ses anciens amis* et résister aux exigences de tous ces intrigants, *avides de places ;*— on cria à *l'ingratitude ;* mais la reine, profitant de la découverte d'une *conjuration contre le cardinal,* relégua Potier dans son diocèse, *Beaufort* à Vincennes, et les autres à leurs *maisons des champs ;* — la cabale n'avait duré que trois mois.

Mazarin, un mois après, reçut officiellement le titre de **premier ministre ;** l'Italien **Particelli d'Émery** était chargé des *finances,* **Letellier** de la *guerre,* et **Séguier,** de la *justice.* — Alors commencèrent les beaux jours de la régence, célébrés par les contemporains comme *l'âge d'or* de la France (1644-1648).

La Fronde (ainsi nommée d'un jeu fort à la mode alors parmi les enfants qui se battaient à coups de *fronde,* dans les fossés de Paris, malgré les défenses réitérées du guet), *révolution tentée par la noblesse et le Parlement, avec l'aide de la bourgeoisie et du peuple, contre la régence d'Anne d'Autriche et le ministère de Mazarin.*

La Fronde a été dans l'origine, sous la direction du Parlement, *l'essai loyal et sérieux, mais impraticable, d'une* **monarchie parlementaire ;** elle a dégénéré ensuite en *révolte* coupable et frivole de *la noblesse contre la royauté.* — Elle a troublé pendant cinq ans la minorité de Louis XIV.

Création de nouveaux impôts (édits du *toisé,* du *tarif,* du *rachat,* etc.) pour suffire aux dépenses de la guerre de Trente ans et aux prodigalités du ministre. — *Misère générale ;* — *mécontentement du peuple de Paris,* qui refuse d'acquitter les *nouvelles taxes.*

Le Parlement de Paris, qui a la prétention de remplacer les États Généraux, se refuse à enregistrer les nouveaux *édits bursaux ;* — forcé de les accepter dans un *lit de justice,* il ne craint pas de les *modifier,* par forme d'**arrêts,** après leur enregistrement.

Anne d'Autriche et Mazarin irrités créent *douze nouvelles charges de maîtres des requêtes,* renouvellent *l'édit de la Paulette,* mais *retiennent quatre années de leurs gages aux officiers des cours souveraines,* le *Parlement de Paris* excepté.

Le Parlement rend le célèbre Arrêt d'Union, par lequel il déclare s'unir aux autres cours souveraines (le grand Conseil, la Cour des aides et la Cour des comptes), pour *réformer les abus de l'État* (13 mai 1648).

Cabale des Importants (1643).

LA FRONDE (1648-1652).

Définition.

Causes.

L'Arrêt d'Union.

Puissance du Parlement, qui comprend *10 chambres* (la grand'chambre, 5 chambres des enquêtes, 2 chambres des requêtes, la Tournelle criminelle et la chambre de l'édit de Nantes) avec *200 membres.* — En 1648, le *premier président* est **Mathieu Molé**, *homme d'une haute vertu et d'une vigoureuse éloquence*; il justifie sa devise : *Mole suâ stat;* — **Omer Talon** est *avocat général.* — **Le Parlement a sous sa dépendance et dans ses intérêts**, outre les *autres Parlements* du royaume, les membres des *bailliages, présidiaux, prévôtés, greffes, chancelleries*, les *avocats*, les *notaires*, les *procureurs* et tous les *officiers du fisc.*

Une déclaration royale abolit la *Paulette* et casse l'*Arrêt d'Union.* — **Le Parlement** décide que l'*Arrêt d'Union sera exécuté* et choisit des *députés* pour délibérer avec ceux des *autres cours souveraines* dans la **chambre de Saint-Louis**, au Palais. — Les *députés des quatre cours souveraines*, réunis dans la chambre de Saint-Louis, proposent un grand nombre de *réformes*, que le Parlement accepte dans une **déclaration de 27 articles** (suppression des *intendants.* réduction d'un quart sur les *tailles;* aucun impôt ne pourra être perçu s'il n'a été enregistré par le Parlement avec *liberté de suffrage;* suppression des *tribunaux extraordinaires;* interrogatoire ou mise en liberté des *prisonniers* dans les vingt-quatre heures de leur arrestation, etc.).

I°
LA FRONDE
PARLEMENTAIRE
(1648-1649).

La chambre
de Saint-Louis.

La Journée
des Barricades
(26 août 1648).

Anne d'Autriche et Mazarin font des concessions : *Émery* est destitué, la *Paulette* rétablie, les *intendants* révoqués, les *tailles* réduites; — mais les *assemblées illégales de la chambre de Saint-Louis* sont interdites dans un *lit de justice.* — **Le Parlement** refuse d'obéir et fait de *nouvelles remontrances.*

Anne d'Autriche, enhardie par la bataille de Lens, fait arrêter trois des conseillers les plus récalcitrants : *Charton*, président aux enquêtes, qui s'enfuit; *Blancménil*, président à mortier, et *Broussel*, conseiller à la grand'chambre, surnommé le *Père du peuple.* — L'arrestation du *bonhomme Broussel* est le signal d'une insurrection formidable : les cris et les pleurs de sa *vieille servante* ameutent la populace.

Paul de Gondi, plus tard *cardinal de Retz* (archevêque *in partibus* de Corinthe, coadjuteur de son oncle l'*archevêque de Paris*), *homme d'esprit et surtout d'intrigue*, surnommé le *petit Catilina*, était *l'âme de tout ce mouvement.* — **Deux mille barricades** s'élèvent dans Paris; 100 000 personnes crient : *Liberté de Broussel! — Les armes de la Ligue sont tirées des lieux où elles moisissaient*, et 160 magistrats vont processionnellement, *Molé en tête*, au Palais-Royal demander *la liberté des prisonniers.*

Anne d'Autriche finit par céder : *Broussel* est mis en liberté et rentre en triomphe à Paris. — La faiblesse du gouvernement rend les *frondeurs* plus audacieux, et la reine est bientôt obligée de sanctionner, par **l'ordonnance de Saint-Germain** (1648), toutes les demandes de la *chambre de Saint-Louis.*

Anne d'Autriche, irritée des attaques des Frondeurs, se décide à employer *la force.* — Elle gagne à sa cause le **prince de Condé**, qui s'engage à défendre l'autorité royale contre les « *bonnets carrés* » du Parlement, et se retire à *Saint-Germain* avec le roi, **Mazarin** et toute la cour, dans la *nuit du 5 au 6 janvier 1649.* — Alors commence **la guerre civile**.

Le Parlement proscrit **Mazarin**, « *le perturbateur du repos public, l'ennemi du roi et de son État,* » lève des troupes et des subsides et s'unit aux seigneurs mécontents. — **Le prince de Conti**, jaloux de son frère le prince de Condé, est le *généralissime de l'armée parlementaire* ; — autour de lui se pressent le *duc de Beaufort* (le roi des Halles), *d'Elbœuf, Bouillon, Vendôme, Nemours,* **Turenne,** gagné à la Fronde par la belle *duchesse de Longueville,* les *duchesses de Chevreuse* et *de Montbazon.*

Guerre civile. **Paix de Rueil.**	**Condé prend l'offensive** et bloque *Paris.* — Partout les *Frondeurs* s'enfuient sans résistance ; ils ne font de pertes sensibles qu'à *Charenton.* — **Caractère burlesque de la Fronde** : plus de 800 *mazarinades* (Scarron) ; les *Quinze-Vingts* ; la cavalerie *des portes cochères;* la *première aux Corinthiens; le bréviaire de notre archevêque;* pamphlets et chansons. **Mathieu Molé effrayé** de la *fermentation des esprits* parmi le peuple (cris de *république*), des vues *intéressées* et *antinationales* des **seigneurs,** qui traitent avec l'Espagne, ainsi que de la nouvelle de l'*exécution de Charles Ier,* roi d'Angleterre, **négocie la paix de Rueil** avec la cour, qui accorde une *amnistie générale* et termine la Fronde parlementaire. — *La bourgeoisie parisienne s'était donné le plaisir de porter le mousquet pendant trois mois.* — **Anne d'Autriche rentre à Paris** avec le roi et Mazarin (8 août 1649).

II° **L**A **F**RONDE DES PRINCES (1650-1652). ——— **Arrestation des princes.** ——— **Mazarin se retire à Cologne.**	**Condé, fier de ses services, veut dominer le gouvernement.**—Son insolence et son mépris vis-à-vis de **Mazarin** : « *All' illustrissimo signor Faquino!* » — Il s'entoure de jeunes gens *orgueilleux, prétentieux, brouillons* et *mécontents,* qu'on appelle les **Petits-Maîtres;** la **Jeune Fronde** ou la **Fronde des princes.**—**Mazarin** gagne d'abord, par la promesse du *chapeau de cardinal,* **Paul de Gondi,** qui enlève à Condé l'appui de la **Vieille Fronde;** — il fait ensuite arrêter **Condé, Conti** et **Longueville** (18 janvier 1650) et les fait emprisonner à *Vincennes,* puis au *Havre.* **Révolte des seigneurs** dans quelques provinces. — *Bordeaux* se soulève (l'*Ormée*). — **Turenne** envahit la Champagne à la tête d'une armée espagnole, mais il est défait à *Rethel* par le *maréchal Duplessis-Praslin* (15 décembre 1650).—**Paul de Gondi,** à qui Mazarin a oublié de faire donner le *chapeau de cardinal,* gagne *Gaston d'Orléans* et le **Parlement;** puis, par l'intermédiaire d'*Anne de Gonzague, princesse palatine,* fait alliance avec les **princes.** **Union momentanée des deux Frondes :** *Petits-Maîtres, Parlement, Gaston d'Orléans* réclament la mise en liberté de *Condé, Conti, Longueville* et le **renvoi de Mazarin.** — **Mazarin** va lui-même au Havre *délivrer les princes* (février 1651), afin *d'embarrasser et d'embrouiller les partis* par leur présence, puis il se retire chez l'*électeur de Cologne,* d'où il gouverne encore la France par une correspondance active avec **Anne d'Autriche** et les *secrétaires d'État* (Letellier, Lionne et Servien). — **Le roi est déclaré majeur.**

Condé, rentré à Paris, blesse la cour par sa *hauteur* et son *arrogance*. — **Anne d'Autriche**, sur le conseil de Mazarin, se rapproche de **Gondi**, qui est fait *cardinal* et réconcilie la **Vieille Fronde** avec la *cour*.—**Condé**, abandonné de tous, va organiser la *guerre civile* en Guyenne et *traiter avec l'Espagne*.

Mazarin rentre en France, malgré les *arrêts du Parlement*, qui met sa tête à prix, et il confie le commandement des troupes à **Turenne**, revenu pour toujours à la *cause du roi*.—**Turenne**, avec l'armée royale, se dirige vers la Loire, pour surprendre l'armée de la Fronde, et reprendre *Orléans*, que défend **Mademoiselle de Montpensier**, *fille de Gaston*. — **Condé**, accouru subitement de *Bordeaux*, écrase le *maréchal d'Hocquincourt* à *Bléneau*, et allait s'emparer du roi à *Gien*, mais **Turenne** arrête Condé et *sauve la cour*.

Condé se retire sur *Paris*, où le suit **Turenne**. — La *capitale* ferme ses portes aux deux armées. — **Bataille du faubourg Saint-Antoine** (1652) : Condé, vaincu par **Turenne**, est sauvé par *Mademoiselle de Montpensier*, qui lui ouvre les portes de la capitale et fait tirer sur les troupes royales le *canon de la Bastille*; « ce canon vient de tuer son mari! » s'écria **Mazarin** : *Mademoiselle* espérait épouser *son cousin* Louis XIV. — **Condé**, rentré à Paris, laisse massacrer *trente bourgeois mazarins* à l'Hôtel de Ville par ses soldats ivres et devient bientôt *impopulaire*. — *Réaction des mitigés*, à la tête desquels se trouve **Mathieu Molé**. — **Mazarin**, pour faciliter la soumission de Paris, *se retire à Sedan*. — Aussitôt les *bourgeois* vont à *Compiègne* supplier le roi de rentrer dans *sa bonne ville de Paris*. — Condé quitte Paris et va se jeter *dans les bras des Espagnols*.

Le roi rentre à Paris aux acclamations enthousiastes du peuple (12 octobre 1652) et accorde une **amnistie générale**, en exceptant toutefois les *frondeurs les plus coupables*. — *Gaston* est exilé à Blois; sa fille, *Mademoiselle de Montpensier*, dut se retirer dans ses terres (elle épousera plus tard le *comte de Lauzun*). — Le *cardinal de Retz* est arrêté et enfermé à *Vincennes*, puis à *Nantes*, d'où il s'évade et se retire à *Rome*. — Les *ducs de Beaufort* et *de La Rochefoucauld*, la *duchesse de Longueville*, *Broussel* et dix autres conseillers sont exilés. — *Condé* est condamné à mort par *contumace*.

Retour triomphal de Mazarin à Paris (1653); *il y sera plus puissant que jamais*.

Triomphe du pouvoir royal, qui devient plus *absolu*, parce qu'il paraît seul capable d'empêcher le retour de *l'anarchie*; — les *seigneurs* renoncent à toute entreprise de *réaction féodale*, pour se réconcilier avec le roi et *vivre à sa cour*.—Aggravation de la **misère à Paris** : charité de *saint Vincent de Paul*.

Humiliation du Parlement, qui est réduit à ses seules *fonctions judiciaires*; — les *intendants* sont rétablis; — les *arrêts du Conseil d'État* sont rendus obligatoires même pour le Parlement, qui devra désormais **enregistrer les ordonnances royales** dans la *huitaine* et sans *remontrances*; — il livre ses registres pour y faire *lacérer toutes les décisions* qu'il a prises durant la Fronde. — Un jour (1654) qu'il délibère sur divers édits bursaux, **Louis XIV** vient, en *habit de chasse*, lui en imposer *l'enregistrement immédiat*.

Marginal notes (left column):

Mazarin rentre en France.

Lutte de Turenne et de Condé.

Bataille du faubourg Saint-Antoine.

Condé passe aux Espagnols, et le roi rentre à Paris.

Résultats de la Fronde.

L'Espagne, dans l'espoir de profiter des *troubles de la France*, n'avait pas voulu souscrire à la **paix de Westphalie** ; — elle avait engagé des négociations avec la *Vieille Fronde*, et un *agent espagnol* avait même été reçu en *plein Parlement* (1649). — Elle avait repris *Gravelines* (1651), *Mardick* et *Dunkerque*, *Barcelone et Casal* (1652). — **Condé**, passé à son service (1653), n'y eut heureusement presque *aucun succès*.

Guerre contre l'Espagne.

Victoire des Dunes.

Louis XIV, sacré à Reims, va faire ses premières armes au siège de *Stenay* sous le brave *Fabert*. — **Turenne** délivre *Arras* en forçant les lignes de l'archiduc *Léopold* et de *Condé*, qui opère une belle retraite (1654). — **Condé** prend sa revanche sur *Turenne* en lui faisant lever plus tard le siège de *Valenciennes* (1656).

Mazarin ayant contracté alliance avec le régicide Cromwell, alors tout-puissant en Angleterre, **Turenne**, renforcé de 6 000 *vieux soldats anglais*, assiège *Dunkerque*, déjà bloqué par vingt vaisseaux anglais. — *Condé et Don Juan d'Autriche*, accourus pour défendre la ville, essuient aux **Dunes** (1658) une sanglante défaite, qui anéantit leur armée. — *Dunkerque* est pris et remis à l'Angleterre, ainsi que *Mardick*, d'après le *traité d'alliance*.

Le jeune **Vauban** fait tomber aux mains des Français *Gravelines*, *Oudenarde* et *Ypres*, et **Turenne** menace *Bruxelles*.

Ligue du Rhin.

Mazarin avait essayé de faire nommer Louis XIV **empereur d'Allemagne**, à la mort de Ferdinand III, *dont le fils*, **Léopold I**er, est élu. — Il se console de cet échec en organisant, avec les *archevêques-électeurs de Cologne, de Trèves et de Mayence, le duc de Bavière et les princes de Brunswick et de Hesse*, la **ligue du Rhin** (1658), qui se met *sous la protection de Louis XIV*, pour imposer à la Maison d'Autriche *le respect des traités de Westphalie*. — La *Suède et le Danemark* accédèrent à cette ligue, qui mettait la *liberté de l'Allemagne* sous le *patronage de la France*.

Traité des Pyrénées (1659).

Philippe IV, privé de l'appui de *l'Allemagne*, menacé par la France victorieuse dans les *Pays-Bas*, dans le *Milanais* et la *Catalogne*, offre **la paix** et **la main de l'infante Marie-Thérèse**. — Négociations dans *l'île des Faisans*, dite *de la Conférence*, au milieu de la *Bidassoa*, entre **Mazarin** et *Lionne* pour la France, don *Luis de Haro* et *Pimentel* pour l'Espagne.

La France acquiert le *Roussillon* et la *Cerdagne*, la plus grande partie de l'*Artois*, une partie de la *Flandre*, du *Hainaut*, du *Luxembourg* ; — elle abandonne le *Portugal*, son allié ; — la *Lorraine* est restituée à son duc *Charles IV* ; — **Condé**, après sa soumission, est rétabli dans *tous ses biens et honneurs*.

Louis XIV épouse l'infante Marie-Thérèse, qui reçoit une *dot de 500 000 écus d'or*, payables dans les dix-huit mois qui suivront le mariage ; — la *renonciation de Marie-Thérèse* à ses droits sur la succession de son père **Philippe IV** est *expressément subordonnée* à l'accomplissement de cette clause, que **Mazarin** savait bien *ne devoir jamais être exécutée*.

A l'extérieur, — Mazarin a réalisé le PLAN DE RICHELIEU : la *branche alle-mande* de la **Maison d'Autriche** a été abaissée par le **traité de Westphalie** et la **ligue du Rhin**, et la *branche espagnole* vient d'être abaissée par le **traité des Pyrénées** ; — la *prépondérance de la France est complète*. — **Mazarin** peut dire que « *si son langage n'est pas français* (il n'avait pu se défaire de l'*accent italien), son cœur l'est!* »

A l'intérieur, — Mazarin, après avoir, *s'appuyant sur le cœur de la reine*, triomphé de son *immense impopularité, de l'hostilité du Parlement, des princes du sang et des meilleurs généraux du royaume*, gouverne avec **une autorité absolue**. — **Condé** rentre *en grâce*, et **Turenne** est nommé *maré-chal-général des camps et armées du roi*. — **Louis XIV** épouse **Marie-Thérèse** à *Saint-Jean-de-Luz* (9 juin 1660), et les deux jeunes époux font une *entrée triomphale à Paris*, par la *barrière du Trône*.

Mazarin meurt à Vincennes (9 mars 1661), à cinquante-neuf ans, désespéré de quitter ses *belles peintures*, ses *livres*, les *affaires*, et pourtant faisant « *bonne mine à la mort* ».

Mazarin fut un très habile diplomate, mais un *administrateur déplorable* : — il négligea le *commerce* et l'*agriculture* et laissa dépérir notre *marine* et notre *industrie*. — **Pour satisfaire son avidité**, il spécula sur les *charges*, les *fournitures de l'armée* et de la *maison du roi* : aussi amassa-t-il une *fortune immense* (plus de 100 millions de numéraire, le palais Mazarin, des biblio-thèques, des tableaux, etc.).

Mazarin pensionna *Descartes* et l'historien *Mézeray* ; — *fonda* le *collège des Quatre-Nations* (Artois, Roussillon, Alsace et Pignerol), aujourd'hui palais de l'*Institut*, la *bibliothèque Mazarine*, l'*Académie de peinture et de sculp-ture* (1655) et introduisit en France l'*Opéra italien*. — **Il laissa son immense fortune** à *son neveu* et à ses *sept nièces*, les deux *Martinozzi* et les cinq *Mancini*, dont l'une, *Marie*, faillit un moment épouser **Louis XIV**, folle-ment épris d'elle.

(Marginalia : Toute-puissance de Mazarin jusqu'à sa mort (1659-1661).)

GOUVERNEMENT PERSONNEL DE LOUIS XIV. PROCÈS DE FOUQUET.
LES CONSEILS ; LES SECRÉTAIRES D'ÉTAT.

Le lendemain de la mort du cardinal Mazarin, LOUIS XIV déclare à *son Conseil* qu'il sera à l'avenir *son premier ministre* (1661) ; il avait vingt-deux ans. — Surprise de la *reine mère* et des *courtisans*, qui en *rient d'abord*.

Mazarin seul a deviné Louis XIV : « *Vous ne le connaissez pas*, disait-il aux maréchaux de Villeroi et de Grammont, *il se mettra en chemin un peu plus tard, mais il ira plus loin qu'un autre ; il y a en lui de l'étoffe pour faire quatre rois*. » — Aussi, après l'avoir longtemps tenu en *tutelle*, songea-t-il, dans ses dernières années, à **l'initier aux affaires de l'État**, surtout à la *partie diplomatique*, l'obligeant à siéger fréquemment au *Conseil*.

(Marginalia : LOUIS XIV veut gouverner par lui-même.)

22

Principes de Louis XIV en matière religieuse et politique.

Le jeune monarque, formé par les *leçons de Mazarin* et les *épreuves de la guerre civile*, a déjà des principes bien arrêtés :

EN MATIÈRE RELIGIEUSE, protéger le catholicisme, *à l'exclusion de toute secte;*

EN MATIÈRE POLITIQUE, gouverner avec une autorité absolue, *parce que le roi est le représentant de Dieu, à qui seul il doit rendre compte de ses actes, sans souffrir dans l'État aucun pouvoir qui n'émane et ne dépende du sien;* l'État, c'est moi! — Cette théorie de la *monarchie absolue et du droit divin* a été expliquée par **Bossuet** dans sa *Politique tirée de l'Écriture sainte,* et par **Louis XIV** lui-même, dans ses *Mémoires* et ses *Instructions pour le Grand Dauphin.*

Son caractère.

Son éducation.

Louis XIV avait *une dignité majestueuse, un air grand et sérieux qui imprimait le respect et la crainte, un jugement droit, une volonté ferme et persévérante, un vif amour de la gloire pour lui et pour la France, le sentiment des devoirs qu'impose la royauté, et une activité infatigable* (huit heures de travail par jour pendant cinquante-quatre ans); — il eut le rare mérite de *connaître les hommes* et de les *mettre à leur place;* — son *tact parfait* et *un instinct supérieur du beau et du grand* lui permirent de suppléer à l'imperfection de sa première éducation.

Louis XIV avait eu pour **gouverneur** *le maréchal de Villeroi,* et pour **précepteur** *Hardouin de Beaumont de Péréfixe,* auteur d'une *Vie de Henri IV,* d'abord *évêque de Rodez,* puis *archevêque de Paris* (1662-1670).

Ministres en exercice.

Louis XIV a quatre ministres principaux, à la mort de Mazarin : — Pierre Séguier, *garde des sceaux et chancelier* (1635-1672); — Michel Le Tellier, père de Louvois, *secrétaire d'État de la guerre* (1643-1666); — Hugues de Lionne, *à la marine et aux affaires étrangères* (1661-1671); — Nicolas Fouquet, *surintendant des finances* (1653-1661).

Procès de Fouquet.

Nicolas Fouquet, *marquis de Belle-Isle,* avait remplacé aux finances le *maréchal de la Meilleraye,* successeur du trop fameux *D'Émeri;* — *esprit libéral et magnifique, plein de séductions et de ressources,* Mécène *généreux envers les gens de lettres,* il s'était fait beaucoup d'amis et de nombreuses créatures par ses *coupables profusions;* — il avait pour devise : *Quo non ascendam!* Il faillit monter au gibet.

Colbert dénonce au roi les *dilapidations* du surintendant. — Fouquet reçoit Louis XIV, à son château de *Vaux,* avec un *luxe royal* qui achève de le perdre; *il est arrêté à Nantes* (septembre 1661). — Après un procès qui dura trois ans, et pendant lequel l'acharnement de Colbert lui concilia *l'opinion publique* (fidélité dévouée de *M*^{lle} *de Scudéry,* sonnet de *Hesnault,* ode de *La Fontaine,* plaidoyers de *Pellisson,* lettres de *M*^{me} *de Sévigné*), Fouquet est condamné au *bannissement* et à la *confiscation de ses biens.*

Louis XIV aggrava la peine en la commuant en celle de la *prison perpétuelle.* — Fouquet fut transféré dans la citadelle de *Pignerol,* où il mourut après dix-neuf ans de captivité (1680). — Certains écrivains ont vu en lui le *fameux* et *insoluble personnage* connu sous le nom de Masque de fer.

22.

1° Le **Conseil d'en haut** ou **des affaires étrangères**, répondant à notre *Conseil des ministres*, et présidé par le ROI, — s'occupait de la *direction générale de la politique* et des *grandes affaires* et jugeait les *appels du Conseil d'État*.

2° Le **Conseil d'État** ou **Conseil du roi**, le grand corps administratif du royaume, composé de *dix-huit conseillers*, — se réunissait *quatre fois par semaine* sous la présidence du *chancelier* en l'absence du roi. — Le mardi, c'était le **Conseil des dépêches**, discussion des rapports adressés aux ministres par les *intendants* et les *gouverneurs de provinces*; — le mercredi, c'était le **Conseil des finances**, pour la *levée des impôts*, leur *répartition*, les *réclamations des villes et provinces*; — le jeudi, **Conseil pour le contentieux financier**, *plaintes des particuliers contre les agents du fisc*; — le samedi, **Conseil des parties**, véritable *tribunal des conflits* et de *cassation*, fixant la jurisprudence pour le royaume, et dont dépend *le Bureau de la Chancellerie et de la librairie*.

3° Le **Grand Conseil**, qui connaissait de tous les procès concernant *les évêchés* et *les bénéfices à la nomination du roi* et des conflits entre *Parlements et Présidiaux*. — Puis venaient le **Conseil intime de la guerre** siégeant peu en *temps de paix*, — le **Conseil de conscience**, pour les *affaires ecclésiastiques*, — le **Conseil du commerce et des manufactures**.

Le Chancelier, garde des sceaux, qui préside toutes les *cours de justice*, siège au-dessus du *premier président* du Parlement de Paris, et est le *dépositaire du sceau royal*.

Le Contrôleur général des finances, qui a toute l'administration des *finances*, de *l'agriculture* et du *commerce*.

Le Secrétaire d'État des affaires étrangères, qui donne les instructions aux *ambassadeurs* et *ministres* accrédités près des gouvernements étrangers.

Le Secrétaire d'État de la guerre, chargé des *instructions aux généraux*, de la *subsistance de l'armée*, des *fortifications*, du *génie*, de l'*artillerie* et de l'*administration des provinces frontières*. — Ce furent, dans l'origine, des magistrats, *hommes de robe* (Le Tellier, Louvois, Barbezieux, Chamillart).

Le Secrétaire d'État de la maison du roi, chargé de la *maison civile du roi*, de la *feuille des bénéfices ecclésiastiques*, du *garde-meuble*, des *menus plaisirs* (beaux-arts) et des *bâtiments royaux*.

Le Secrétaire d'État de la marine, chargé des *flottes*, des *galères*, des *colonies*, du *commerce des Indes*, des *pêches* et de *tout le commerce maritime*, à l'exception du commerce du Levant, qui relève de la *Chambre de commerce de Marseille*.

Chaque ministre, en dehors de son département spécial, s'occupe de *toutes les affaires d'un certain nombre de provinces*; ce qui est une source perpétuelle de confusion et de conflits.

LE ROI : — **ses ministres**, qui concentrent en leurs mains l'autorité représentée en provinces, par les *intendants*.

Les Conseils.

Les Secrétaires d'État (anciens Clercs du secret).

Centralisation.

ORGANISATION FINANCIÈRE.
AGRICULTURE, COMMERCE, INDUSTRIE, MARINE.
RÉFORMES ET TRAVAUX DE COLBERT.
INSTITUTIONS ET FONDATIONS; LES ORDONNANCES.

COLBERT.

Ses attributions.

Son caractère.

J. B. COLBERT (1619-1683), fils d'un marchand de drap de Reims, à l'enseigne du *Long-Vêtu*, d'abord destiné « *à la marchandise* », entre ensuite dans les bureaux du ministre **Le Tellier** et est nommé *conseiller d'État* en 1649.—**Mazarin**, qui l'avait apprécié, le chargea de l'administration de son immense fortune et le recommanda en mourant à Louis XIV : « *Sire, je vous dois tout, mais je crois m'acquitter en quelque manière en vous donnant Colbert.* »

Colbert, *contrôleur général des finances*, après la disgrâce de **Fouquet** (1661);—*surintendant des bâtiments, des arts et des manufactures* (1664); — *secrétaire d'État de la marine, du commerce, des colonies et de la maison du roi* (1669); — chargé de toute l'*administration intérieure*, est, de fait, le **principal ministre de Louis XIV.**

Colbert, *né pour le travail au-dessus de tout ce qu'on peut imaginer, doué de vastes connaissances, d'un grand esprit d'ordre, d'économie et de probité, avec une volonté de fer et une sévérité poussée jusqu'à la du-*reté, sut débrouiller tous les embarras que les *surintendants* et les *trésoriers de l'Épargne* avaient mis exprès dans les affaires, pour y *pêcher en eau trouble. — Homme de chiffres et de marbre,* il avait cependant du **cœur** et des moments de **patriotique enthousiame** : « *Un repas inutile de mille écus,* écrivait-il à Louis XIV, *me fait une peine incroyable, et lorsqu'il s'agit de votre gloire, lorsqu'il est question de millions d'or pour la Pologne, je vendrais tout mon bien, j'engagerais ma femme et mes enfants, j'irais à pied toute ma vie pour y fournir.* » — Il avait pour **Richelieu** un véritable culte : **Louis XIV** disait en souriant à son Conseil : « *Voilà encore M. Colbert qui va nous dire : Sire, ce grand cardinal de Richelieu...* »

Finances.

Le revenu net de l'État n'était que de 52 *millions* en 1661, malgré 84 *millions* d'impôts; comme les dépenses s'élevaient à 60 *millions,* c'était un **déficit annuel** de 8 *millions.* — Pour remédier à ces abus, **Colbert** institue une *Chambre de justice,* ou *Chambre ardente,* qui poursuit les financiers prévaricateurs et leur fait rendre 110 *millions* ; — il rembourse *au prix d'achat* 8 millions de **rentes sur l'Hôtel de Ville** achetées à vil prix, ou en retranche arbitrairement *plusieurs quartiers,* ce qui fut une sorte de *banqueroute;*— il fait révoquer les *lettres de noblesse* accordées depuis 1634, ce qui rend *roturiers,* et par là même *taillables,* 40 000 familles.

Colbert augmente les **aides** ou *impôts indirects* (sur le vin, le café, le tabac, les cartes, etc.), auxquels *tous* contribuent, et qui s'élèvent de 1 500 000 *livres* à 21 *millions*. — Avec cette augmentation de ressources, il peut diminuer la *gabelle* et réduire de 52 millions à 32 la **taille**, qui pèse uniquement sur le *peuple*. — Il fait commencer, dans la *généralité de Montauban*, le **cadastre** pour répartir plus équitablement l'*impôt foncier*. — Il dresse chaque année un **état de prévoyance** (budget), divisé en trois chapitres, où les *revenus*, les *dépenses probables* et les *fonds disponibles* sont marqués à l'avance, avec *prière au roi* de s'y conformer.

Colbert, *grâce à toutes ces mesures*, augmente le **revenu net de l'État de 57** *millions*. — Mais **il ne peut** supprimer les *ordonnances du comptant* pour les dépenses secrètes de l'État et du souverain ; — ni s'opposer à la passion de Louis XIV pour les *guerres* et les *constructions fastueuses* (Louvre, Tuileries, Versailles, Trianon, Marly) ; — ni écarter du Conseil du roi l'*expédient ruineux* des **emprunts**, dont le *premier* fut décidé en 1672 ; un jour viendra où Louis XIV *empruntera à* **400 pour 100 !**

Colbert favorise l'agriculture par la réduction de la *taille* et de la *gabelle* ; — il interdit de nouveau *la saisie des bestiaux et des instruments de labour* ; — il exempte de tailles, pour cinq ans, *le paysan qui se marie à vingt ans*, et pour toute sa vie, *le père de dix enfants* ; — il favorise l'importation des *moutons mérinos* et des *chevaux étrangers*, réorganise les *haras*, donne des primes aux *éleveurs*, à ceux qui *défrichent* les bois, les landes, qui *dessèchent* les marais ; — il encourage la *fabrication des vins*, surtout ceux de *la Champagne*, dont l'Europe fut dès lors tributaire.

On lui reproche d'avoir interdit l'*exportation des blés à l'étranger*, — et surtout d'avoir entravé, par d'absurdes restrictions, la *libre circulation des grains à l'intérieur*, et par là, multiplié les *disettes*.

Colbert, pour favoriser notre industrie naissante, organise le **système protecteur** (Colbertisme), qui frappe de droits considérables à leur entrée dans le royaume les *produits similaires de l'étranger*, mais favorise l'importation des *matières premières* ; — il impose de nouveaux règlements aux **corporations, maîtrises et jurandes**, assujettissant l'*ouvrier* à cinq ans d'*apprentissage*, cinq ans de *compagnonnage* et à la réception du *chef-d'œuvre* par les *jurés* avant de passer *maître*.

Colbert institue des **Conseils de prud'hommes** pour juger les contestations entre *patrons et ouvriers* ; — attire en France d'*habiles ouvriers étrangers* (Van-Robais à Abbeville) ; — dérobe aux Anglais le secret de la *trempe de l'acier* et du *métier à bas* ; — obtient de l'Église la suppression de 17 *fêtes chômées*.

L'industrie française, en dépit d'une *réglementation minutieuse* et d'une *protection souvent tracassière*, n'a bientôt plus de rivale en Europe, pour tous les *produits de luxe* ; — l'**article de Paris** prend dès lors cet inimitable cachet d'*élégance* et de *bon goût* qu'il a toujours conservé depuis.

Finances.
(Suite.)

Agriculture.

Industrie.
———
Système protecteur.

Magnifique essor de l'industrie française.

Les draperies de *Sedan*, de *Louviers*, d'*Abbeville* et d'*Elbeuf* égalent celles de *Hollande*; — les **tapisseries** de la fameuse **Manufacture des Gobelins**, qui, en 1662, occupe plus de 800 ouvriers et reproduit les *tableaux des grands maîtres* sous la direction de *Lebrun* et de *Mignard*, dépassent de beaucoup celles de *Flandre*; — les **tapis** de la *Savonnerie*, de *Beauvais*, d'*Aubusson*, font oublier ceux de *Perse* et de *Turquie*; — les **soieries** de *Tours* et de *Lyon*, tissées d'or et d'argent, sont recherchées dans le monde entier; — les **dentelles** et les **points** de *Paris* et d'*Alençon* surpassent ceux d'*Angleterre* et du *Brabant*; — les **aciers** et les **maroquins** français peuvent lutter avec ceux de l'*Orient* et de l'*Afrique*; — les **glaces de Saint-Gobain** ne le cèdent point à celles de *Venise*; — les **porcelaines de Sèvres** rivalisent avec celles de *Chine* et du *Japon* et détrônent partout les *faïences d'Allemagne* et les *cristaux de Bohême*; — l'**orfèvrerie parisienne** donne des ouvrages que n'auraient pas désavoués les *artistes florentins*, et l'**Imprimerie royale** publie des éditions peu inférieures à celles des *Elzévirs*.

Commerce.

Colbert n'aurait voulu qu'*une seule ligne de douanes à la frontière*, et il y en avait autour de chaque province; — il réussit à supprimer ces **douanes intérieures** dans douze provinces du Nord et du Centre; — les autres conservent l'**ancien régime** : *liberté de commerce* avec l'étranger, mais *acquit* des mêmes droits pour le commerce intérieur.

Le roi préside, tous les quinze jours, le **Conseil du commerce et des manufactures**, institution glorieuse de Henri IV, que *Mazarin* avait laissée tomber.

Routes et Canaux.

Canal du Midi.

Colbert commence le grand système des **routes royales** tant vantées par *Madame de Sévigné*, et qui relient *Paris* à toutes les grandes villes de France. — Il trace le plan du *canal de Bourgogne*, complète le *canal de Briare* par celui d'*Orléans à Montargis*.

Riquet exécute, en seize ans (1664-1680), sur les dessins d'un ingénieur français, *Andréossy*, le fameux **canal du Languedoc** ou du *Midi* ou *des deux mers*, qui, joignant l'*Océan* à la *Méditerranée* (Bordeaux à Cette par Toulouse), *quintupla* la valeur des terres du Midi, devint l'*âme et la vie du Languedoc*, et fut chanté par *Corneille* et *Boileau*; — il coûta 34 millions.

Marine marchande.

Colbert crée **cinq compagnies privilégiées**, auxquelles il fait, *sans succès*, des avances considérables : celle des *Indes orientales*, qui bâtit *Lorient* (l'Orient), et celle des *Indes occidentales* (1664), celle du *Nord* (1669), celle du *Levant* (1670) et celle du *Sénégal* (1673). — Un édit royal (1669) déclare de nouveau que le *commerce maritime ne déroge pas à la noblesse*. — *Dunkerque*, racheté à l'Angleterre, *Bayonne* et *Marseille* sont déclarés **ports francs**.

Colbert, pour encourager les *armateurs français* à faire eux-mêmes le commerce de la France, accaparé par la Hollande et l'Angleterre, frappe tous les *navires étrangers* d'un **droit d'ancrage** de six francs par *tonneau* (poids de 1 000 kilogrammes de marchandises), à *l'entrée* et à *la sortie du port*; — accorde des *primes* aux armateurs et aux constructeurs de *grands navires*, — et ferme les *ports de nos colonies* aux navires étrangers.

Colonies.

Les colonies françaises ne furent jamais plus florissantes. — Le *Canada*, l'*Acadie*, *Terre-Neuve*, *Saint-Pierre* et *Miquelon* forment la **Nouvelle-France** dans l'Amérique septentrionale;— la **Louisiane**, explorée en 1682, par *Cavelier de la Salle*, est colonisée;—*Saint-Domingue*, la *Martinique*, la *Guadeloupe*, *Tabago*, la *Barbade*, etc., rachetées à des particuliers, forment, aux **Antilles**, un empire français, dont il ne nous reste que de faibles débris.

Les **grands entrepôts** de notre commerce maritime sont : *Port-Louis* au Sénégal, *Cayenne* dans la Guyane, *Bourbon* dans la mer des Indes, et *Pondichéry* sur la côte de Coromandel.

Marine militaire.

Inscription maritime.

A la mort de Mazarin, la France n'avait que *vingt mauvais bâtiments de guerre*. — **Colbert**, qui succède, à la marine, à **Guénégaud** et à **Lionne**, achète des *vaisseaux* à la Hollande et à la Suède; — fait venir des *constructeurs* et des *cordiers* de Hambourg, de Dantzig et de Riga; — crée des *arsenaux de construction* au **Havre**, à **Dunkerque**, à **Toulon**, que *Vauban* entoure de formidables défenses, et où il creuse une nouvelle *darse* (bassin), capable de contenir cent vaisseaux de ligne, à **Rochefort**, créé par lui, et à **Brest**, dont *Vauban* fortifie le *goulet*, et où *Duquesne* équipe une flotte de cinquante vaisseaux de ligne.

Le **recrutement** brutal et forcé des équipages par la *presse*, encore en usage chez les Anglais, est remplacé par l'**inscription maritime** (1665) : — *tous les gens de mer* sont distribués en quatre **classes** (célibataires, veufs sans enfant, mariés sans enfant, pères de famille), qui donnent 65 000 *marins* prêts à passer, selon les besoins du service, de la *marine marchande à la marine de guerre*.—Fondation de la **Caisse des invalides de la marine**, qui assure une *pension de retraite* au marin pour ses vieux jours.

Colbert institue : — le corps des **gardes-marines** composé de *gentilshommes* et d'un tiers de *soldats de fortune*, pour préparer de *bons officiers*; — une **École d'artillerie de marine** pour former d'habiles *pointeurs*; — une **École d'hydrographie** pour donner aux navires des *cartes exactes*; — un corps d'*administration* ou **commissariat de marine**; — un **Conseil supérieur de la marine** et un **Conseil des constructions navales** pour éclairer le *ministre*. — Une *fonderie de canons* est établie à *Amsterdam* pour le compte de Louis XIV. — **A la mort de Colbert,** la France possède 276 *bâtiments de guerre*.

Seignelay continue l'œuvre de son père, et lorsqu'il meurt (1690), la marine française, qui compte 763 *vaisseaux de guerre de tout rang*, en mer ou sur chantiers, est **la première du monde**.

Justice.

Colbert présente au roi, en 1665, un **Mémoire** pour l'*uniformité des lois*, la *réorganisation des cours judiciaires*, la *suppression de la vénalité des charges* et la *gratuité de la justice*; — il aurait voulu pour la France *une même loi, un même poids et une même mesure*.

Une **commission de jurisconsultes** éminents : *Séguier*, *Lamoignon*, *Talon*, *Bignon*, *Colbert* et son oncle, le conseiller d'État *Pussort*, *D'Aligre*, *D'Ormesson*, *Pontchartrain*, *Chamillart*, etc., est instituée, en 1666, pour *refondre les lois civiles et criminelles*.

On lui doit : — l'**Ordonnance civile** ou **Code Louis** (1667) ; — l'**Ordonnance des eaux et forêts** (1669), qui est *encore en vigueur* pour la très grande partie ; — l'**Ordonnance d'instruction criminelle** (1670), qui restreint seulement l'*application de la torture* et supprime le *crime de sorcellerie*; — l'**Ordonnance du commerce** (1673), *un des plus beaux titres de gloire de Colbert* ; — l'**Ordonnance de la marine et des colonies** (1681), qui est restée jusqu'à nos jours, sauf quelques modifications, le *droit maritime international*, et a été presque entièrement copiée par l'*Amirauté anglaise*; — le **Code noir** ou *Code colonial*, qui régla et adoucit la condition des *esclaves noirs* aux colonies et réglementa la *traite des nègres*. — *Ces ordonnances* sont le plus grand *travail de codification* qui ait été exécuté de *Justinien à Napoléon Ier*.

Les Ordonnances.

Les Grands-Jours d'Auvergne (1665) : condamnation de plusieurs grands seigneurs récalcitrants : *mémoires* piquants de *Fléchier*. — Les **intendants** sont chargés de faire exécuter les *nouvelles lois*. — On ordonne l'**inscription des hypothèques** sur des *registres spéciaux et publics*, à peine de nullité (1667). — On crée deux nouveaux Parlements, à *Douai* et à *Besançon*.

La Police fut le *grand moyen administratif* du règne de Louis XIV ; — elle fit descendre la *force royale* jusqu'aux extrémités du corps social, mais dégénéra facilement en *instrument de despotisme*.

La Reynie, *premier lieutenant général de police* (1667-1697) : — propreté, pavage et éclairage des **rues de Paris** par 500 *fanaux* (lanternes à chandelles) ; réorganisation des *archers du guet* à pied et à cheval, qui font des *patrouilles régulières* et rendent la sécurité à la capitale; — obligation des *passeports* et prohibition du *port d'armes*; — un corps de **pompiers** remplace les *capucins* pour le service des *incendies*. — Premières entreprises de *voitures publiques*, carrosses et *fiacres*; Pascal imagine les *omnibus*, qui n'ont alors aucun succès. — **Procès** du *chevalier de Rohan*, de la *marquise de Brinvilliers*, de *la Voisin* (affaire des poisons).

Police.

**La Reynie,
d'Argenson.**

D'Argenson succède à La Reynie (1697) : — censure sévère; multiplication des **lettres de cachet** (ordres personnels du roi) ; *cabinet noir* ou violation du secret des lettres; — expédition contre les *religieuses de Port-Royal des Champs* (1709).

Colbert loge l'**Académie française** au *Louvre* (1672); il en est *membre* dès 1667 (les **40** *fauteuils*). — Il fonde l'**Académie des Inscriptions et Belles-Lettres** (1663), sous le titre d'*Académie des Inscriptions et des Médailles*; l'**Académie des Sciences** (1666) ; réorganise, en 1667, l'**Académie de Peinture et de Sculpture**, fondée, en 1648, par *Mazarin*; fonde l'**Académie d'Architecture** (1671); l'**Académie de Musique** (1672), avec *Lulli* et *Quinault*; — l'*École française de Rome* (1667), pour les lauréats de l'Académie de peinture de Paris; l'*École des Langues orientales*; le *Cabinet des Médailles* et l'*Observatoire* (1665).

Colbert augmente la *Bibliothèque royale* de 50 000 volumes; ouvre la *Bibliothèque Mazarine* au public et favorise la publication du *Journal des Savants*, fondé, en 1665, par *Denis de Sallo*.

**Lettres, sciences
et beaux-arts.**

Colbert pensionne non seulement les illustrations nationales : *Corneille, Racine, Molière, Boileau, Quinault*, etc., mais encore les illustrations étrangères : l'Italien *Cassini*, le Danois *Rœmer*, les Hollandais *Huyghens* et *Vossius*, le Florentin *Graziani Viviani*, le cavalier *Bernin*, le bibliothécaire du Vatican *Allaci ;* — c'est *Chapelain* qui tient *la feuille de ces bénéfices littéraires* (100 000 livres par an).

Lettres, sciences et beaux-arts.
(Suite.)

Colbert, surintendant des bâtiments, construit la *Colonnade du Louvre* (1666), les *Tuileries,* la *Bibliothèque royale,* les *boulevards,* les *portes triomphales* de *Saint-Denis* et de *Saint-Martin,* — bâtit l'*Observatoire,* sous la direction de l'astronome *Cassini* (1667), — et commence les constructions de **Versailles,** dont il déplora plus tard le *faste ruineux,* et dont Louis XIV *jeta au feu* tous les *comptes,* comme pour se soustraire aux reproches de la postérité.

Colbert avait véritablement régné, sous le *couvert du roi,* de 1661 à 1672 ; — sa *tristesse* dans ses dernières années ; — influence *rivale et prépondérante* de **Louvois ;** — plaintes du *peuple* (impôts et famine), du *Parlement* (tyrannie des intendants), du *clergé* (attaques contre l'Église, fêtes supprimées).

L'ingratitude du roi mine lentement **Colbert,** qui meurt à l'âge de soixante-quatre ans (1683), après avoir reçu les secours spirituels de *Bourdaloue.* — On l'enterra *la nuit* pour soustraire son cadavre aux outrages de la multitude. « *Le roi fut ingrat, le peuple fut ingrat, la postérité seule a été juste.* » (AUG. THIERRY.)

Mort de Colbert.

Sa famille.

Avec Colbert finit *la race des grands ministres;* — Le Pelletier lui succède aux *finances* (1683-1689), puis **Pontchartrain** (1689-1699) ; **Chamillard** (1699-1709) ; **Desmarets** (1709-1715) ; — mais ce ne sont que des *commis,* impuissants contre un désordre toujours croissant.

Son fils, le marquis de Seignelay, lui succède au département de la *marine* (1683-1690), qu'il rend la *première du monde;* — ses gendres, les *ducs de Beauvilliers et de Chevreuse;* — son frère, *Ch. Colbert,* marquis de Croissy, ministre des *affaires étrangères* de 1679 à 1696, a pour successeur son fils, le marquis de Torcy (neveu de Colbert), ministre des *affaires étrangères* de 1696 à 1715.

ORGANISATION MILITAIRE.

RÉFORMES DE LE TELLIER ET DE LOUVOIS. VAUBAN.

Le Tellier.

Michel Le Tellier (1603-1685) nommé par *Mazarin* secrétaire d'État à la guerre, commença la réforme de l'armée, qui a illustré *son fils* **Louvois,** à qui il laissa ses fonctions en 1666 ; — nommé chancelier, en 1677, à la place d'*Étienne d'Aligre,* **Le Tellier** garda les *sceaux* jusqu'à sa mort; — sa mémoire a été honorée d'oraisons funèbres par *Bossuet* et par *Fléchier.*

23

LOUVOIS (François-Michel Le Tellier, *marquis* de), entré à quinze ans dans les *bureaux de son père*, *secrétaire* d'État de la guerre, lui succède, en 1666, à l'âge de vingt-cinq ans; — il est nommé surintendant des postes en 1668, et surintendant des bâtiments, arts et manufactures, en 1683, à la mort de Colbert.

LOUVOIS (1641-1691).

Son caractère.

Son œuvre.

Son caractère : — *hautain*, *violent*, *dur*, *ambitieux et jaloux*, mais *d'une activité infatigable*, *joignant la science des détails à la hauteur des vues*, Louvois, *le plus grand et le plus brutal des commis*, prit, à partir de 1672, sur Louis XIV, dont il flatta la *passion pour la gloire militaire*, un ascendant que lui disputa vainement Colbert; — « *sans être précisément premier ministre*, dit Saint-Simon, *Louvois abattit tous les autres*, *sut mener le roi comme il le voulut*, *et fut*, *en effet*, *le maître*, *traitant tout le monde haut la main*, *même les princes.* » — Si Colbert fut pour Louis XIV *le génie de la paix*, Louvois fut le *génie de la guerre*; — une *inimitié profonde* divisa malheureusement ces deux grands hommes.

Son œuvre : — 1° Centralisation de toute l'autorité militaire entre les mains du *roi*; — 2° Réorganisation de l'armée; — 3° Création de l'administration militaire. — L'armée française conservera jusqu'à l'Empire l'*organisation* de Louvois.

1° Centralisation de l'autorité militaire aux mains du roi.

Les grandes dignités supprimées ou amoindries : — plus de connétable depuis *Lesdiguières* (1626), malgré les espérances données par le roi à *Turenne* et à *Villars*; — les colonels généraux d'infanterie et de cavalerie, jusque-là *seuls dispensateurs des grades*, sont supprimés; — la dignité de grand amiral, supprimée en 1626, est rétablie (1669) en faveur du *comte de Toulouse*, et le *duc de Vivonne* est nommé capitaine-général des galères; mais le roi se réserve toutes les *nominations*, et le ministre garde la *direction de la marine*; — le grand-maître de l'artillerie (neveu de Mazarin) n'a plus que le *titre* et les *émoluments* de sa charge; — le titre de maréchal-général, créé en faveur de *Turenne*, est purement *honorifique*.

Tous les officiers nommés par le roi et soumis à la direction du *ministre de la guerre*. — L'avancement, à partir du grade de *colonel*, n'a plus lieu, à moins d'action extraordinaire, qu'à l'*ancienneté*, suivant l'ordre du Tableau (1675), et non suivant la *faveur* ou les *quartiers de noblesse*. — Des inspecteurs généraux d'infanterie et de cavalerie, souvent changés, surveillent près des corps d'armée l'exécution des *ordres du ministre* et passent de fréquentes revues.

2° Réorganisation de l'armée.

Recrutement de l'armée. — Enrôlements d'*étrangers mercenaires* (Suisses, Allemands, Irlandais, Italiens) et enrôlements *volontaires* en France, pour quatre ans au moins; Louvois défend aux *racoleurs* d'employer la *fraude* ou la *violence*. — Création des *régiments de milice* recrutés par le *tirage au sort* entre les *habitants des campagnes* (1688).

Le capitaine est chargé de recruter sa *compagnie* (60 hommes environ); il reçoit une *prime de levée* et une *solde journalière* pour chaque homme présent (5 sous pour le fantassin, 15 sous pour le cavalier). — Peines sévères contre l'abus des passe-volants, *soldats de parade* que se prêtaient les uns aux autres les chefs de corps pour les *montres* ou *revues*. — Le colonel achète son *régiment*, et le capitaine sa *compagnie*.

23.

Compagnies de Cadets (seconds fils de famille), véritables *écoles militaires*, où les jeunes gentilshommes servent deux ans au moins comme *simples soldats*, avant d'être *officiers* (sous-lieutenants).

L'effectif total de l'armée est, en 1714, de plus de 400 000 *hommes*. — Organisation de l'armée en **régiments** ; ce sera désormais l'*unité de tactique*.

La cavalerie française comprend d'abord la *Maison du roi* (*gardes du corps*, **Cent-Suisses**, *chevau-légers*, *gendarmes de la garde*, *gentilshommes à bec de corbin*, *gardes de la porte*, *gardes de la prévôté de l'hôtel*, *mousquetaires gris et noirs*) ; — puis la *gendarmerie* (3 500 cavaliers d'élite) et les autres régiments, les uns dits *royaux* (le *Royal-Cuirassier*, le *Royal-Allemand*, etc.), les autres dits de *gentilshommes* (*Turenne*, *Chevreuse*, *Beuvron*, etc.) ; — *cuirassiers*, *grenadiers à cheval*, *carabiniers*, *hussards*, et surtout **dragons**, combattant à *pied et à cheval*. — En 1714, il y a **119 régiments de cavalerie**.

L'infanterie française comprend, outre les deux régiments des *Gardes françaises* et des *Gardes suisses*, attachés à la maison du roi, — les six régiments les plus anciens dits les **vieux** (Picardie, Champagne, Navarre, Piémont, Normandie, la Marine), puis les cinq *petits vieux* (Artois, Auvergne, Anjou, etc.), et enfin les autres régiments par ordre d'*ancienneté*. — Une *compagnie de grenadiers* (soldats d'élite) est instituée dans chaque régiment d'infanterie. — En 1714, il y avait **264 régiments d'infanterie** à 3 *bataillons*, comprenant, chacun, 12 à 15 *compagnies* de 60 hommes.

L'artillerie est complètement réorganisée par **Louvois**, qui crée un régiment de *fusiliers* (le *Royal-Artillerie*, dont Louis XIV fut le colonel) et plusieurs compagnies de *canonniers* et de *bombardiers* ; — le *train d'artillerie* ne sera organisé qu'en 1799 par *Bonaparte*. — **Écoles d'artillerie** à *Douai*, *Metz* et *Strasbourg*.

Génie : — **Vauban** organise le corps des **ingénieurs militaires** ; — forme deux compagnies de *mineurs*, mais ne peut obtenir de Louvois l'organisation d'une compagnie de *sapeurs*.

Armes : — la **cavalerie** remplace l'*épée* par le *sabre* en 1679 ; les carabiniers reçoivent la *carabine rayée à balle forcée*, en 1680. — L'infanterie n'a d'abord que la *pique* et le *mousquet à mèche*, qui a remplacé l'*arquebuse à croc*. — Le *fusil à rouet*, introduit dans l'armée française en 1671, est remplacé, en 1703, par le **fusil à pierre** ou *à silex*, qu'on a appelé aussi *fusil de munition*. — **La baïonnette à douille**, inventée par **Vauban**, en 1687, fait du fusil une arme, à la fois de *jet* et d'*escrime*, terrible en des *mains françaises*, et produit une véritable *révolution* dans l'art militaire en faveur de l'*infanterie*. — Le *fusil à percussion* ou *à piston*, avec **capsule**, ne sera en usage dans l'armée française qu'à partir de 1830.

L'uniforme est introduit d'abord dans la *Maison militaire du roi*, puis peu à peu dans le reste de l'armée ; — le **bleu** est réservé aux *Gardes françaises* et à tous les *régiments royaux* ; le **gris**, aux *troupes d'infanterie*, et le **rouge**, aux *Gardes suisses*. — La plupart des régiments cessent de porter le **nom** de leurs colonels, pour recevoir des noms permanents de *villes* ou de *provinces*.

2° Réorganisation de l'armée. (*Suite.*)

Discipline et instruction : — la *désertion* est punie de mort; — l'infanterie est assujettie à la **marche au pas** ;— *camps d'instruction* pour exercer, en temps de paix, les troupes aux *manœuvres ;*— *revues* fréquentes des régiments et des compagnies ; — semonce de Louvois à *M. de Nogaret* (Mᵐᵉ DE SÉVIGNÉ).

Hiérarchie militaire sous Louis XIV : — le *maréchal-général* (Turenne), les *maréchaux* (au nombre de 20), les *lieutenants-généraux* (généraux de division), les *maréchaux de camp* (cavalerie) ou *généraux de brigade*, brigadiers (infanterie), les *mestres de camp* (cavalerie) ou *colonels* (infanterie), les *lieutenants-colonels*, les *majors*, les *capitaines*, les *lieutenants*, les *sous-lieutenants*, les *cornettes* (porte-drapeau de la cavalerie), les *enseignes* (porte-drapeau de l'infanterie), les *exempts* (cavalerie), les *maréchaux des logis*, les *sergents*, les *vaguemestres* (maîtres des chariots), les *caporaux* et les *anspessades* (aides-caporaux).

Louvois sépara nettement la guerre de l'administration de l'armée : — les *fournitures et subsistances* furent enlevées aux *chefs de corps* pour être confiées à des **commissaires ordonnateurs des guerres** (intendants militaires actuels).— **Organisation** de *magasins de vivres*, de *fabriques d'armes*, de *fonderies de canons*, d'*arsenaux*, de *transports militaires*, d'*hôpitaux*, d'*ambulances*. — **Les soldats** logent dans les *places fortes* ou chez les **bourgeois** avec *place au feu et à la chandelle.*—Les premières *casernes* ne sont construites à Paris qu'en 1672.

Fondation de l'Hôtel des Invalides (1674) pour recevoir 4 000 *soldats vieillis* ou *mutilés.* — Organisation du **Dépôt** ou **Archives de la guerre.** — Création de l'**Ordre de Saint-Louis** pour récompenser les *officiers nobles* (1693).

Collaborateurs de Louvois : — *Vauban* (génie), *Martinet* (infanterie), *Dumetz* (artillerie), *Fourille* (cavalerie), *Chamlay* et *Saint-Pouange* (administration militaire).

Louvois mourut subitement, en 1691, peut-être à la veille de sa *disgrâce ;* — cependant *son fils*, **Barbezieux**, lui succéda à la guerre.

On lui reproche : — son *animosité* contre Colbert; son empressement à flatter *la passion de Louis XIV pour la guerre;* ses *prétentions à dicter des plans* à Turenne et à Vauban ; le *double incendie* du Palatinat; le *bombardement de Gênes*, les *dragonnades*, etc.

VAUBAN (**Sébastien Le Prestre**, *marquis de*), né à *Saint-Léger* (Bourgogne), servit d'abord sous le *chevalier de Clerville*, l'ingénieur français le plus renommé de ce temps ; — **Mazarin**, qui le distingua, le nomma *ingénieur du roi* (1655), lui confia la direction de plusieurs *sièges* et le chargea de fortifier *Dunkerque* (1663), qui fut son premier chef-d'œuvre. — **Louis XIV** le nomma *commissaire général des fortifications* (1677), *maréchal* en 1703, et lui donna le *cordon bleu* (ordre du *Saint-Esprit*).

Vauban, « *le plus honnête homme et le plus vertueux homme de son siècle*, dit Saint-Simon, *le plus simple, le plus vrai, le plus modeste, était grand ménager du sang des soldats.* » — Il publia, dans un livre sur la *dîme royale*, tout un plan de *réformes financières*, qui lui attira la *disgrâce du roi ;* — ce **grand patriote** en mourut, peu de mois après (1707), consumé d'une affliction que rien ne pouvait adoucir, et à laquelle *le roi fut insensible.*

Marginal notes:

2° **Réorganisation de l'armée.** *(Suite.)*

3° **Création de l'administration militaire.**

Mort de Louvois.

VAUBAN (1633-1707).

Son caractère.

Créations et travaux de Vauban.

Vauban fut le père de la science des fortifications, et il la porta dès lors à un *degré de perfection* qui n'a été dépassé que de notre temps. — Le premier, parmi les ingénieurs militaires, il **sut tirer parti** des *accidents du terrain* et de la *disposition des cours d'eau ;* — il **inaugura** le système des **fortifications rasantes**, presque au niveau du sol, qui laissent moins de prise à l'artillerie que les *hauts remparts* du moyen âge ; — il **perfectionna** le système des *contre-mines* et celui des *inondations* pour protéger les abords des places ; — il **imagina** l'usage des *feux croisés* ; les *boulets creux* ou *obus* pour disperser les terres ; le *tir à ricochet*, pour démonter les pièces des assiégés et détruire les angles des bastions ; les *cavaliers de tranchée*, pour couvrir l'artillerie des assiégeants, et surtout les **parallèles**, pour relier entre elles les *tranchées* et approcher des remparts assiégés (Siège de Maëstricht, 1673).

Vauban fut, pendant le règne de Louis XIV, *l'homme indispensable* que tous les généraux réclamaient, quand ils avaient un siège à faire. — Aussi habile à **prendre** les places qu'à les **fortifier**, il donna lieu au dicton suivant : « *Ville assiégée par Vauban, ville prise ; ville fortifiée par Vauban, ville imprenable.* »

Vauban protégea d'une triple ceinture de **places fortes** la plus faible frontière du royaume, celle du *Nord-Est* (de Dunkerque au Rhin), ce fut *la frontière de fer* devant laquelle se brisa plus d'une *invasion*. — Il répara 300 *places fortes anciennes*, en construisit 33 *nouvelles*, conduisit 53 *sièges* et se trouva en personne à 143 *engagements de vigueur*.

Vauban eut pour rival le Hollandais *Cohorn*, et pour disciple *Louis de Cormontaigne*. — Il a laissé de volumineux *Mémoires* manuscrits sous ce titre modeste : « *Mes Oisivetés.* »

POLITIQUE EXTÉRIEURE. LIONNE ET POMPONNE.

GUERRE DE DÉVOLUTION. GUERRE DE HOLLANDE : PAIX DE NIMÈGUE.

CHAMBRES DE RÉUNION : STRASBOURG. TRÊVE DE RATISBONNE.

POLITIQUE EXTÉRIEURE.

Lionne (1611-1671).

LIONNE (**Hugues** de), neveu de *Servien*, remplace, en 1663, les deux *Brienne* au **secrétariat des affaires étrangères**, qu'il occupe jusqu'à sa mort. — *Élève de Mazarin et continuateur de sa politique*, doué, d'ailleurs, d'un *génie supérieur comme diplomate*, d'un *esprit vif et perçant, souple et adroit*, écrivant facilement plusieurs langues, Lionne, que Saint-Simon appelle « *le plus grand ministre de Louis XIV* », prépara, par ses *habiles négociations*, le succès des *premières guerres* de Louis XIV.

Le roi, d'ailleurs, veillait de près sur *ce service ;* — il écrivait lui-même les plus importantes *dépêches* à ses ambassadeurs, et *minutait* de sa main les instructions de ses ministres.

Pomponne
(1618-1699).

Pomponne (*Arnaud,* marquis de), neveu du grand *Arnaud,* d'abord *ambassadeur en Suède,* succéda à Lionne aux affaires étrangères, en 1671 ; — Louvois et Colbert provoquèrent sa *disgrâce* en 1679 ; — rappelé au ministère à la mort de Louvois, il forma son gendre Torcy.

Louis XIV, dans ses *Mémoires,* a été injuste envers Pomponne, dont les *dépêches* sont encore un *modèle d'habileté diplomatique,* et qui dirigea les négociations de la glorieuse paix de *Nimègue.*

Louis XIV
se révèle à l'Europe
par ses premiers actes.
———
Son influence
partout prépondérante.

Humiliation du roi d'Espagne, Philippe IV (1662) : — l'ambassadeur d'Espagne à Londres ayant disputé la **préséance** au comte d'*Estrades,* ambassadeur de France, Louis XIV exige une réparation éclatante. — L'Espagne *cède le pas* à la France dans toutes les cours, sauf à Vienne.

Humiliation du pape Alexandre VII (1664) : — *la suite* de l'ambassadeur français (duc de Créqui) ayant été outragée à Rome par la *garde corse* du pape, Louis XIV s'empare d'*Avignon ;* — **Alexandre VII** envoie son neveu, le *cardinal Chigi,* présenter des excuses au roi de France, licencie la garde corse et fait élever à Rome une *pyramide expiatoire.*

Louis XIV, défenseur de la chrétienté contre les Turcs, envoie au secours de l'empereur *Léopold* 6 000 hommes avec *Coligny,* qui prennent une part glorieuse à la victoire de *Montécuculli* à *Saint-Gothard* (1664). — **Le duc de Beaufort** (l'ancien roi des Halles) part avec quinze vaisseaux bombarder les **pirates barbaresques** dans leurs repaires de *Tunis* et d'*Alger* (1664-1665) et délivrer les *esclaves français* (dévouement de Porcon de la Barbinais, le *Régulus malouin*) ; — puis, avec 7 000 hommes, il va aider les *Vénitiens* à défendre **Candie** contre les Turcs (1669); il y est tué.

Louis XIV *refuse le salut* sur mer au *pavillon anglais* et l'exige de l'Espagne et de la Hollande; — *marie* son frère, *Philippe d'Orléans,* avec Henriette d'Angleterre, sœur de *Charles II* (1661); — *rachète* pour 5 millions **Dunkerque** (1662); — *prend parti* pour la **Hollande** dans sa lutte contre l'Angleterre à propos de l'*Acte de Navigation,* mais sans s'engager à fond, ce qui lui fait obtenir la restitution de l'*Acadie* au traité de *Bréda* (1667).

Schomberg va en Portugal, avec 4 000 vieux soldats, concourir à la victoire de *Villaviciosa* (1665), qui assure l'**indépendance du Portugal** contre l'Espagne, dont le roi, *Philippe IV,* meurt de chagrin quelque temps après.

GUERRE
DE DÉVOLUTION
OU DE FLANDRE
(1667-1668).
———
Causes.

Philippe IV, en mourant (1665), laisse la couronne d'Espagne à son fils **Charles II,** né d'un *second mariage.* — **Louis XIV réclame,** au nom de sa femme, *Marie-Thérèse,* fille unique du *premier lit,* dont la *dot n'avait pas été payée,* les **Pays-Bas espagnols,** en vertu du **droit de dévolution.** — Par cette *coutume du Brabant,* tous les biens possédés par le père ou la mère, *avant leur second mariage,* étaient **dévolus,** à leur mort, aux enfants du *premier lit.*

Louis XIV, après dix-huit mois de négociations pour obtenir de la cour de Madrid la reconnaissance des *droits de la reine,* publie, en réponse aux *écrits de l'Espagne,* le **Traité des Droits de la reine,** « *manifeste qui sentait la poudre,* » et envahit les provinces contestées.

Opérations militaires.

Conquête de la Flandre en trois mois (mai-août 1667) : — **Louis XIV**, Turenne et Vauban s'emparent de *Charleroi*, *Tournai* (tombeau de Childéric Iᵉʳ), *Douai*, *Courtray*, *Oudenarde* et *Lille*, villes prises aussitôt qu'assiégées ; — ce fut une *promenade militaire*.

Conquête de la Franche-Comté, en quinze jours (février 1668) : — **Louis XIV** et Condé s'emparent sans résistance de *Besançon*, *Dôle* et *Salins* ; — « *autant eût valu*, disait-on en Espagne, *envoyer des laquais pour en prendre possession !* »

Triple alliance (1668).

Alarme de l'Europe : — *la Hollande*, épouvantée, conclut, en cinq jours (1668), avec *l'Angleterre* et la *Suède*, la **triple alliance de La Haye**, qui offre sa médiation à la France et l'impose à l'Espagne. — *Louvois, Condé* et *Turenne* voudraient achever la conquête des Pays-Bas, mais le **roi** cède aux conseils de *Colbert* et de *Lionne* et fait la paix.

Traité.

Traité d'Aix-la-Chapelle (1668) : on garde la *Flandre*, mais on rend la *Franche-Comté*. — L'Europe jouit alors de *quatre années de paix*.

GUERRE DE HOLLANDE (1672-1679).

Griefs de Louis XIV contre les Hollandais.

Louis XIV avait vivement à cœur : — l'infidélité des Hollandais, qui, en 1648, avaient traité *séparément de la France, leur alliée* ; — leur insolence de l'avoir arrêté, en 1668, au cours de ses conquêtes, par la conclusion de la *triple alliance* ; — l'orgueil du diplomate hollandais, *Van Beuningen*, aux conférences d'*Aix-la-Chapelle* (« *J'ignore ce que le roi veut, je considère ce qu'il peut !* ») ; — l'audace injurieuse des *gazetiers* d'Amsterdam et l'émission de quelques **médailles orgueilleuses** (*In conspectu meo stetit sol !*).

Louis XIV, monarque catholique et absolu, détestait, d'ailleurs, ce petit peuple calviniste et républicain, qui *donnait asile* à tous ses ennemis religieux et politiques : « *Mes pères ont su les élever*, disait-il, *je saurai les détruire.* »

Louvois, de son côté, estimait que le seul moyen de parvenir à la *conquête des Pays-Bas espagnols* était d'*anéantir* les Hollandais ; — et **Colbert** haïssait ces rivaux de notre commerce, qui répondaient à ses *tarifs onéreux* par des *surtaxes* sur nos vins, nos eaux-de-vie et les produits de nos manufactures (1670). — Le roi, Colbert et Louvois **étaient d'accord** pour cette guerre, *œuvre cependant de passion bien plus que de politique*.

Négociations de Lionne contre la Hollande.

Lionne, par d'habiles négociations, *rompt la triple alliance* et isole la Hollande : — 1° de **l'Angleterre**, dont le roi *Charles II se vend* à la France, par le traité secret de *Douvres* (1670), négocié par sa sœur *Henriette d'Angleterre*, duchesse d'Orléans, qui meurt subitement à Saint-Cloud, quelques jours après son retour. « *Madame se meurt, Madame est morte !* » (Oraison funèbre de Bossuet) ; — 2° de la **Suède**, à qui *Pomponne* fait signer le traité de *Stockholm* (1671) ; — 3° de l'**Empereur**, qui signe un *traité secret* de partage éventuel de la *succession d'Espagne* ; — 4° de l'**électeur de Cologne**, évêque de *Liège*, qui permet à Louis XIV d'attaquer la Hollande par la *vallée de la Meuse*.

La France et l'Angleterre déclarent ensuite la guerre à la République des Provinces-Unies, comme à *l'ennemie commune de toutes les monarchies*.

Situation intérieure de la Hollande.

Les Hollandais sont affaiblis par la lutte intérieure du parti républicain avec les frères de *Witt* (parti de mer) et du parti des Orangistes, partisans du *stathou-dérat* (parti de terre); — ils n'ont à opposer aux immenses préparatifs de Louvois que 25 000 *mauvais soldats*, commandés par le jeune prince Guillaume d'Orange, et 20 000 hommes que leur promet l'*électeur de Brandebourg, Frédéric-Guillaume I*er, leur seul allié.

Invasion de la Hollande.

Passage du Rhin (1672).

Louis XIV entre tout à coup en Hollande (1672) avec 125 000 hommes bien équipés et munis, pour la première fois, de *batteries de campagne et de siège*; « ce fut comme un coup de foudre dans un ciel serein. »

L'armée française, conduite par le ROI en personne, est divisée en *trois corps*, commandés par Turenne, Condé et *Chamilly*; — Luxembourg est à la tête des *alliés d'Allemagne*; Louvois a *l'œil à tout*; Vauban doit prendre les *villes*, et *Pellisson* écrire les *victoires*. — Trente vaisseaux, commandés par le *comte d'Estrées*, avec *Duquesne* et *Tourville*, rejoignent la flotte anglaise, aux ordres du *duc d'York*.

Le Rhin est franchi à *Tolhuys*; — ce *fameux passage*, accompli sous les yeux de Louis XIV, et si emphatiquement célébré par *Boileau* et *Bossuet*, est jugé par Napoléon Ier comme une *opération militaire de quatrième ordre*. — Quarante villes fortifiées tombent au pouvoir du roi, avec les provinces de *Gueldre, Utrecht* et *Over-Issel*. — Les Hollandais, affolés, songent un instant à fuir en masse sur leurs *vaisseaux à Batavia* (Océanie).

Louis XIV, mal conseillé par Louvois, commet deux fautes : — 1° de ne pas marcher immédiatement sur *La Haye* et *Amsterdam*; — 2° de rejeter les propositions de paix de *Jean de Witt*, et d'en offrir lui-même d'*inacceptables* (cession de toute la rive gauche du Rhin, rétablissement du catholicisme, médailles expiatoires, indemnité de 20 millions, etc.).

Révolution en Hollande.

—

Rupture des digues.

La Hollande se soulève en masse, dans l'exaltation d'un *sombre patriotisme* : — Guillaume d'Orange est proclamé partout *stathouder*; — les frères de Witt sont massacrés par le peuple à *La Haye*; — les *propositions humiliantes* de Louis XIV sont rejetées, et l'on prend une résolution désespérée : les *écluses* sont ouvertes, les *digues* percées, et le pays *plongé sous les eaux*.

Amsterdam devient comme une *forteresse au sein d'une île*, et les vaisseaux de guerre trouvent assez d'eau pour se ranger autour d'elle. — Les vainqueurs s'arrêtent, et la *République* est sauvée. — En même temps, la flotte anglo-française échoue contre Ruyter à la bataille indécise de *Solbay* (1673).

Guillaume d'Orange stathouder.

Guillaume d'Orange, jeune homme de vingt-deux ans à peine, pâle, *maladif*, faible de corps, mais d'une âme forte et *impénétrable*, dévoré d'ambition et inébranlable dans ses desseins, est investi d'une véritable dictature militaire. — Il envoie des ambassadeurs dans toutes les cours de l'Europe pour les *ameuter contre la France*. — La prise de *Maëstricht* (Mosœ trajectum), grâce au génie de Vauban, achève d'alarmer les puissances; — une faute de Louvois, qui consent par bravade à rendre 25 000 prisonniers contre rançon (un écu par tête), donne au stathouder des *soldats*.

**Grande Alliance
de La Haye (1673).**

L'Empereur, puis l'*Empire* entraîné par Léopold, *Charles IV, duc de Lorraine,* et enfin l'*Espagne*, entrent dans la **Grande Alliance de La Haye** : c'était la *première des coalitions*, que la France allait prendre l'habitude de *regarder en face* (1673); — le *Parlement anglais* oblige Charles II à la *neutralité*. La **Suède**, notre *unique* alliée, battue à *Fehrbellin* (1675), est dépouillée de ses possessions allemandes par le *Brandebourg* et le *Danemark* réunis. — L'œuvre de Richelieu est détruite: *la France, isolée, doit se défendre de tous les côtés.*

**Conquête
de la Franche-Comté
(1674).**

Louis XIV, seul contre tous, se décide à *évacuer la Hollande*, et, avec 25000 hommes et *Vauban*, se dirige sur la **Franche-Comté**. — Besançon est pris en neuf jours, et la *province entière* en six semaines (mai-juin 1674); *elle est restée depuis à la France.* — L'arc de triomphe de la **Porte Saint-Martin** est érigé en l'honneur de cette conquête, comme l'*arc de triomphe* de la **Porte Saint-Denis** l'avait été pour l'invasion de la Hollande.

Turenne, en Alsace, *franchit le Rhin*, bat *Caprara* et le *duc de Lorraine* à *Sintzheim* et à *Ladenbourg* (1674); — puis, par ordre de Louvois, incendie le **Palatinat**, *opération plus digne d'un général d'Attila que d'un maréchal de Louis XIV!* — Mais **Strasbourg**, violant la neutralité, a livré le *pont du Rhin* à 70000 Impériaux, qui *pénètrent* en Alsace.

Turenne, qui a écrit à **Louvois**, effrayé, qu'il « *répond de tout* », bat les Allemands à *Entzheim*, et se replie ensuite derrière les *Vosges* à l'arrivée de l'*électeur de Brandebourg*, comme pour prendre ses *quartiers d'hiver*. — Puis, tout à coup, par un *froid de 10 degrés*, le grand capitaine, qui, au jugement de Napoléon 1er, *croissait d'audace à mesure qu'il vieillissait,* débouche en Alsace par la **trouée de Belfort** avec 40000 hommes, culbute à *Mulhouse*, à *Colmar* et à *Turkheim* l'ennemi, qui le croyait à cinquante lieues de là, et le rejette en désordre de l'autre côté du Rhin, après lui avoir fait perdre 30000 hommes (décembre 1674-janvier 1875). — **L'Alsace est délivrée**, et cette campagne, *une des plus belles de nos annales militaires,* excite l'enthousiasme dans la France entière. — **Louis XIV** invite **Turenne** à se rendre à Paris, et son voyage est un *véritable triomphe*.

**Célèbre campagne
de Turenne
sur le Rhin.**

———

**Sa mort
(1675).**

Turenne revient au printemps suivant à la tête de son *armée du Rhin*. — L'Empereur lui oppose **Montecuculli**, le vainqueur des Turcs à Saint-Gothard, *le plus habile tacticien de l'Allemagne*. — Pendant six semaines les *deux adversaires* s'observent, s'étudient, luttant d'habileté sur un terrain de quelques lieues carrées, où il n'y a pas un ravin, pas un ruisseau inutile; — enfin **Turenne** croit tenir Montecuculli à *Saltzbach*, lorsqu'il est tué par un boulet perdu, « *chargé de toute éternité* » (Mme de Sévigné); — belles paroles de *Saint-Hilaire*, qui venait d'être blessé à côté de lui. — Sa mort fut une calamité publique; « *c'était un homme,* dit Montecuculli, *qui faisait honneur à l'homme.* »

Louis XIV fait enterrer Turenne à *Saint-Denis*, dans la sépulture des rois, comme Du Guesclin; — nomme *huit maréchaux* (la *monnaie* de Turenne) et rappelle **Condé** en *Alsace* pour arrêter l'ennemi.

24

Dernière campagne de Condé en Alsace.

Campagne de Créqui sur le Rhin.

Guerre de sièges.

Le duc d'Orléans.

Opérations maritimes.

Duquesne et Ruyter.

D'Estrées.

Paix de Nimègue (1678-1679).

Condé, qui avait sauvé la France d'une *invasion au nord*, par la sanglante victoire de **Senef** (1674) sur le *prince d'Orange*, s'inspirant des plans de Turenne, « *avec l'ombre duquel il aurait voulu pouvoir converser* », force Montecuculli à lever les sièges de *Saverne* et de *Haguenau* et à repasser le *Rhin* (1675); — puis la *goutte* le contraint à se retirer dans sa fastueuse retraite de *Chantilly*, où les lettres et la religion l'occupent noblement jusqu'à sa mort (1686). — Son *oraison funèbre* est un des chefs-d'œuvre de *Bossuet.*

Le bouillant **Créqui** répare sa défaite de *Consarbrück* et la trahison de *Trèves* (1675) par une *campagne digne de Turenne* : — il empêche le **duc de Lorraine,** *Charles V*, qui a pris *Philippsbourg* (1676) de faire sa jonction avec *Guillaume*; le bat à *Kochersberg*, prend *Fribourg* sous ses yeux (1677) et le taille en pièces à *Rhinfeld* et à *Kehl* (1678).

Louis XIV, qui aimait la guerre de sièges, toujours sûre avec *Vauban*, et qui venait avec sa cour assister au *dernier assaut*, s'empare successivement de *Liège* et de *Limbourg* (1675), de *Condé* et de *Bouchain* (1676), de *Valenciennes* et de *Cambrai* (1677), de *Gand* et d'*Ypres* (1678).

Le duc d'Orléans, grâce aux savantes dispositions de **Luxembourg,** bat complètement le *prince d'Orange* à *Cassel* et s'empare de *Saint-Omer* (1677); — le roi, *jaloux* de ce succès, ne donna plus de commandement à son *frère.* — **Schomberg** et **Navailles** avaient arrêté les Espagnols aux *Pyrénées.*

Messine, révoltée contre l'Espagne, s'était donnée à Louis XIV; — **Ruyter,** envoyé au secours des Espagnols, est battu à *Stromboli* et à *Agosta* (où il est tué) par **Duquesne,** qui écrase une troisième fois la flotte hispano-hollandaise à *Palerme* (1676). — Mais la frivolité du **duc de Vivonne** (frère de *Mme de Montespan*) et la *licence* des soldats français obligent à évacuer la Sicile (1678).

D'Estrées avait pris *Cayenne, Tabago, Gorée* et le *Sénégal* aux Hollandais (1677).

La défection de Charles II d'Angleterre, qui est contraint par son *Parlement* à déclarer la guerre à la *France*, décide **Louis XIV à signer la paix à Nimègue :**

1° **avec la Hollande** (1678), qui recouvre *Maëstricht* et obtient la suppression du *droit d'entrée de cinquante sous* pour les vaisseaux étrangers (tarif de 1667); *c'était lui sacrifier notre marine marchande*; — le *prince d'Orange,* qui, en dépit du traité, attaque à l'improviste le *maréchal de Luxembourg* à *Mons,* est battu et convaincu de la plus *insigne mauvaise foi*;

2° **avec l'Espagne** (1678), qui nous abandonne la *Franche-Comté, Aire, Saint-Omer, Cambrai, Valenciennes, Maubeuge, Cassel,* etc.; — *elle paye les frais de la guerre*;

3° **avec l'Empereur** (1679), qui garde *Philippsbourg*, mais cède *Fribourg.*

Louis XIV force l'*électeur de Brandebourg* et le *roi de Danemark* à signer les traités de **Saint-Germain** et de **Fontainebleau,** qui rendent à la **Suède,** notre alliée, *toutes ses possessions* (1679); — *Charles V de Lorraine,* qui refuse ses conditions, reste *dépossédé.* — Au congrès de *Westphalie* peu de négociateurs entendaient la **langue française**; tous la parlent à *Nimègue :* ce sera désormais la **langue de la diplomatie.**

25.

Apogée de la grandeur de Louis XIV.

La paix de Nimègue marque *l'apogée du règne de Louis XIV.* — Les *magistrats de Paris* lui décernent le titre de **Grand** (1680). — Le *duc de la Feuillade* lui élève une **statue** sur la *place des Victoires* et se prosterne devant cette image comme devant une *divinité*. — La **brillante littérature** de cette époque n'est autre chose qu'un *hymne à la royauté*, et la voix qui couvre les autres est celle de *Bossuet!* — **Louis XIV**, ainsi encensé, tombera bientôt dans le *mépris de toute sagesse humaine.*

Éclat de la cour de Louis XIV : la journée du roi; l'*étiquette*; l'*appartement* de Versailles; fêtes brillantes (le Carrousel, 1662; la fête de Versailles, 1664). — **Scandales et repentirs** : Mlle *de la Vallière*, qui mourut carmélite; Mme *de Montespan*, qui pleura amèrement ses fautes. — **Mort de Colbert et de Marie-Thérèse** (1683). — Louis XIV épouse secrètement (1684) Mme **de Maintenon**, née *Françoise d'Aubigné* et veuve du poète *Scarron.*

Chambres de Réunion (1680).

Strasbourg réuni à la France (1681).

La paix conclue, les nations avaient *licencié* leurs troupes; — **Louis XIV** garde les siennes, et, à la stupéfaction de l'Europe, fait *de la paix un temps de conquêtes.*

Des chambres de Réunion sont établies à *Metz, Tournai, Brisach* et *Besançon*, pour rechercher et *annexer* tout ce qui autrefois avait **dépendu** des pays cédés à la France avec leurs *dépendances* par les *précédents traités* (on remonte, à travers le chaos féodal du moyen âge, jusqu'à *l'époque mérovingienne*); — *Deux-Ponts, Saarbrück*, le *duché de Luxembourg, Montbéliard*, etc., sont **adjugés** à la France et *occupés* par elle.

Louvois, sur un *arrêt du Parlement de Brisach*, réunit secrètement 30 000 hommes en Alsace, aux ordres de *Créqui*, et, grâce aux intelligences nouées dans la place et au concours de l'*évêque*, occupe facilement la ville de **Strasbourg**, qui peu après est *visitée* par Louis XIV et *fortifiée* par **Vauban**. — Une médaille est frappée à cette occasion : *Clausa Germanis Gallia!* — Le même jour, les Français occupaient *Casal*, vendu par le *duc de Mantoue.*

Trève de Ratisbonne (1684).

La Hollande, la Suède, l'Empire et l'Espagne, alarmées, se liguent secrètement à **La Haye** (1681) pour contraindre Louis XIV à respecter la paix de Nimègue; — les hostilités auraient commencé sans l'**invasion de 200 000 Turcs**, qui, unis aux *Hongrois révoltés*, s'avancent, sous la conduite de *Kara-Mustapha*, jusque sous les murs de **Vienne**, où ils sont battus complètement par **Jean Sobieski**, *le vaillant roi de Pologne* (1683).

L'Europe n'ose attaquer Louis XIV et signe à **Ratisbonne** une *trève de vingt ans*, qui laisse au roi de France *Strasbourg, Kehl* et toutes les *villes réunies* avant le 1er août 1681.

Bombardement d'Alger et de Gênes.

Duquesne bombarde deux fois **Alger** (1681 et 1684), et oblige *Tunis* et *Tripoli* à rendre les prisonniers chrétiens.

Gênes *la Superbe* était restée fidèle à l'Espagne; — *Seignelay* et *Duquesne*, avec la nouvelle invention des **galiotes à bombes**, réduisent en cendres ses magnifiques palais de marbre (1684); — **son doge** est contraint de quitter, *malgré la loi*, le territoire de la République, pour venir s'humilier à *Versailles* : — aussi ce qui l'étonne le plus, « *c'est de s'y voir!* »

AFFAIRES RELIGIEUSES.

DÉCLARATION DE 1682. RÉVOCATION DE L'ÉDIT DE NANTES.

LE JANSÉNISME.

La Régale.

———

Assemblée du clergé de France.

Le droit de Régale, *qui attribuait au roi les revenus des évêchés ou archevêchés vacants,* ne s'appliquait pas aux *diocèses* du *Languedoc,* de la *Guyenne,* de la *Provence* et du *Dauphiné;*—Louis XIV, sous prétexte d'*uniformité,* déclare (édit de 1673), malgré les canons de l'Église, *tous les diocèses du royaume soumis à ce droit.* — L'opposition des évêques jansénistes d'*Aleth* et de *Pamiers* est approuvée par le pape **Innocent XI.**

Louis XIV convoque une assemblée du clergé de France à Paris pour prononcer entre le pape et lui. — L'assemblée, choisie par Colbert, et qui est *peu nombreuse* (34 archevêques et évêques, et 38 curés), a pour président *François de Harlay,* archevêque de Paris, et pour orateur **Bossuet,** évêque de Meaux (Sermon sur l'Unité de l'Église). — L'assemblée *confirme l'édit royal* sur le droit de régale (février 1682), mais le **pape** casse cette décision.

Déclaration de 1682.

———

Les Quatre articles.

L'assemblée prend alors l'offensive et adopte, le 19 mars 1682, une **déclaration** sur la *puissance ecclésiastique,* rédigée par Bossuet, « *le dictateur de l'épiscopat et de la doctrine* », comme dit Saint-Simon, qui est enregistrée par le Parlement, le 22 mars, et acquiert ainsi *force de loi.* — Cette **déclaration,** dite *de 1682,* comprend **quatre articles** : — 1° *le pape n'a aucune puissance sur le temporel des rois;* — 2° *le concile œcuménique est supérieur au pape;* — 3° *l'autorité pontificale ne doit s'exercer que conformément aux canons des conciles et aux usages de l'Église gallicane;* — 4° *les décisions du pape, en matière doctrinale, ne sont infaillibles qu'après le consentement de l'Église.*

Toutes les facultés de théologie durent enseigner ces quatre propositions. — L'*Université de Douai,* ville nouvellement française, protesta en faveur de l'**infaillibilité,** d'accord avec l'Université belge de *Louvain.*

Les Quatre Articles sont la base de ce qu'on a appelé les **libertés gallicanes** (vérification par le Parlement des *bulles pontificales* avant leur promulgation dans le royaume; *appels comme d'abus* contre les ecclésiastiques; le *nonce* est sans juridiction en France; défense aux évêques d'aller à Rome et de tenir des conciles sans l'autorisation royale; inefficacité de l'*Index* et de l'*Inquisition* en France, etc.), « *libertés à l'égard du pape, servitudes à l'égard du roi* ».

Innocent XI proteste contre la déclaration des *Quatre Articles,* qui sera annulée par son successeur, **Alexandre VIII,** et définitivement *condamnée* par l'Église au **concile du Vatican** (1870); — puis il refuse les *bulles d'investiture* aux évêques nommés, et 35 *diocèses* restent pendant plus de dix années vacants.

Le droit d'Asile à Rome (1687-1688).

Louis XIV, *seul de tous les souverains d'Europe*, prétend maintenir, à Rome, le droit d'Asile ou de Franchise, source d'abus et de désordres. — Innocent XI, qui avait excommunié l'ambassadeur français *de Lavardin*, entré à Rome en conquérant, dut céder devant la colère de Louis XIV, qui retient le *nonce* prisonnier et confisque *Avignon*.

Louis XIV, attaqué par la *ligue d'Augsbourg*, se réconcilie en 1693 avec le pape, renonce au *droit d'Asile* et cesse d'*imposer l'enseignement des Quatre articles*. — Innocent XII, de son côté, accorde les *bulles d'investiture* refusées jusque-là.

Révocation de l'Édit de Nantes (1685).

Richelieu avait modifié l'édit de Nantes par les *traités de Montpellier* et d'*Alais*, qui enlèvent aux protestants la *liberté politique* (plus d'assemblées ni de places de sûreté), mais leur laissent la *liberté civile* et *religieuse*. — Mazarin, en récompense de leur tranquillité pendant la *Fronde*, traite les protestants avec égards : « *Le petit troupeau*, disait-il, *broute de mauvaises herbes, mais il ne s'écarte pas.* » — Colbert protège les protestants à cause de leur *génie industriel et commercial.*

Louis XIV, qui ne pouvait souffrir **deux religions** dans son royaume, exclut les protestants des *professions libérales* et des *corporations* (1664) ; — accorde des *pensions* et des *faveurs* aux nouveaux convertis (*caisse des conversions* confiée au converti *Pellisson*) ; — fait prêcher des *missions* aux réformés, et défend l'*émigration*, sous peine des galères (1683).

Louvois, qui voulait à tout prix « *mêler du militaire* » à l'extinction de l'hérésie, fait imposer aux *réformés récalcitrants* l'obligation de *loger des gens de guerre* : — on logeait dans une seule maison de religionnaire jusqu'à 20 et 30 *dragons*, d'où le nom de **dragonnades** donné aux tristes exploits de ces *missionnaires bottés.* — *Les conversions en masse.* — **Irritation et prise d'armes** des protestants dans le *Dauphiné*, le *Languedoc* et le *Vivarais* ; ils sont écrasés par le *duc de Noailles* (1683).

Louis XIV, pressé par *Louvois* et le *Père La Chaise*, son confesseur, révoque l'édit de Nantes (17 octobre 1685), dans l'espoir de porter le *dernier coup* à l'hérésie. — *L'exercice public du culte protestant n'est plus toléré qu'en Alsace* ; — *tous les ministres doivent quitter la France dans les quinze jours* ; — *défense à leurs coreligionnaires de les suivre.* — Un enthousiasme général accueille cette mesure ; — *Racine, La Bruyère, La Fontaine, Mme de Sévigné, Arnauld* lui-même, applaudissent à la Révocation, que *Le Tellier* signe en disant son *Nunc dimittis* ; — *Vauban* et *Fénelon* ne blâment que les *moyens violents* de Louvois.

Conséquences fâcheuses : — 150 000 *protestants*, nos plus riches et nos plus habiles commerçants, quittent la France et vont porter en Hollande, en Prusse, en Angleterre, à *Berlin* surtout, leurs *richesses*, leur *commerce* et leur *industrie* ; — 12 000 *soldats*, avec *Schomberg*, portent à l'étranger leur *haine implacable* contre la France ; — troubles dans les Cévennes : *assemblées du désert*, qui amènent plus tard la guerre des **Camisards.**

Jansénius, évêque d'*Ypres*, écrit sur la **grâce** un livre intitulé **Augustinus** (doctrine de saint Augustin), publié deux ans après sa mort, c'est-à-dire en 1640.

— **Duvergier de Hauranne, abbé de Saint-Cyran**, son ami, *âme ardente, prédicateur éloquent et passionné*, gagne à la doctrine de Jansénius les *religieuses bernardines* de **Port-Royal** de Paris, dont *Angélique Arnauld*, nature antique, espèce de *Cornélie* chrétienne, est la réformatrice et la supérieure ; puis les célèbres **Solitaires de Port-Royal-des-Champs**, sorte de *couvent libre*, où vivaient en commun, dans l'étude et la prière, quelques prêtres, magistrats et savants pleins de science et de vertu : le grand *Arnauld*, frère de la mère abbesse, *Nicole, Lemaistre de Sacy, Séricourt, Lancelot, Pascal, Tillemont*, etc.

Le jansénisme.

Port-Royal.

Les jésuites.

Les Provinciales (1656).

Les jansénistes font de Dieu un *tyran*, et de l'homme une *machine* se portant **nécessairement** au bien, s'il a la grâce, et au mal, s'il ne l'a pas ; — leur *spiritualisme rigide* se prononce pour la **voie étroite** (le Christ aux *bras étroits*) et contre **la fréquence de la communion**. — Les jésuites ou molinistes, du nom du célèbre jésuite *Molina*, qui, au seizième siècle, avait combattu la doctrine *thomiste* sur la grâce, attaquent vivement cette doctrine sombre et désespérante, ce *fatalisme de la grâce*, qui faisait de nombreux prosélytes dans le clergé, la magistrature et la noblesse ; — mais **Antoine Arnauld** écrit contre eux son livre *De la fréquente Communion*, où, sous prétexte d'humilité, il ne conseille la communion *qu'à l'article de la mort*.

Innocent XI condamne (1653) cinq propositions extraites de l'*Augustinus* (code du *Jansénisme*). — **Arnauld** condamne avec le pape ces cinq propositions ; mais il nie qu'elles soient en ce sens dans l'*Augustinus* par la fameuse *distinction* de **droit** et de **fait**, qui lui permet de conserver sa doctrine. — **Alexandre VIII** a beau déclarer qu'il les condamne dans le sens de Jansénius, les **jansénistes** lui répondent qu'il n'est pas *infaillible* sur ce fait.

Louis XIV, qui poursuit chez les jansénistes l'*esprit de nouveauté* et d'*indépendance* bien plus que la *doctrine* elle-même, fait chasser **Arnauld** de la *Sorbonne* et oblige les *Solitaires de Port-Royal* à se disperser. — **Pascal** porte brusquement la querelle devant le public par ses dix-huit **Lettres Provinciales**, un des chefs-d'œuvre de la langue française, *monument de dialectique railleuse, mais injuste et passionnée*, où il flagelle la morale relâchée de *quelques casuistes* de la Compagnie de Jésus, rendant, à tort, l'Ordre entier responsable de ces opinions extravagantes. — Les *Provinciales* sont brûlées en place de Grève.

Les jansénistes, ces *puritains du catholicisme*, font enfin leur soumission en gardant un *silence respectueux* sur la *question de fait* (1668). — **Arnauld** préfère l'exil à la soumission et va mourir à *Bruxelles* (1694). — Les religieuses de **Port-Royal**, « *pures comme des anges, mais orgueilleuses comme des démons* », refusent de signer le *formulaire*, et sont expulsées par le lieutenant de police *D'Argenson*. — Le **Père Le Tellier**, jésuite, qui a remplacé le **Père La Chaise** comme *confesseur du roi*, obtient enfin que Port-Royal-des-Champs, « *ce nid d'erreurs* », soit détruit et rasé (1710).

Le P. Quesnel.

———

La Bulle Unigenitus.

Les **Réflexions morales sur le Nouveau Testament** du **Père Quesnel**, oratorien, qui fut le *Jansénius* du dix-huitième siècle, ravivent la lutte ; — 101 *propositions*, extraites de ce livre, sont condamnées par **Clément XI** dans la célèbre **bulle Unigenitus** (1713), que le roi force le Parlement à enregistrer, mais que rejettent le *cardinal de Noailles*, archevêque de Paris, huit autres *prélats* et tous les adversaires des jésuites, *dominicains, bénédictins, oratoriens, docteurs de Sorbonne,* etc.

Louis XIV meurt au milieu de ces difficultés religieuses. — 30 000 *lettres de cachet* avaient été lancées contre les jansénistes, qui en *appellent au futur concile.*

Le Quiétisme.

———

Fénelon.

Madame Guyon, veuve à 28 ans, *femme pieuse et vertueuse,* propage à *Saint-Cyr* une doctrine de **quiétisme**, c'est-à-dire de *repos et d'inertie de l'âme dans le pur amour de Dieu ;* — **Fénelon**, *archevêque de Cambrai,* adopte une partie de ses opinions et les développe dans son livre des *Maximes des Saints.*

Bossuet attaque avec une ardeur trop passionnée l'orthodoxie de cet ouvrage ; — le *Cygne* (de *Cambrai*) tient tête à l'*Aigle* (de *Meaux*) ; — enfin *Innocent XII,* sous la pression de Louis XIV, condamne les *Maximes,* mais dans les termes les plus adoucis, et sans *qualification d'hérésie.* — **Fénelon** se soumet humblement, et annonce lui-même à son peuple, dans la chaire de la cathédrale, *sa condamnation* (1699).

RÉVOLUTION DE 1688 EN ANGLETERRE.

GUILLAUME III. DÉCLARATION DES DROITS.

**1°
CHARLES II
devient impopulaire
(1660-1670).**

———

La Cabal.

Charles II (1660-1685), fils de Charles Iᵉʳ, *prince frivole et débauché,* d'abord **très populaire** à cause de ses *qualités extérieures,* du pardon qu'il accorde aux *régicides,* sauf à dix, et du licenciement de l'*armée révolutionnaire,* s'aliène bientôt les esprits : — 1° par sa *conduite scandaleuse ;* — 2° par le *bill d'uniformité* (1662), qui provoque la démission de 2 000 ministres presbytériens (*Saint-Barthélemy* des presbytériens) ; — 3° par le mariage de sa sœur *Henriette d'Angleterre* avec *Philippe d'Orléans;* — 4° par la vente à la France de *Dunkerque* et de *Mardyck,* prix du sang des soldats de Cromwell ; — 5° par les désastres de la *guerre de Hollande* (*Ruyter* dans la Tamise, paix de *Bréda,* 1667) aggravés par la *peste* (100 000 morts en trois mois) et l'*incendie de Londres* (1666) attribué aux *papistes* (13 000 maisons et 89 églises brûlées en trois jours).

Charles II, pour apaiser le mécontentement général, exile son *chancelier,* lord **Clarendon** (1667), et laisse *William Temple* conclure contre **Louis XIV** le *traité de la Triple Alliance* (1668) ; — mais un nouveau ministère, flétri du nom de **Cabal** (des lettres initiales des cinq ministres *Clifford, Arlington, Buckingham, Ashley, Landerdale*), soulève bientôt l'opposition du royaume.

Charles II, par le *traité de Douvres* (1670) négocié par sa sœur *Henriette*, **vend à Louis XIV** l'alliance de l'Angleterre contre la Hollande et s'engage à rétablir le *catholicisme* dans son royaume.— Son frère, *Jacques, duc d'York*, se fait *catholique*.

Le Parlement, indigné de ce marché, défend la *religion anglicane* par le **bill du test** (1673) : *tout fonctionnaire public doit jurer qu'il ne croit pas à la présence réelle dans l'Eucharistie*, et impose au roi la paix avec la Hollande (1674) et le mariage de sa nièce *Marie d'York* avec **Guillaume d'Orange**.

L'imposteur Titus Oatès révèle un prétendu *complot papiste* (1678); — persécution sanglante contre les catholiques, qui sont *exclus du Parlement* (jusqu'en 1829); — huit *jésuites* sont pendus; le vénérable **comte de Strafford** est décapité; les communes votent un *bill d'exclusion* contre le duc d'York, catholique, héritier présomptif de Charles, qui dut se réfugier à *Bruxelles*.

Charles II, ayant dissous son *premier Parlement*, en convoque un *second*, qui adopte le célèbre **bill d'Habeas corpus** (1679) : *tout individu arrêté doit être élargi ou jugé dans les vingt-quatre heures.* — **Monmouth**, fils naturel du roi, qui a écrasé les *Covenantaires écossais* au pont de *Bothwell* (1680), aspire à monter sur le trône. — Dans les élections pour un *troisième Parlement*, la nation se divise en *deux partis* au sujet de la succession au trône : les **Whigs** (parti protestant et libéral), pour le *duc de Monmouth*; les **Tories** (parti royaliste et conservateur), pour le *duc d'York*. — Un *quatrième Parlement* est dissous au bout de sept jours (1681).

2°
CHARLES II
s'allie avec Louis XIV
et lutte
contre le Parlement
(1670-1681).

Charles II, pensionné par **Louis XIV**, gouverne sans Parlement. — **Conspiration du Rye-House** (1683) pour assassiner le *duc d'York* et lui substituer le *duc de Monmouth* comme héritier du trône; — elle est découverte : exil de *Monmouth* en Hollande, suicide d'*Essex*, supplice de *Sydney* et de *Russell*.

Charles II abjure l'*anglicanisme* à son lit de mort et se fait *catholique*.

3°
CHARLES II
gouverne sans
Parlement
(1681-1685).

Jacques II (1685-1688), frère de Charles II, lui succède **sans opposition**, malgré son *papisme*. — D'abord *duc d'York* et *anglican*, il a eu d'un premier mariage deux filles *protestantes : Marie*, qui a épousé son cousin *Guillaume d'Orange*, et **Anne Stuart**, mariée au prince *Georges de Danemark*; — il a également un fils naturel, le *duc de Berwick*. — Devenu *veuf et catholique*, **Jacques II** épousera *Marie de Modène*, qui lui donnera un fils *Jacques-Édouard*, le prétendant, dit le *Chevalier de Saint-George*.

Jacques II triomphe d'abord de la double révolte du *comte d'Argyle*, qui est défait et décapité en Écosse, et du *duc de Monmouth*, qui, battu à *Sedgemoor*, est décapité à Londres (1685); — mais il **irrite profondément la nation** par les cruautés de son **chancelier Jeffries** (assises sanglantes); l'abolition du *bill du test* (1687); la *déclaration d'indulgence* pour les non-conformistes (procès des évêques anglicans); l'admission dans son conseil du *jésuite Péters*, et surtout son *zèle impolitique et imprudent* à rétablir la **religion catholique**; — un cardinal disait qu' « *il fallait l'excommunier parce qu'il allait ruiner le peu de catholicisme qui restait en Angleterre.* »

JACQUES II
mécontente la nation
par son absolutisme
et son zèle catholique.

L'absolutisme du roi irrite les *whigs* (libéraux), et son **catholicisme ardent** déconcerte le zèle royaliste des *tories* (conservateurs). — **Naissance** de *Jacques III* (1688); — le roi a dès lors pour **héritier** un fils *catholique*, et non plus sa fille aînée *Marie, protestante*. — Le **clergé anglican** et l'**aristocratie**, menacés dans leurs richesses et leurs privilèges, et **tous les protestants** (*whigs* et *tories* réunis) appellent **Guillaume d'Orange**, *stathouder de Hollande, neveu* et *gendre* de Jacques II.

Révolution de 1688.

Guillaume III.

Déclaration des Droits (1689).

Guillaume, favorisé par la *guerre de la Ligue d'Augsbourg*, qui vient d'éclater sur le Rhin, débarque en **Angleterre** (octobre 1688), avec *Schonberg* et 16 000 hommes; — sa devise : *Je maintiendrai la religion protestante et les libertés de l'Angleterre*. — **Jacques II**, abandonné de tous, se sauve en France, où Louis XIV lui donne asile à *Saint-Germain*.

Guillaume et Marie sont proclamés conjointement roi et reine d'*Angleterre*, d'*Écosse* et d'*Irlande*. — **Guillaume III** doit signer la **Déclaration des Droits** (1689), qui confirme les libertés acquises par la *Grande Charte de 1214*, la *Pétition des Droits de 1628* et l'*Habeas corpus de 1679*.

La révolution de 1688 substitue au *principe du droit divin* le *principe de la souveraineté nationale*. — Ce nouveau droit politique est exposé et démontré par le philosophe **Locke** dans son *Essai sur l'Origine, les Limites et le But du Gouvernement* (1690), où il part de ce principe : *La communauté peut établir tel Gouvernement qu'elle veut*.

L'Angleterre prendra désormais la place de l'Autriche dans l'opposition aux rois de France, défenseurs du *catholicisme* et du *droit divin*.

GUERRE DE LA LIGUE D'AUGSBOURG. TRAITÉS DE RYSWICK.
GUERRE DE LA SUCCESSION D'ESPAGNE. TRAITÉS D'UTRECHT ET DE RASTADT.

Guerre de la Ligue d'Augsbourg (1688-1697).

Causes.

Théâtres.

La guerre de la Ligue d'Augsbourg, guerre à la fois *maritime* et *continentale*, est causée : — 1° par l'ambition et les intrigues de *Guillaume d'Orange*; — 2° par la **jalousie de l'Europe**, blessée par l'*orgueil de Louis XIV* et alarmée par les acquisitions des *Chambres de réunion*; — 3° par l'**irritation des princes protestants d'Allemagne**, provoquée par la *revendication d'une partie du Palatinat*, au nom de la duchesse d'Orléans ; par l'*élection à Cologne* d'une créature de la France, le *cardinal de Furstenberg*, et par la *révocation de l'Édit de Nantes*.

Une ligue est signée à Augsbourg (1686) entre l'*Empereur* et les *princes de l'Empire*, la *Hollande*, l'*Espagne* et la *Suède*; — lorsque **Guillaume d'Orange** monte sur le trône des Stuarts (1689), il y fait entrer l'*Angleterre*.

La guerre se fait sur cinq théâtres principaux : — 1° en *Irlande* et sur *mer*; 2° en *Allemagne*; 3° en *Italie*; 4° dans les *Pays-Bas*; 5° en *Espagne*. — La France doit faire face à l'Europe sur *toutes ses frontières*.

Louis XIV s'efforce de rétablir Jacques II sur le trône d'Angleterre pour renverser **Guillaume**, *l'âme de la coalition.* — 13 grands vaisseaux transportent Jacques en **Irlande**; cette île *celtique, pauvre* et *catholique*, l'irréconciliable ennemie de l'Angleterre, *saxonne, riche* et *protestante*, s'était déclarée pour les Stuarts proscrits. — **Jacques II**, débarqué en Irlande, échoue au siège de *Londonderry* (1689) et se fait battre par Guillaume sur les bords de la *Boyne*. — En vain **Tourville** remporte-t-il sur la flotte anglaise une brillante victoire au cap *Beachy* (1690); Jacques dut revenir en France.

1° En Irlande et sur mer.

Tourville.

Louis XIV prépare une nouvelle expédition de 20 000 hommes pour faire une *descente en Angleterre;* — mais d'*Estrées*, contrarié par le vent, ne peut rejoindre *Tourville*, qui, forcé de livrer bataille avec 44 vaisseaux contre 99, subit glorieusement le **désastre de la Hogue** (1692). — L'année suivante, **Tourville** répare lui-même sa défaite par la brillante victoire de *Lagos*, près du *cap Saint-Vincent* (1693), où il bat l'amiral *Rooke* et détruit en partie la *flotte marchande de Smyrne.*

De hardis corsaires de Dunkerque et de Saint-Malo, *Jean Bart, Duguay-Trouin, Forbin, Nesmond, Pointis* (prise de Carthagène, 1697), *Ducasse, Cassard, Coëtlogon*, etc., enlèvent, dans la guerre de *course*, environ quatre mille bâtiments de commerce aux alliés. — Les **Anglais** lancent contre **Saint-Malo** un *brûlot immense* (machine infernale), qui l'aurait détruite de fond en comble s'il n'eût éclaté à une demi-lieue en mer. — **Décadence** *de la marine française* après la mort de *Seignelay* (1690), sous le *comte de Pontchartrain.*

2° En Allemagne.

Incendie du Palatinat.

Le Grand Dauphin, envoyé sur le Rhin, avec *Vauban* et le *maréchal de Duras*, s'empare de *Philippsbourg* (1688) et de tout le *Palatinat*, tandis que *Boufflers* occupe l'électorat de *Mayence* et une partie des électorats de *Trèves* et de *Cologne*.

Second incendie du Palatinat, « *qui est brûlé et rebrûlé* », sur les ordres de Louvois (sac d'*Heidelberg* et de *Spire*, atrocités de *Mélac*); — cent mille habitants, chassés par les flammes, vont demander vengeance à l'Allemagne, que cette barbare exécution soulève tout entière contre nous à la *Diète de Ratisbonne*, et qui forme la **Grande Alliance** (traité de Vienne) avec *Guillaume*, le roi d'Espagne et le *duc de Savoie* (1689).

Louis XIV, qui n'a d'autre allié que les *Turcs*, garde la défensive sur le Rhin, après la victoire du *maréchal de Lorges* à *Pforzheim* (1692).

3° En Italie.

Catinat.

Catinat, *officier de fortune*, que ses soldats appelaient le *Père la Pensée*, est envoyé contre le **duc de Savoie**, *Victor-Amédée II*. — Catinat s'empare de la Savoie, après la brillante victoire de *Staffarde* (1690); — mais, ne pouvant obtenir des renforts de **Louvois**, qui ne l'aimait pas, il lui fallut repasser les Alpes et laisser les Piémontais ravager le *Dauphiné*.

Catinat, renforcé à la mort de Louvois (1691), rentre en Piémont, dégage *Pignerol* et remporte la brillante victoire de *la Marsaille* (1693), où l'infanterie exécute contre la cavalerie une charge décisive *à la baïonnette;* — le duc de Savoie dut se renfermer dans *Turin*.

25.

Le maréchal de **Luxembourg**, « *grand gagneur de batailles* », dont l'audace et la justesse de coup d'œil rappelaient le grand Condé, remplace le *maréchal d'Humières*, battu à Valcourt (1689), et remporte sur le *prince de Waldeck* la brillante victoire de *Fleurus* (1690), puis celle de *Leuze* (1691).

4° Dans les Pays-Bas.

Luxembourg.

Louis XIV vient assister à la prise de *Mons* (1691), et à celle de *Namur* (1692), ville défendue contre **Vauban** par le célèbre ingénieur hollandais *Cohorn* ; — mais il empêche **Luxembourg** de profiter d'une occasion inattendue d'écraser *Guillaume*, avec 110 000 hommes contre 50 000 ; — *déconsidéré par cette faute* aux yeux de ses soldats, **Louis XIV** repart pour Versailles.

Guillaume est battu à *Steinkerque* (1692), puis à *Nerwinde* (1693) (*première charge à la baïonnette*), par **Luxembourg**, « *ce petit bossu, dont il n'avait pourtant jamais vu le dos,* » qui s'empare de *Charleroi*. — Accablé d'infirmités, **Luxembourg** quitte ensuite le commandement et retourne à Paris, où le peuple lui fait une réception enthousiaste : « *Place, place au tapissier de Notre-Dame !* » disait le *prince de Conti* à la foule pressée sur le passage du vainqueur. — Il est remplacé par **Villeroi**, *courtisan frivole et présomptueux*, pour qui Louis XIV nourrissait une *aveugle prédilection*, et à qui Guillaume reprend *Namur* (1695).

5° En Espagne.

Vendôme.

Le maréchal de **Noailles** bat complètement les Espagnols à *Vergès* sur le *Ter* et conquiert une partie de la *Catalogne* (1694). — **Vendôme**, son successeur, prend *Barcelone* de concert avec *d'Estrées*, en 1697.

Causes : — *l'épuisement* des puissances belligérantes ; — *négociations secrètes* de Louis XIV avec Guillaume, attaqué par le Parlement anglais ; — la *défection du duc de Savoie*, qui, par le *traité de Turin* (1696), reçoit *Pignerol* et marie sa fille avec le *duc de Bourgogne* ; — *l'ouverture prochaine de la succession d'Espagne*, et la nécessité de désarmer auparavant l'Europe.

Louis XIV signe au château de Ryswick, près de La Haye, quatre traités avec l'**Angleterre**, la **Hollande**, l'**Espagne**, l'**Empereur** et l'**Empire** (1697).

Traités de Ryswick (1697).

Clauses : — 1° Louis XIV reconnaît Guillaume III roi d'**Angleterre** ; — 2° il accorde à la **Hollande** le rétablissement du *tarif de 1664* et l'abolition du *droit de cinquante sous par tonneau* ; — 3° il restitue à l'**Espagne** Luxembourg, la *Catalogne* et toutes les villes adjugées par les *Chambres de réunion* ; — 4° il rend également à l'**Empereur** toutes les « *réunions* », sauf *Strasbourg* et *Sarrelouis*.

Résultats : — la **France**, malgré ses *succès* et ses *immenses efforts*, est obligée d'abandonner ses *conquêtes* et de céder de ses *frontières* pour la première fois depuis Richelieu ; — **Louis XIV** subit *l'humiliation* d'abandonner, avec la cause de *Jacques II*, la cause de tous les rois ; — la **Turquie**, notre alliée, est réduite à signer le traité onéreux de *Carlowitz* (1699). — **Guillaume III** et le *principe protestant* sont donc vainqueurs ; — mais il fallait à tout prix la paix à la France épuisée, « *qui mourait de misère au chant des Te Deum* », et **Louis XIV**, qui se prépare à recueillir la *succession espagnole*, espère bientôt la dédommager par l'acquisition d'un *empire*.

Tableau généalogique pour l'intelligence des guerres de la Succession d'Espagne (1701-1714),

et de la Succession d'Autriche (1740-1748).

HENRI IV † 1610, roi de France.	PHILIPPE III, petit-fils de Charles-Quint, roi d'Espagne.	Ferdinand II, empereur d'Autriche.

LOUIS XIII épouse *Anne d'Autriche*, sœur aînée de **PHILIPPE IV** et de *Marie-Anne*, qui épouse **Ferdinand III**. (1610-1643).

LOUIS XIV épouse *Marie-Thérèse*, sœur aînée de **CHARLES II** et de *Marguerite-Thérèse*, qui ép. **Léopold Ier**, remarié à † sans enfants, en 1700. *Eléonore de Neubourg*. (1643-1715).

Louis, Grand Dauphin † 1711. **Maximilien**, électeur de Bavière, ép. *Marie-Antoinette*.

Joseph Ier. | Charles VI (archiduc Charles), *prétendant* à la succession d'Espagne.

LOUIS, duc de Bourgogne, épouse *Marie-Adélaïde* de Savoie, † 1712.

PHILIPPE, duc d'Anjou, qui fut **PHILIPPE V,** roi d'Espagne (1700-1746).

JOSEPH-FERDINAND, prince électoral de Bavière, 1er héritier de l'Espagne, † 1699.

Charles-Albert, épouse *Marie-Amélie.* électeur de Bavière, *prétendant* à la succession d'Autriche, empereur sous le nom de **Charles VII** (1742-1745).

Maximilien-Joseph.

Marie-Joséphine épouse **Auguste III,** électeur de Saxe et roi de Pologne, *prétendant* à la succession d'Autriche.

Marie-Thérèse épouse **François Ier,** duc de Lorraine.

LOUIS XV (1715-1774), épouse *Marie Leczinska* de Pologne.

Louis, Dauphin, † 1765, épouse *Marie-Josèphe* de Saxe.

Joseph II. | Léopold II. | *Marie-Antoinette* épouse **LOUIS XVI.** | *Caroline* épouse **Ferdinand,** roi de Naples.

François II.

| LOUIS XVI (1774-1793). | LOUIS XVIII (1814-1824). | CHARLES X (1824-1830). | Mme Élisabeth, † 1794. |

Marie-Louise épouse **NAPOLÉON Ier.**

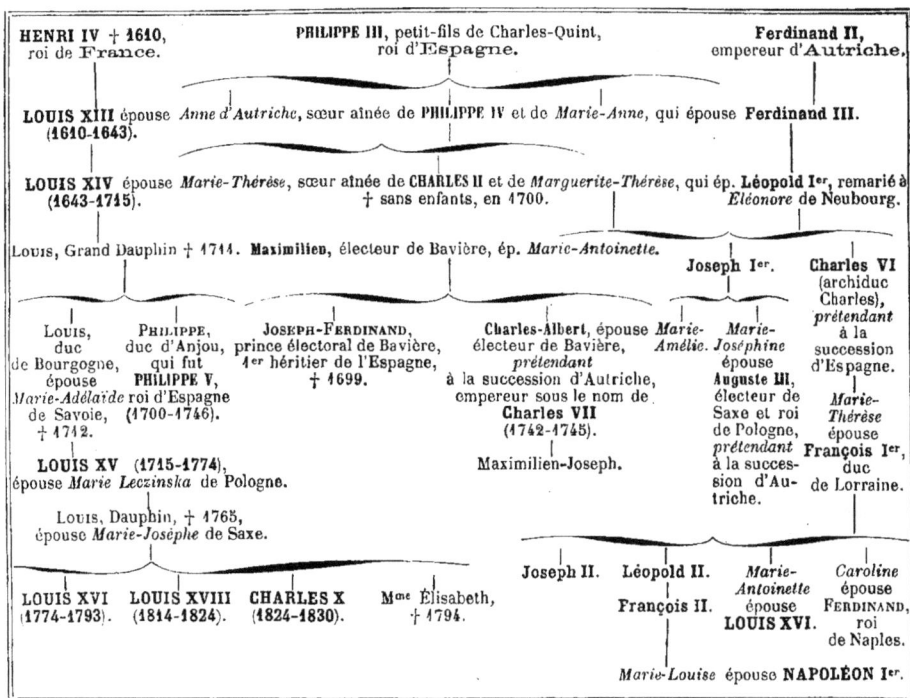

GUERRE DE LA SUCCESSION D'ESPAGNE (1701-1714). Causes. Prétentions de la France.	La guerre de la Succession d'Espagne est amenée par la *mort sans enfant* de Charles II, roi d'Espagne, et les **prétentions rivales** des trois familles qui aspirent à la *succession* : — 1° la *Maison de France*; 2° la *Maison de Bavière*; 3° la *Maison d'Autriche*. France : — **Louis XIII** a épousé *Anne d'Autriche*, fille aînée de Philippe III. — **Louis XIV** a épousé sa cousine *Marie-Thérèse*, fille aînée de Philippe IV, dont la *renonciation* à l'héritage paternel a été subordonnée au payement d'une *dot*, qu'elle n'a jamais reçue; — de ce mariage est né le **Grand Dauphin**, père du *duc de Bourgogne* et du *duc d'Anjou*, qui réclame la succession.

Prétentions des Maisons de Bavière et d'Autriche.

Bavière : — L'empereur **Ferdinand III** a épousé *Marie-Anne*, fille *cadette* de Philippe III ; — de ce mariage est né **Léopold Iᵉʳ**, qui a épousé sa cousine *Marguerite-Thérèse*, fille *cadette* de Philippe IV. — De ce premier mariage de Léopold est née **Marie-Antoinette**, qui a épousé *Maximilien*, électeur de Bavière, et est mère de **Joseph-Ferdinand**, *prince électoral de Bavière,* à qui elle transmet tous ses droits.

Autriche : — Léopold Iᵉʳ a eu d'un *second mariage* deux fils : les archiducs *Joseph* et *Charles ;* — c'est pour ce dernier qu'il aspire à la succession d'Espagne.

Testaments de Charles II.

Charles II, roi d'Espagne, de *Naples*, de *Milan*, des *Pays-Bas*, du *Mexique* et du *Pérou*, vieillard à trente-neuf ans, et marié deux fois *sans enfant*, finissait sa triste vie à *faire et à défaire des testaments*. — Un premier testament (1696) en faveur du *prince de Bavière* est déchiré, et l'on désigne déjà à la cour d'Espagne l'*archiduc Charles d'Autriche* comme héritier.

Traités de partage de Louis XIV et de Guillaume.

Louis XIV, effrayé, s'entend avec *Guillaume* par un premier traité **à La Haye (1698)** pour partager la monarchie espagnole entre les divers prétendants. — A cette nouvelle, Charles II, irrité, fait un **second testament** en faveur du même *prince de Bavière*, qui meurt subitement quelques mois après (**1699**).

Louis XIV et Guillaume signent à *Londres* (1700) un **second traité**, qui partage la succession d'Espagne entre le *Dauphin* et l'*archiduc*. — Charles II, pour éviter un démembrement, fait alors un **troisième testament** en faveur du *duc d'Anjou*, second fils du Grand Dauphin, à condition qu'il renonce à tous ses droits sur la couronne de France, et meurt un mois après (1700).

Le duc d'Anjou, roi d'Espagne.

Louis XIV, après trois jours d'hésitations, accepte le *testament*. — **Le duc d'Anjou** va régner en Espagne sous le nom de **Philippe V.** — « *Il n'y a plus de Pyrénées !* » — Le dix-huitième siècle s'ouvrait pour la Maison de France par un *comble de gloire et de prospérités inouïes*. — L'Empereur, seul d'abord, protesta contre le *testament*, et peut-être serait-il resté *isolé ?*

Fautes de Louis XIV.

Louis XIV commet malheureusement trois fautes : — 1° il *alarme l'Europe* en maintenant au nouveau roi d'Espagne tous ses droits à la couronne de France ; — 2° il *viole le traité de Ryswick* en remplaçant par des troupes françaises les garnisons hollandaises des Pays-Bas espagnols ; — 3° il *irrite l'Angleterre* en reconnaissant comme *roi* le fils de Jacques II, qui venait de mourir.

Grande Alliance de La Haye.

Guillaume III forme sans peine contre la France la **Grande Alliance de La Haye** (1701) entre l'*Empereur*, la *Hollande*, l'*Angleterre*, les *princes de l'Empire*, et, parmi eux, le nouveau *roi de Prusse*, ancien *électeur de Brandebourg*, qui gagne ainsi sa couronne ; — le *duc de Savoie* et le *roi de Portugal* y accéderont en 1703.

Triumvirat.

Guillaume meurt en 1702 ; — sa belle-sœur **Anne Stuart**, *protestante*, quoique fille de Jacques II, lui succède. — Un **triumvirat**, formé : 1° du *chef des whigs*, le **duc de Marlborough**, tout-puissant par sa femme, *lady Churchill*, sur la reine Anne ; 2° du **prince Eugène de Savoie**, fils d'*Olympe Mancini*, nièce de Mazarin, *homme de guerre consommé et profond politique*, qui avait, par dépit, porté son épée à l'Empereur ; 3° de **Heinsius**, *grand pensionnaire de Hollande*, dirige la **troisième coalition** contre la France.

Alliés et ressources de la France.	**La France a pour alliés :** — l'*Espagne*, épuisée, ruinée, *corps sans âme*, qu'il faut alimenter et soutenir à nos dépens ; — l'*électeur de Bavière* et son frère l'*électeur de Cologne;* — la *Savoie* et le *Portugal* jusqu'en 1703. **Louis XIV,** qui croit que son choix *donne du génie*, que ses ordres *forcent la victoire*, et qui demande désormais à ses généraux et à ses ministres plutôt de la *soumission* que des *talents*, n'a qu'un ministre habile, le **marquis de Torcy**, qui dirige les affaires étrangères (1696-1715)'; — *Pontchartrain* et *Chamillard* (la créature de *Madame de Maintenon*), qui a remplacé *Barbezieux* à la guerre, sont au-dessous de leurs fonctions ; — il n'a qu'un petit nombre de **bons généraux**, *Catinat, Vendôme, Berwick, Villars;* et beaucoup d'**incapables,** *Villeroi, La Feuillade, Tallard, Marsin,* etc.

Théâtres et périodes de la guerre.	**Quatre théâtres principaux :** — en *Italie*, en *Allemagne*, aux *Pays-Bas* et en *Espagne*. **Trois périodes :** — **première période** (1701-1704), la fortune reste *indécise ;* — **deuxième période** (1704-1710), la France est accablée des plus *cruels revers;* **troisième période** (1710-1714), elle est *sauvée* par des victoires inespérées et par la désunion de ses ennemis.

1ʳᵉ Période. **La fortune reste indécise.** **(1701-1704).**	**En Italie :** — le prince **Eugène**, descendu du Tyrol malgré Catinat, le bat à *Carpi* (1701). — L'inepte **Villeroi,** « *qui ne se piquait !pas d'être circonspect* », remplace Catinat et se fait battre à *Chiari,* puis surprendre dans son lit, par le prince Eugène, à *Crémone,* d'où les troupes françaises chassèrent toutefois l'ennemi (1702) ; — une *chanson populaire* félicita les soldats *d'avoir conservé Crémone et perdu leur général !* — **Vendôme,** petit-fils de Henri IV et de Gabrielle d'Estrées, *toujours à table ou au lit*, mais qui, sur le champ de bataille, réparait ses négligences par des *inspirations de génie*, succède à Villeroi, bat le prince Eugène à *Santa-Vittoria* et à *Luzzara* (1702), et marche par le *Tyrol* à la rencontre de **Villars;** — mais il est rappelé en arrière par la *défection du duc de Savoie* (1703). **En Allemagne :** — **Villars,** par une manœuvre hardie, franchit le Rhin et bat les Impériaux à *Friedlingen* (1702), où ses soldats enthousiasmés le proclament *maréchal de France,* titre que Louis XIV s'empressa de ratifier ; — puis, traversant la *Forêt-Noire,* il se joint aux *Bavarois,* remporte une nouvelle victoire à *Hochstædt* (1703) et reprend *Landau.* — **Villars** voulait marcher sur Vienne malgré l'*électeur de Bavière,* et tendre la main aux *Hongrois* révoltés ; — mais il est remplacé par *Marsin* et envoyé dans les Cévennes, à la place du *maréchal de Montrevel,* contre les **Camisards** de **Jean Cavalier,** qu'il parvient heureusement à pacifier. **Aux Pays-Bas :** — **Boufflers,** vainqueur, à *Eckeren* (1703), des Hollandais, sauve *Anvers;* — mais **Marlborough,** déjà maître de *Liège* (1702), s'empare bientôt de tout l'*électorat de Cologne* (1703). **En Espagne :** — la flotte anglo-hollandaise détruit dans le port de *Vigo* douze galions espagnols, chargés des trésors de l'*Amérique,* ainsi que les vaisseaux français d'escorte, commandés par **Château-Renaud** (1702). — Défection du *roi de Portugal,* qui adhère à la coalition (1703).

En Italie : — **Vendôme**, qui a battu le **prince Eugène** à *Cassano* (1705) et à *Calcinato* (1706), est rappelé dans les Pays-Bas pour commander les débris de l'armée vaincue sous *Villeroi* à *Ramillies* (1706). — Pendant ce temps, le **prince Eugène** remporte sur le *duc d'Orléans* et *Marsin* la grande victoire de *Turin* (1706), qui donne à l'Autriche *Naples* et le *Milanais*.

En Allemagne : — *Tallard* et *Marsin*, attaqués par Eugène et **Marlborough** réunis, essuient une sanglante défaite dans les plaines d'*Hochstædt* et de *Blenheim* (1704); — L'Allemagne est perdue, et les alliés reprennent *Landau*. — **Villars**, rappelé sur le Rhin, arrête Marlborough près de *Trèves* (1705). — Mort de *Léopold Iᵉʳ* (1705); son fils aîné *Joseph Iᵉʳ* lui succède.

Aux Pays-Bas : — **Marlborough** fait essuyer à l'incapable *Villeroi* la désastreuse défaite de *Ramillies* (1706). — **Vendôme**, chargé de remplacer *Villeroi*, est défait à *Oudenarde* (1708) par Eugène et Marlborough. — Prise de *Lille*, malgré l'héroïque défense de **Boufflers** (1708); — des cavaliers hollandais courent jusqu'à *Versailles*.

En Espagne : — l'**archiduc Charles**, reconnu *roi d'Espagne* par la coalition, débarque en Portugal; — l'amiral *Rooke* s'empare de *Gibraltar* (1704), que les Anglais ont toujours gardé depuis, et livre au *comte de Toulouse* la bataille navale indécise de *Malaga* (1705). — L'**archiduc Charles** prend *Barcelone* et entre à *Madrid* (1706); — mais **Berwick**, à la tête de l'armée franco-espagnole, gagne sur les Anglais la victoire d'*Almanza* (1707).

Situation critique de la France en 1709 : — la *frontière du nord* ouverte à l'ennemi; — *hiver rigoureux* (22 *degrés* de froid); famine, émeutes à Paris; les laquais du roi mendient à la porte de Versailles. — **Louis XIV** se résout à *demander la paix*. — **Torcy** part pour la Hollande, à la suite d'un conseil extraordinaire, et *attend dans l'antichambre* du grand pensionnaire **Heinsius**.

Conférences de La Haye (1709). — **Torcy** accepte, au nom du roi, la reconnaissance d'*Anne Stuart* comme reine d'Angleterre, et de l'*archiduc Charles* comme roi d'Espagne; le démantèlement de *Dunkerque* et la cession de *Lille* et de *Strasbourg*; — mais **Louis XIV** refuse de *chasser lui-même* son petit-fils de l'Espagne : « *Puisqu'il faut faire la guerre*, dit-il, *j'aime mieux la faire à mes ennemis qu'à mes enfants.* » — Il écrit aux gouverneurs et aux évêques une *lettre* où il les fait *juges* entre ses ennemis et lui.

La France entière répond à ce *patriotique et suprême appel* de son vieux roi : — 100 000 hommes prennent les armes; le roi et la noblesse envoient leur vaisselle d'argent à la *Monnaie*; — **Desmarets**, neveu de Colbert, remplace *Chamillard* aux finances et trouve de l'argent pour une nouvelle campagne; — **Voisin**, médiocrité honnête, est placé à la guerre.

Villars prend le commandement de l'armée de **Flandre**, où se concentre tout l'*effort* de la guerre; — avec **Boufflers**, qui s'est placé sous ses ordres, il arrête les alliés à la sanglante mais indécise journée de *Malplaquet*, près de Mons (1709); — cette glorieuse défaite, qui coûte la vie à 8 000 Français et à 21 000 ennemis, marque le **terme de nos revers**.

2ᵉ PÉRIODE.
La France est accablée des plus cruels revers (1704-1710).

En Espagne et sur mer : — **Vendôme** remporte sur les Impériaux la brillante victoire de *Villaviciosa* (1710), et fait à **Philippe V**, dont il sauve la couronne, « *un lit de drapeaux* ». — **Duguay-Trouin** s'empare de *Rio-de-Janeiro*, capitale du Brésil (1711) ; aussitôt le *roi de Portugal* se retire de la coalition.

En Allemagne : — **Joseph Ier** meurt (1711), ne laissant que *deux filles* ; — son frère, *l'archiduc Charles*, lui succède sous le nom de **Charles VI**; — les alliés se refusent désormais à restaurer en sa faveur une nouvelle *monarchie de Charles-Quint*; — des *négociations* sont entamées avec la France.

En Angleterre : — les **whigs** (partisans de la guerre) sont renversés par une *intrigue de cour* ; — les **tories** (partisans de la paix) les remplacent, rappellent **Marlborough**, qui est disgracié, et signent à **Londres**, avec *Torcy*, des *préliminaires de paix* (1711), puis une *suspension d'armes* (1712). — Un congrès s'ouvre à **Utrecht** (1712); mais l'*Empereur* refuse d'y prendre part.

En Flandre : — le **prince Eugène**, maître de *Lille* et du *Quesnoy*, marche sur **Paris**, avec 100 000 hommes. — Le **maréchal de Villars**, chargé, depuis trois ans, de tenir tête à l'ennemi, est appelé à *Marly* par Louis XIV. — Le *Grand Roi*, qui refuse de se retirer sur la Loire, comme on le lui conseille, confie, en pleurant, au maréchal la *dernière armée de la France*, et lui ordonne de livrer bataille : « *S'il vous arrivait malheur, lui dit-il, écrivez-le-moi : j'irai à la tête de ma brave noblesse faire un dernier effort avec vous et périr ensemble ou sauver l'État !* » — L'audacieux Villars, qui avait coutume de dire « *qu'il ne faut qu'un moment pour changer les affaires du noir au blanc* », attire, par une fausse manœuvre, **Eugène** sur *Landrecies*, et tombe, à **Denain** (1712), sur l'autre partie de l'armée, qui est complètement détruite; — *Landrecies, Douai, Marchiennes, Bouchain et le Quesnoy* sont repris. — Le prince Eugène perd, en trois mois, 53 bataillons pris ou tués, 208 canons, et ces éclatants succès n'ont pas coûté 1 500 hommes à **Villars !**

La France signe cinq traités à Utrecht : — 1° avec l'**Angleterre** : reconnaissance de la *Maison protestante de Hanovre* et expulsion du prétendant *Jacques III* ; cession de la *baie d'Hudson*, de l'*Acadie* et de *Terre-Neuve* ; démolition des fortifications de *Dunkerque* ; — 2° avec le **Portugal** : nouvelle délimitation entre le *Brésil* et la *Guyane* ; — 3° avec l'électeur de Brandebourg, *Frédéric-Guillaume*, qui est reconnu *roi de Prusse* et cède à Louis XIV, en échange de la *Gueldre espagnole*, la *principauté d'Orange* ; — 4° avec le **duc de Savoie**, qui recouvre la *Savoie* et *Nice* et est reconnu *roi de Sicile* ; — 5° avec la **Hollande** : Louis XIV recouvre *Lille*, mais renonce pour toujours à la *Belgique*, et permet aux Hollandais de *tenir garnison dans huit places fortes des Pays-Bas*, pour former une **barrière** contre la France.

L'Espagne signe deux traités : — 1° avec l'**Angleterre**, à qui Philippe V cède *Gibraltar*, l'île *Minorque* (Port-Mahon) ; — 2° avec le **duc de Savoie**, *Victor-Amédée II*, à qui Philippe V cède *l'île de Sicile* (échangée pour la *Sardaigne* plus voisine, en 1720) avec le *titre de roi*, et reconnaît ses *droits éventuels* à **la couronne d'Espagne**. — Les **deux couronnes** d'Espagne et de France ne devaient jamais être *réunies sur la même tête*.

3e PÉRIODE.
La France est sauvée
par des victoires
inespérées
et par la désunion
de ses ennemis
(1710-1714).

Traités d'Utrecht
(1713).

Traité de Rastadt (1714).

Campagne de Villars sur le Rhin contre le prince Eugène : il prend *Spire*, *Worms*, puis *Landau*, et enfin *Fribourg* (1713). — L'empereur **Charles VI** demande alors la paix ; — Eugène et Villars en débattent les conditions au **château de Rastadt** (1714).

L'empereur **Charles VI** conserve *Naples*, la *Sardaigne*, les *Pays-Bas*, les duchés de *Milan* et de *Mantoue*, et recouvre *Vieux-Brisach*, *Fribourg* et *Kehl* ; — mais **Louis XIV** garde *Strasbourg* et *Landau*, et, par le **traité de Bade** (1714), les *électeurs de Bavière* et de *Cologne*, ses alliés, sont rétablis dans leurs États.

Résultats de la guerre de la Succession d'Espagne.

La France sort de cette lutte, épuisée et chargée d'une *dette de deux milliards et demi*, mais avec les *honneurs de la guerre* ; — sa *persévérance*, sa *forte unité* et l'*énergie de son roi* l'ont sauvée, et une *dynastie française* règne de l'autre côté des Pyrénées.

L'Autriche trouvera plus d'*embarras* que d'avantages dans ses possessions d'*Italie* et des *Pays-Bas*, et elle a reconnu *deux royautés rivales*, à **Berlin** et à **Turin**.

L'Angleterre a saisi l'empire des mers : — elle a étendu son *empire colonial* en *Amérique* ; — acquis la *domination de la Méditerranée* (Gibraltar et Port-Mahon) ; — ruiné *deux marines rivales* (France et Espagne) ; — et mis sous sa dépendance la **Hollande**, « *petite barque attachée à un grand vaisseau* », et le **Portugal** (traité de lord Methuen, 1704).

FIN DU RÈGNE DE LOUIS XIV.

MÉMOIRES DRESSÉS PAR LES INTENDANTS. DÉTRESSE FINANCIÈRE.

TESTAMENT ET MORT DE LOUIS XIV.

Politique de Louis XIV à l'égard des différentes classes du royaume.

1° **Le Clergé :** — Louis XIV honora le clergé ; mais, quoique deux *cardinaux* eussent l'un après l'autre glorieusement administré le royaume, il affecta d'exclure les *prêtres* de son *Conseil d'État*. — Le **clergé**, comme *ébloui par la gloire du règne de Louis XIV*, se montra soumis et dévoué jusqu'à défendre le roi contre le **pape**, en proclamant, en 1682, sous la présidence de *Bossuet*, l'*indépendance absolue du pouvoir temporel* en même temps que les *libertés de l'Église gallicane*.

2° **La Noblesse :** — les **grands seigneurs**, si *turbulents* sous Louis XIII, ont quitté leurs *châteaux de province* pour venir se *domestiquer* autour de **Louis XIV**, à *Versailles* ; — qui n'y vit pas n'est pas *compté*, ou l'est parmi les *mécontents* ; — ceux qui s'obstinent à rester dans leurs *vieux manoirs* y reçoivent plus d'une fois la visite des *officiers de justice* du roi (Grands Jours d'Auvergne, 1665). — La **vieille aristocratie**, généralement *écartée* des *affaires* et du *commandement*, n'a plus ni pouvoir ni influence politique ; — toujours élégante et brave, elle **se ruine** soit à la *cour*, soit à la *guerre*, où l'inflexible Louvois la plie à l'obéissance devant des *bourgeois* devenus *généraux*.

26

3° **Le Tiers État** : — **Louis XIV** choisit de préférence ses ministres dans la *classe moyenne*, afin de pouvoir, au besoin, « *les replonger dans la profondeur du néant d'où cette place les avait tirés* » (Saint-Simon) ; — il livra à la **bourgeoisie** toutes les fonctions *financières, politiques, judiciaires*, et la poussa avec énergie vers le *commerce* et l'*industrie* ; — aussi le duc de Saint-Simon appelle-t-il le règne de Louis XIV un « *règne de vile bourgeoisie* ».

4° **Le Parlement** : — **Louis XIV** soumit le *Parlement de Paris* lui-même à son *Conseil d'État* et changea officiellement son nom de *Cour souveraine* en celui plus modeste de *Cour supérieure* ; — il ordonna, en 1667, que le Parlement ne fît jamais de **remontrances** que huit jours après avoir **enregistré** les *ordonnances :* — c'était supprimer en fait toutes les *représentations* ; — aussi, de 1673 à 1715, tous les *édits* furent-ils enregistrés *sans discussion*. — Les **magistrats**, réduits à rendre des *arrêts*, furent parfois obligés de rendre des *services*.

Louis XIV, en 1698, après la paix de Ryswick, demanda aux *intendants* des **Mémoires** sur leurs provinces, afin que son petit-fils, le *duc de Bourgogne*, pût, en les étudiant, s'initier à l'administration. — On y voit que la population de la France était, en 1700, de près de 20 *millions d'habitants* ; — que la *guerre*, les *logements et passages de troupes*, la *milice*, les *gros droits* et le *départ des huguenots* ont ruiné le pays, détruit l'agriculture, le commerce et l'industrie. — Condition des paysans retracée par *La Bruyère*.

Fénelon adresse au *duc de Beauvilliers* des **mémoires** sur l'état de la France. — **Bois-Guilbert**, lieutenant général au bailliage de Rouen, publie, en 1707, le *Factum de la France*, qui le fait exiler en Auvergne. — **Vauban** publie la *Dîme royale*, qui est condamnée au *pilori* ; il en mourut, dit-on, de douleur six semaines après (1707).

Les guerres continuelles, les *constructions fastueuses*, les *pensions* prodiguées à tout ce peuple de *courtisans* qui encombre les antichambres du roi, l'*entretien de la famille royale*, absorbent bien au delà des revenus du royaume ; — les **excédents de dépenses** ont été de 959 *millions*, en 8 ans, sous **Chamillard** ; ils sont de 1295 *millions* sous **Desmarets**, son successeur, *homme habile, mais impuissant contre une situation presque désespérée*. — La **ressource des emprunts** est épuisée : pour avoir 8 *millions effectifs*, le gouvernement doit souscrire 32 *millions de billets*.

Louis XIV promène à **Marly** dans ses jardins le banquier juif *Samuel Bernard*, qui en fut si heureux et si fier, qu'il *prêta tout ce qu'on voulut*. — Impôts sur les *baptêmes*, les *mariages* et les *enterrements* ; — **impôt du dixième du revenu**, frappant indistinctement tous les sujets du roi (1710) ; — création d'*offices inutiles et ridicules* (conseillers du roi *rouleurs de vin, visiteurs de beurre frais*, etc.).

La dette publique est, à la mort du roi (1715), de *deux milliards 400 millions* ; — **Louis XIV** léguait la *banqueroute* à son successeur ; — ce *bilan* désastreux n'était guère compensé par l'acquisition de deux provinces, la *Flandre* et la *Franche-Comté*, et de quelques villes, *Strasbourg, Landau, Dunkerque*.

(marginal notes, left column:)

Politique de Louis XIV à l'égard des différentes classes du royaume. *(Suite.)*

Mémoires dressés par les intendants.

Détresse financière.

26.

Louis XIV, veuf, en 1683, de *Marie-Thérèse*, femme sans intelligence et sans beauté, avait épousé secrètement, en 1685, **Madame de Maintenon**, plus âgée que lui de quatre ans, et qui, par le charme de sa *vertu* et de sa *piété*, le tira doucement du *désordre* et le ramena au *devoir*; — son fils unique, le **Grand Dauphin**, prince apathique et médiocre, élève de *Bossuet*, était mort en 1711; — son petit-fils, le **duc de Bourgogne**, prince accompli, élève de *Fénelon*, perdit presque subitement sa jeune femme, *Adélaïde de Savoie*, l'idole de toute la cour, *l'enfant gâté* du vieux monarque et de *Mme de Maintenon*, et mourut lui-même quelques jours après, ainsi que son fils aîné, le *duc de Bretagne* (1712); — le **duc de Berry**, le *dernier de ses petits-fils*, mourut subitement à l'âge de 28 ans (1714).

Ces morts précipitées jetèrent la *stupeur* à Versailles; — on crut à des *empoisonnements*, et la douleur populaire accusa le **duc d'Orléans**, à qui tous ces sépulcres frayaient la voie au *trône*.

Morts précipitées dans la famille royale.

Louis XIV n'a plus pour héritier qu'un arrière-petit-fils de cinq ans (**Louis XV**); — par un acte scandaleux (mai 1715), il déclare *princes du sang et héritiers du trône*, avant le duc d'Orléans, ses **fils légitimés**, le *duc du Maine* et le *comte de Toulouse*, nés de l'altière *Montespan*.

Le testament de Louis XIV, inspiré par *Mme de Maintenon*, le *P. Le Tellier* et le *duc du Maine*, institue un **Conseil de régence**, dont le *duc d'Orléans* sera seulement le *président*; — le *duc du Maine* est chargé de l'éducation et de la maison du jeune roi, qui a le *maréchal de Villeroi* pour gouverneur. — Le testament de Louis XIV ne devait pas être plus respecté que celui de Louis XIII.

Testament du roi.

Conseil de régence.

Louis XIV, tombé malade à la fin d'août 1715, retrouve toute sa *grandeur* sur son lit de mort dans sa résignation chrétienne et dans les sages conseils qu'il donne au **petit Dauphin**, enfant de cinq ans, seul reste de sa *ligne légitime* en France : « *J'ai trop aimé la guerre; ne m'imitez pas en cela, non plus que dans les trop grandes dépenses que j'ai faites. Prenez conseil en toutes choses. Soulagez vos peuples le plus tôt que vous le pourrez, et faites ce que j'ai eu le malheur de ne pouvoir faire moi-même!* » — Il mourut à l'âge de 77 ans; — il avait régné 72 ans et gouverné 54; c'est le *plus long* comme le *plus grand* règne de notre histoire.

Mme de Maintenon, âgée de 80 ans, s'était retirée depuis trois jours à *Saint-Cyr*, maison d'éducation religieuse qu'elle avait fondée pour les jeunes filles *nobles et pauvres*; elle y mourut quatre ans après (1719). — **Massillon** prononça l'oraison funèbre du roi : « *Dieu seul est grand, mes frères!* »

Le peuple de Paris apprit avec joie la mort de Louis XIV et *insulta ses restes*; — la postérité fut plus juste envers celui qui est resté en France, malgré ses *fautes* (scandales, orgueil, guerres, dépenses), le **Grand Roi**; et, se rappelant l'éclat incomparable de la *cour de Versailles* et les *merveilles littéraires et artistiques* dont elle fut le centre et le foyer, elle a donné au *XVIIe siècle* le nom de **siècle de Louis XIV**!

Mort du roi (1er septembre 1715).

TABLEAU DES LETTRES, DES ARTS ET DES SCIENCES

SOUS RICHELIEU ET SOUS LOUIS XIV.

Le Siècle de Louis XIV.

On appelle *siècle de Louis XIV l'époque de l'histoire des Lettres, des Sciences et des Arts qui s'étend du ministère de Richelieu à l'avènement de Louis XV*, autrement dit *des débuts de Corneille à ceux de Voltaire*.

INFLUENCE de l'Hôtel de Rambouillet, de l'Académie française et de Port-Royal sur la littérature française au XVIIᵉ siècle.

L'Hôtel de Rambouillet est, de 1624 à 1648, le *rendez-vous littéraire* de tout ce qu'il y a de plus distingué à *la cour* et parmi les *beaux esprits* du temps. — Deux femmes, *Catherine de Vivonne*, marquise de Rambouillet, et sa fille, la célèbre *Julie d'Angennes*, à qui le *duc de Montausier* offrit la *Guirlande de Julie* (recueil de *madrigaux*), et dont *Fléchier* prononça *l'oraison funèbre*, présidaient, dans la fameuse *Chambre bleue d'Arthénice* (anagramme de *Catherine*), ces réunions célèbres connues sous le nom de *ruelles*, qui rappelaient un peu les *cours d'amour* de l'ancienne Provence. — *Balzac, Voiture, Godeau, Chapelain, Scudéry, Scarron, Ménage, Corneille*, les *Condé*, les *Conti*, les *La Rochefoucauld*, les *Grammont*, en étaient les hôtes les plus assidus.

La conversation des **Précieuses** (Mᵐᵉ de *Sablé*, Mˡˡᵉ de *Scudéry*, Mˡˡᵉ *Paulet*, Mᵐᵉ *Scarron*, la présidente *Aubry*, Mᵐᵉ de *Bouillon*), fine, spirituelle, enjouée avec délicatesse, épura, ennoblit le langage, lui donna l'élégance et la beauté de la forme, et leurs *salons* furent, au commencement du XVIIᵉ siècle, des *foyers vivifiants* de littérature. — Mais, à force de se *dévulgariser*, elles s'écartèrent du *sens commun*, tombèrent dans le *raffinement*, l'*afféterie*, la *préciosité*, laissant au vulgaire l'art de *parler d'une manière intelligible* ; — les *Précieuses*, devenues *ridicules*, tombèrent sous les railleries de *Molière*.

Richelieu érigea en Académie française (1635) une réunion de *sept ou huit beaux esprits* (le mot se prenait en bonne part), chez le discret *Conrart*. — L'Académie fut composée, dès l'origine, de 40 *membres*, avec mission « *d'établir les règles certaines de la langue française et de rendre le langage français non seulement élégant, mais capable de traiter tous les arts et toutes les sciences* ». — Elle travailla à la rédaction du **Dictionnaire de la Langue française**, dont la 1ʳᵉ *édition* parut en 1694.

Port-Royal-des-Champs, réunion d'hommes distingués, *stoïciens du christianisme*, d'une rare *vigueur de pensée* et d'un *savoir immense*, qui réalisent, au XVIIᵉ siècle, le double type du lettré et du savant chrétien. — **Messieurs de Port-Royal** (*Arnauld d'Andilly*, puis le *Grand Arnauld, Antoine Lemaistre, Sacy, Nicole, Lancelot, Pascal, Tillemont*) eurent une grande influence sur leur siècle non seulement par leurs propres *écrits*, ou les *ouvrages de pédagogie et d'instruction* qu'ils publièrent (Grammaire générale, Logique, Racines grecques, Méthode grecque, Méthode latine, Géométrie, etc.), mais aussi par leurs *relations* avec les grands écrivains du temps (*Corneille, Boileau, Racine*, Mᵐᵉ *de Sévigné*, etc.).

1°

LETTRES.

POÉSIE LYRIQUE.

Malherbe.

J.-B. Rousseau.

Malherbe (1555-1628), né à Caen, poète peu fécond (33 vers par an), mais correct, entreprit de *dégasconner* la langue française, se fit *le tyran des mots et des syllabes* et montra par son exemple que cette *discipline sévère* n'étouffe pas la poésie. — Son influence sur son temps : « *Enfin Malherbe vint*, etc. » a dit Boileau ; — *Ode à Duperrier* sur la mort de sa fille *Rosette*.

Maynard († 1646) : Odes : *la Belle Vieille*. — **Théophile de Viau** († 1626) : *Odes* et *Sonnets*, tragédie de *Pyrame et Thisbé*.

J.-B. Rousseau (1670-1741), *le premier des lyriques français*, forme la transition entre Boileau et Voltaire : *Psaumes, Odes, Cantates*. — **La Fontaine** : élégie *aux Nymphes de Vaux*, sur la disgrâce de Fouquet.

POÉSIE ÉPIQUE.

Chapelain.

Chapelain (1595-1674), dur versificateur, dont la réputation tomba avec la publication de *la Pucelle*, long et fastidieux poème sur Jeanne d'Arc : « *Attaquer Chapelain ! ah ! c'est un si bon homme !* » (BOILEAU.)

Desmarets († 1676) « *froid historien d'une fable insipide,* » l'épopée de *Clovis*, fit un joli madrigal sur *la Violette* (Guirlande de Julie) ; — Le P. **Lemoyne** († 1672) : un poème épique de mauvais goût, *Saint-Louis*. — **Carel de Sainte-Garde** (1684) : *Childebrand* : « *Oh ! le plaisant projet d'un poète ignorant, Qui, de tant de héros, va choisir Childebrand !* » (BOILEAU.) — « *Le Français n'a pas la tête épique.* » (VOLTAIRE.)

POÉSIE LÉGÈRE.

Voiture.

Régnier.

Voiture (1598-1648), frivole et galant, le *héros de l'Hôtel de Rambouillet* ; grande querelle pour son sonnet d'*Uranie*, comparé au *Job* de Benserade (*Jobelins et Uranistes*) : *Sonnets et Rondeaux*. — **Malleville** († 1647) : sonnet de *la Belle Matineuse*. — **Sarrazin** († 1654), rival de Voiture comme bel esprit : *Mazarinade* intitulée *la Défaite des Bouts-Rimés*. — **Brébœuf** († 1661), traducteur de Lucain : « *Malgré son fatras obscur, souvent Brébœuf étincelle.* » (BOILEAU.) — **Adam Billaut** († 1662), menuisier à Nevers, le *Virgile du rabot* : les *Chevilles*, *Chansons bachiques*. — **Gombauld** († 1666) : *Sonnets et Épigrammes*. — **Saint-Amant** († 1661) : *Pièces bachiques* ; une idylle biblique, *Moïse sauvé*, vivement attaquée par Boileau dans son *Art poétique*. — **Colletet** († 1659) : le *Banquet des poètes, Art poétique*.

Régnier (1573-1613), poète satirique, « *de l'immortel Molière immortel devancier* » (ALFRED DE MUSSET) : la satire *Macette* ; « *Heureux, si ses discours, craints du chaste lecteur, Ne se sentaient des lieux que fréquentait l'auteur !* » (BOILEAU.) — **Godeau** († 1672) : paraphrase du *Benedicite*, qui émerveillait Richelieu. — **Conrart** († 1675) écrivit peu : « *Imitons de Conrart le silence prudent.* » (BOILEAU.) — **Chapelle** († 1686) : le *Voyage à Montpellier*. — **Benserade** († 1691) : *Ballets et Rondeaux*. — **La Fare** († 1712) : poésies faciles et gracieuses. — **L'abbé Chaulieu** († 1720) : l'*Anacréon du Temple*.

POÉSIE PASTORALE.

Mme Deshoulières.

Racan (1589-1670), disciple et ami de Malherbe : *Bergeries* ; *Psaumes* ; *Stances*.

Segrais († 1701) : églogues et pastorales : « *Que Segrais dans l'églogue en charme les forêts !* » (BOILEAU.)

Mme Deshoulières (1638-1694), la *dixième Muse*, idylles et bergeries : « *Dans ces prés fleuris, qu'arrose la Seine.* »

Poésie burlesque.

———

Scarron.

Scarron (1610-1660), le type classique du burlesque, pauvre *cul-de-jatte* qui s'appelait lui-même un « *raccourci de la misère humaine* », épousa *Françoise d'Aubigné*, qui devait être un jour la femme de Louis XIV (Mme de Maintenon). — Œuvres : le *Virgile travesti*, le *Roman comique*, la *Mazarinade*, *Typhon*.

Poésie didactique.

———

Boileau.

Boileau-Despréaux (1636-1711), né à Paris, fut l'*oracle* et le *législateur de la poésie* au XVIIe siècle ; — son père, greffier de la Grand'Chambre au Parlement de Paris, considérait le futur satirique comme « *un bon garçon qui ne dirait jamais de mal de personne* ». — Poète de verve, mais de verve courte et saccadée, Boileau, « *plus enclin à blâmer que savant à bien faire* », se distingue surtout par un *sens remarquable du vrai et du beau*, un *jugement singulièrement droit et sûr*, *délicat et éclairé*, qui le fit l'*arbitre littéraire* de son siècle ; — c'est le *poète de la raison et du goût !* — Nul auteur n'a semé dans ses ouvrages un plus grand nombre de ces vers *frappés, comme des médailles*, à l'effigie du bon sens, et qui sont restés dans les mémoires comme des *proverbes*. — Il détrôna les *Chapelain*, les *Scudéry*, les *Cotin*, de la faveur usurpée dont ils jouissaient près du public ; — soutint *Molière* contre les sots et les jaloux, — forma *Racine* et fit pensionner *Corneille*. — Œuvres : *Satires*, *Épîtres*, le *Lutrin* et l'*Art poétique*, où on lui reproche d'avoir passé sous silence la *Fable* et *La Fontaine*.

Fables.

———

La Fontaine.

La Fontaine (1621-1695) fit de ses *Fables* une inimitable comédie, dont les acteurs ont la *peau* et les *mœurs* de l'animal, mais aussi les *passions* et les *travers* de l'homme ; — poète exquis, son génie composé de *grâce*, de *malice*, de *naïveté*, d'un *art achevé* qui se fait prendre pour le plus heureux *naturel*, est un véritable enchantement pour l'esprit. — « *Laissez dire nos beaux esprits*, disait Molière, *ils n'effaceront pas le bonhomme !* » — Œuvres : *Fables*, *Contes* et *Nouvelles*.

Fénelon : *Fables* en prose.

Tragédie.

———

Corneille.

Pierre Corneille (1606-1684), né à Rouen, fut le **père de la tragédie française** ; — notre théâtre qui depuis longtemps avait renoncé aux **Mystères** avec les *Confrères de la Passion*, pour imiter les œuvres dramatiques de l'antiquité, n'avait encore produit que des *essais informes* ; — avec Corneille apparurent les chefs-d'œuvre qui élevèrent la scène française à la hauteur du théâtre grec. — Le langage de ses personnages, souvent sublime, toujours mâle et nerveux, *élève*, *étonne*, *maîtrise* ; et ce cours de *morale héroïque* n'a pas été sans influence sur la société.

Corneille eut à combattre son *siècle*, ses *rivaux* (*Scudéry*, *Mairet*, *Boisrobert*) et le *cardinal de Richelieu*, qui voulut rabaisser le *Cid* et désapprouva *Polyeucte*. — Il vécut assez pour voir, non sans tristesse, ses talents décliner avec l'âge, et ses dernières pièces, *Agésilas*, *Attila* : « *Après l'Agésilas, hélas ! mais après l'Attila, holà !* » (Boileau), échouer devant l'appréciation de spectateurs devenus par ses propres leçons *plus difficiles*. — Œuvres : le *Cid* (1636), dont le succès fut inouï : *beau comme le Cid* passa en proverbe ; **Horace** (1639), **Cinna** (1639), **Polyeucte** (1640), *Nicomède*, *Rodogune*, la *Mort de Pompée*, *Héraclius*, et la comédie le *Menteur* (1642).

Racine.

Racine (1639-1699), élève de Port-Royal, le **Virgile** français, créa la *tragédie pathétique*, comme Corneille avait créé la *tragédie héroïque* : — « *Il peignit les hommes tels qu'ils sont, au lieu de les peindre, comme Corneille, tels qu'ils devraient être,* » — et porta la connaissance du cœur humain, l'intelligence des passions, la perfection du style et la douce harmonie de la poésie, au plus haut degré. — Œuvres : *Andromaque* (1667), *les Plaideurs*, sa seule comédie (1668), *Britannicus* (1669), *Bérénice* (1670), *Bajazet* (1672), *Mithridate* (1673), *Iphigénie* (1674), *Phèdre* (1677), *Esther* (1689), et **Athalie** (1690), « *le chef-d'œuvre de l'esprit humain.* » (Voltaire.) — *Histoire abrégée de Port-Royal*.

Petits tragiques.

Thomas Corneille (1625-1709), frère de Pierre et uni à lui « *d'une amitié qu'aucune émulation pour la gloire ne put altérer* », composa des tragédies, qui eurent un grand succès : *Ariane, Timocrate, Stilicon, Commode, le Comte d'Essex*. **Rotrou** († 1650), pâle reflet du génie du grand Corneille : *Venceslas*. — **Tristan l'Hermite** († 1655) : *Marianne*. — **Du Ryer** († 1658) : *Scévola*. — **Hardy** († 1630) : *Mariamne*. — **Scudéry** († 1667), « *dont la fertile plume Peut tous les soirs sans peine enfanter un volume* » (Boileau) : *Alaric* ou *Rome vaincue*. — **Mairet** († 1686) : *Sophonisbe*. — **Pradon** († 1698) : *Régulus, Phèdre*. — **Duché** († 1704) : *Absalon*. — **Lafosse** († 1708) : *Manlius*. — **Longepierre** († 1721) : *Médée*. — **Campistron** († 1723) : *Andronic, Tiridate*.

Tragédie lyrique.

Quinault.

Quinault (1635-1688), le *créateur de la tragédie lyrique*, poète harmonieux et délicat, que Boileau a raillé en parlant de l'auteur sans défaut : « *La raison dit Virgile, et la rime Quinault,* » fit des opéras, que *Lulli* mettait en musique : — *Armide* (son chef-d'œuvre), *Roland, Atys, Isis*. **La Motte-Houdard** († 1731) : opéras : *Issé, le Triomphe des Arts, Sémélé*, etc., et une tragédie, *Inès de Castro*.

Comédie.

Molière.

Molière (Jean-Baptiste *Poquelin* dit) naquit en 1622 ; son père était *valet de chambre tapissier du roi*. — Auteur, acteur, et chef d'une troupe de comédiens, qui, quelque temps aux gages de *Fouquet*, deviennent ensuite les *comédiens du roi*, **Molière** jouit constamment de la faveur de Louis XIV, qui le fit *manger à sa table* ; — observateur profond et ingénieux, il pénètre toutes les misères du cœur humain et les révèle avec une force de bon sens, une verve comique, un bonheur d'expression et un entrain de gaieté qui n'ont été donnés qu'à lui. — **Louis XIV** demanda un jour à Boileau quel était le plus grand écrivain du royaume : « *C'est Molière !* » répondit sans hésiter le *législateur du Parnasse*. — Œuvres : *l'Étourdi* (1653), *le Dépit amoureux* (1656), *les Précieuses ridicules* (1659), *l'École des Maris, l'École des Femmes, Don Juan* (1665), **le Misanthrope** (1666), *le Médecin malgré lui, Tartufe* (1667), *l'Amphitryon, l'Avare* (1668), *Mᵉ de Pourceaugnac* (1669), *le Bourgeois gentilhomme* (1670), *les Fourberies de Scapin, les Femmes savantes, le Malade imaginaire* (1673) ; — il mourut en jouant cette dernière pièce, à l'âge de 51 ans (1673).

COMÉDIE.
(Suite.)

......

Regnard.

Regnard (1647-1709), le premier de nos poètes comiques après Molière, mais d'une *plaisanterie grimaçante* et d'un *rire forcé*. — Œuvres : *le Joueur, le Distrait, le Légataire universel.*

Boisrobert († 1662), le spirituel bouffon de Richelieu : *la Belle Plaideuse.* — Boursault († 1701) : *le Mercure galant, Ésope à la ville, Ésope à la cour.* — Brueys († 1723) et Palaprat († 1721) : *l'Avocat Patelin, le Grondeur.*

BOSSUET (1627-1704), né à Dijon, *évêque de Meaux, orateur, historien, théologien, controversiste de premier ordre,* domine ses contemporains, qui le regardent comme un Père de l'Église : il en a le rôle et l'action. — C'est *le grand génie du XVIIe siècle ! —* Jamais l'éloquence de la chaire n'est allée plus haut que dans ses Oraisons funèbres, où éclate, dans une langue sublime de majesté, d'élan et de splendeur, toute la beauté et l'élévation du christianisme. — Œuvres : Oraisons funèbres de la *reine d'Angleterre,* de la *duchesse d'Orléans,* de la *reine Marie-Thérèse,* de la *princesse Palatine,* de *Michel Le Tellier* et du *prince de Condé* ; — *Sermons* ; *Traité de la Connaissance de Dieu et de soi-même* ; *Histoire des Variations des églises protestantes* ; *Exposition de la Doctrine de l'Église* ; *Méditations sur l'Évangile, Élévations sur les Mystères* ; *Discours sur l'Histoire universelle,* etc.

ÉLOQUENCE.

Bossuet.

——

Fénelon.

——

Bourdaloue.

——

Fléchier.

....

Mascaron.

——

Massillon.

Fénelon (1652-1715), archevêque de Cambrai, précepteur du duc de Bourgogne, révèle dans tous ses écrits la *délicatesse de son âme [tendre et pieuse* ; — inférieur à Bossuet pour la *force* et le *sublime,* il n'a point d'égal pour l'onction et le *charme du style.* — Œuvres : *Sermon pour l'Épiphanie* ; *Traité de l'Éducation des filles, Traité de l'Existence de Dieu ; Dialogues sur l'Éloquence ; Lettre sur les Occupations de l'Académie française* ; et le *Télémaque,* chef-d'œuvre de morale politique.

Bourdaloue (1632-1704), jésuite, le *prédicateur par excellence,* étale dans la chaire une *raison toujours éloquente.* — Ses *Sermons,* où il « *frappe comme un sourd »,* eurent un immense succès : « *On allait en Bourdaloue. »* (MADAME DE SÉVIGNÉ.)

Fléchier (1632-1710), évêque de *Nîmes, rhéteur élégant et disert,* a laissé plusieurs *Oraisons funèbres,* dont la plus célèbre est celle de Turenne, remarquable surtout par l'exorde ; — *les Grands Jours d'Auvergne.*

Mascaron (1634-1703), de l'Oratoire, évêque de *Tulle,* puis *d'Agen,* prêcha souvent devant la cour ; — son *Oraison funèbre de Turenne* est regardée comme un chef-d'œuvre ; — on lui reproche l'*affectation* et l'*enflure.*

Massillon (1663-1742), de l'Oratoire, évêque de *Clermont,* « *le Racine de la chaire »,* excelle dans le langage qui va droit à l'âme, la remplit d'une émotion salutaire et lui fait aimer la vertu. — Œuvres : *Avent, Carême, Oraison funèbre de Louis XIV, Sermon sur le petit nombre des Élus,* le *Petit Carême,* qu'il prêcha devant le jeune roi Louis XV, et que Voltaire avait toujours sur sa table. — Les PP. de La Colombière, De La Rue, de Montaigu, de la Société de Jésus. — Le P. Lejeune, de l'Oratoire.

BARREAU : *Patru* (le *Quintilien* français), *Lemaître, Omer Talon, Pellisson.*

Descartes, en latin *Cartesius* (1596-1650), le *père de la philosophie moderne* (cartésianisme), rompit avec la **Scolastique** du Moyen Age, et sépara le domaine de la foi de celui de la raison, en n'acceptant pour base de la certitude que l'évidence : « *Je pense, donc je suis !* » — Il exprima ses pensées en un langage digne d'elles, naïf et mâle, sévère et hardi, cherchant avant tout la *clarté*, et trouvant par surcroît la *grandeur*, dans son fameux *Discours de la Méthode*. — Les grands esprits du temps, *Arnauld, Bossuet, Fénelon, Nicole, Pascal*, subirent l'influence du **Cartésianisme**.

Gassendi (1592-1655), enseigna, comme *Épicure*, que toutes nos idées viennent des sens. — Grande querelle au XVIIe siècle entre le *Spiritualisme* et le *Sensualisme*, entre les *Cartésiens* (idées *innées*) et les *Gassendistes*.

Malebranche (1638-1715), de l'*Oratoire*, génie profond et original, le *Platon chrétien*. — Dans son principal ouvrage, la *Recherche de la Vérité*, un des plus beaux modèles du style philosophique, Malebranche soutint qu'il fallait attribuer toutes nos idées à l'action directe et immédiate de Dieu sur nos intelligences.

Bayle (1647-1706), le *trop fameux critique*, jette les fondements du **scepticisme** dans son *Dictionnaire historique et critique*.

Bossuet : *Traité de la Connaissance de Dieu et de soi-même, Traité du Libre Arbitre* ; — Fénelon : *Traité de l'Existence de Dieu* ; — **Antoine Arnauld**, « *le plus savant mortel qui jamais ait écrit* » (Boileau) : *la Fréquente Communion* ; *la Perpétuité de la Foi* ; *la Logique de Port-Royal* ; *Traité des Vraies et des Fausses Idées* ; — **Nicole** : *Essais de Morale* ; — **Pascal**, ce « *génie effrayant* » : *Pensées*.

La Rochefoucauld (1613-1680), *moraliste chagrin et injuste*, publie ses *Maximes*, recueil de pensées sur ce thème à peu près unique : *l'amour-propre est le mobile de tout* ; — son style vif, piquant et concis, vaut mieux que sa morale.

La Bruyère (1644-1696), dans ses *Caractères*, imités de Théophraste, fait la peinture des hommes du XVIIe siècle, en *tableaux de mœurs* pleins de tours admirables et d'expressions heureuses qui n'étaient pas dans notre langue auparavant.

Balzac (1594-1655), le *grand Épistolier de France*, le *Malherbe de la prose*, trop estimé de son siècle, trop dédaigné du nôtre ; — ses *Lettres*, harangues ampoulées, charmèrent les oreilles par l'art nouveau du *nombre* et de l'*harmonie de la phrase*, du *choix* et de la *propriété des termes*.

Voiture (1598-1648), le *bel esprit par excellence*, le *conteur de l'hôtel de Rambouillet*, a écrit deux tomes de *Lettres* du plus charmant badinage d'esprit.

Mme de Sévigné (1626-1696), dans ses *Lettres* immortelles, pleines de grâce, de sensibilité et de naturel, « *rencontre dans la négligence d'une correspondance intime la perfection du style familier* » (Michelet) ; — sa fille chérie, *Mme de Grignan* ; son *hôtel Carnavalet* et sa *terre des Rochers*.

Mme de Maintenon : *Lettres*, d'un bon sens gracieux et d'une élégante précision.

Guy-Patin : *Lettres* caustiques et indiscrètes. — **Pascal** : *Lettres provinciales*.

Philosophie.

Descartes.

Malebranche.

Moralistes.

La Rochefoucauld.

La Bruyère.

Lettres.

Balzac.

Voiture.

Mme de Sévigné.

27

Romans et Contes.

Mme de La Fayette.

Charles Perrault.

Mme de La Fayette (1632-1693), « *la femme de France qui avait le plus d'esprit et qui écrivait le mieux* » (Boileau) : le roman la *Princesse de Clèves*.
Mlle de Scudéry (1607-1701) : *le Grand Cyrus* et *Clélie*. — Honoré d'Urfé : *l'Astrée.* — La Calprenède : *Cléopâtre, Cassandre.* — Camus, évêque de Belley : *Dorothée, Palambe.* — Mme de Tencin : *le Comte de Comminges.*
Charles Perrault (1628-1703) : ses jolis *Contes*, dont nos *mères-grands* charmaient et effrayaient nos imaginations, sont dans toutes les mémoires : *la Belle au bois dormant, le Petit Chaperon rouge, Barbe-Bleue, le Chat botté, Cendrillon, Riquet à la Houppe, le Petit Poucet.* — La Fontaine : *Contes* licencieux.

Histoire.

Bossuet.

Mézeray.

Fleury.

Bossuet : *Discours sur l'Histoire universelle.* — Mézeray (1610-1683), écrivain indépendant et énergique, mais qui ne se pique pas de remonter aux sources : *Histoire de France.* — Le Père Daniel (✝ 1728), compilateur : *Histoire de France; Histoire de la Milice française.* — Tillemont : *Histoire des Empereurs.* — Rapin-Thoiras : *Histoire d'Angleterre.* — Saint-Réal, écrivain dramatique et attachant : *Conjuration de Venise.* — Péréfixe : *Histoire de Henri IV.*
Fleury (1640-1723) a écrit avec science et candeur, d'un style simple et naturel, une *Histoire ecclésiastique; Mœurs des Israélites et des Chrétiens.* — Vertot (1655-1735), historien plein d'intérêt, plus élégant que fidèle : *Histoire des Révolutions de la République romaine; Histoire de l'Ordre de Malte.*

Mémoires.

Le cardinal de Retz.

Saint-Simon.

Le cardinal de Retz (1614-1678), « *qui jeta dans la langue française la verve et le mouvement de son imagination impétueuse* » : *Mémoires.* — Mme de Motteville (1621-1689), la confidente d'Anne d'Autriche : *Mémoires* sur la *Régence* et la *Fronde.*
Le duc de Saint-Simon (1675-1755), le plus grand peintre de son siècle, tenu à l'écart par Louis XIV, qui lui reprochait de ne pas savoir « *tenir sa langue* », a écrit « *à la diable* » vingt volumes de *Mémoires*, où tout y fourmille de vie.
Mémoires de *Sully* (Économies royales), du *cardinal de Richelieu*, du *maréchal Bassompierre*, de *Mazarin*, de *Mlle de Montpensier*, du *maréchal de Grammont*, du *marquis de Dangeau*, du *comte de Grammont* (Hamilton), de *Choisy, Gourville, Lenet, La Rochefoucauld, madame de La Fayette*, etc.
Mémoires de *Louis XIV*, d'un bon sens continu et d'une raison pleine de gravité.

Érudition.

Pétau.

Mabillon.

Saumaise (1588-1658), le *prince des doctes*, le *phénix des critiques et des érudits*; — les savants jésuites Pétau (Science des Temps); Labbé (Collection des Conciles); Rapin (poème des *Jardins*); Brumoy (Théâtre grec); Jouvency (éditions latines); Bollandus (*Acta Sanctorum*); Santeuil (*Hymnes* du bréviaire). — Perrot d'Ablancourt : traductions (les *belles infidèles*); — Monsieur et Madame Dacier : traduction de *Plutarque* et d'*Homère.* — Adrien de Valois : *Gesta Francorum.*
Vaugelas, le patient et puriste rédacteur du *Dictionnaire de l'Académie*; — les *bénédictins* Mabillon (Diplomatique), Lobineau (Histoire de *Bretagne*), Vaissette (Histoire du *Languedoc*), Montfaucon (l'Antiquité expliquée) et son collaborateur Martène; — les frères de Sainte-Marthe : *Gallia Christiana.*

27.

ÉRUDITION.
(Suite.)

Lemaistre de Sacy.

Lemaistre de Sacy : traduction de la *Bible* ; — **Moréri** : *Dictionnaire historique* ; — **Baluze** : *Capitulaires* ; — **Ducange** : *Glossaires* ; — **Pierre du Pui** : *Traité des Libertés gallicanes, Procès des Templiers* ; — **Huet**, évêque d'Avranches : *Histoire du Commerce et de la Navigation des anciens* ; — les oratoriens **Thomassin** et **Lecointe** (ouvrages théologiques) ; — **Ménage** : *Philologie*. — Les jurisconsultes **Laurière, Domat, Bignon**.

Écrivains français hors de France.

En ANGLETERRE : Saint-Évremond : *Réflexions sur le Génie du Peuple romain*. **En HOLLANDE** : le *sceptique* **Bayle** : *Dictionnaire historique et critique*. — **Jurieu**, pasteur protestant : *Histoire critique des Dogmes et des Cultes*. — **Richard Simon** : *Histoire critique du Vieux Testament*.

ÉCRIVAINS ANGLAIS.

Milton.

Pope.

Bacon.

Locke.

MILTON (1608-1674), l'ancien *secrétaire de Cromwell*, aveugle et confiné dans la solitude, termine, en 1665, le **Paradis Perdu**, qui passa d'abord presque inaperçu ; — ce fut *Addison* qui, dans le *Spectateur* (journal), proclama le premier le génie de Milton, l'*Homère de l'Angleterre*.
Dryden (1631-1701), le fondateur de la critique littéraire en Angleterre : *Astræa redux, la Fête d'Alexandre*. — **Cowley** : poésies latines et anglaises : *Odes pindariques*. — **Buttler** : le poème burlesque *Hudibras*. — **Prior** : le poème de *Salomon*. — **Rochester** : *Satires*.
Pope (1688-1744), le chef de l'école *classique*, opposée à l'école *romantique* ou *shakspearienne* : — la *Boucle de cheveux enlevée*, véritable bijou littéraire ; *Lettre d'Héloïse à Abélard* ; la *Dunciade* ; *Essai sur l'Homme*.
Les tragiques : *Otway, Lee, Rowe, Walter, Gay, Congrève* ; — le célèbre moraliste et *publiciste* **Addison** (1672-1719) ; le *polémiste* **Steele** ; le *conteur* **Swift** ; l'*historien* **Burnet** ; les *écrivains hommes d'État*, **Clarendon** et **Temple**.
Bacon (1560-1626) le père de la philosophie expérimentale : *Novum Organum*.
Hobbes (1588-1680), philosophe matérialiste : *Leviathan*. — **Locke** (1632-1704), philosophe *sensualiste* : *Essai sur l'Entendement humain, Traité sur le Gouvernement civil*. — **Bolingbroke** et **Shaftesbury**, philosophes sceptiques.

ÉCRIVAINS HOLLANDAIS.

Spinosa.

Spinosa (1632-1677), juif, né à Amsterdam, érige l'*athéisme* en système par la doctrine du *panthéisme* (Dieu est tout, tout est lui) : — *Ethica more geometrico demonstrata* ; *Tractatus politico-theologicus*.
Grotius (1583-1645), né à Delft, d'une érudition fabuleuse, « monstre de doctrine » ; — *Annales et Historiæ de Rebus Belgicis*.

ÉCRIVAINS ALLEMANDS.

Leibnitz.

LEIBNITZ (1646-1716), de Leipsick, génie merveilleux et universel, d'une *mémoire prodigieuse* et d'une *érudition immense*, — soutient que nos *idées sont innées*, préconise les *monades* (*monadologie*), explique l'*union de l'âme et du corps* par l'*harmonie préétablie* et défend la *Providence* des attaques de Bayle par sa **Théodicée**, écrite en *français*. — **Pufendorf**, célèbre historien et publiciste allemand : *De Jure Naturæ et Gentium*.
Martin Opitz (1597-1639), le père et le *restaurateur de la poésie allemande*, fut le *Malherbe de son pays*. — **Jacob Bœhm** : *l'Aurore*. — **Flemming** : *Odes*. — **Logan** : *Épigrammes*. — **Simon Dach** : *Poésies bibliques*.

ÉCRIVAINS ITALIENS.

Marini.

Sarpi (1552-1623) : *Histoire du Concile de Trente*. — **Gui Bentivoglio** (1579-1644), cardinal : *Histoire des Guerres civiles de Flandre*. — **Pallavicini** (1607-1667), cardinal : *Histoire du Concile de Trente*, pour réfuter celle de *Sarpi* — **Davila** (1576-1631) : *Histoire des Guerres civiles de France* de 1559 à 1598 — **Muratori** (1672-1750), [savant historien et compilateur, chercheur infatigable : *Antiquitâtes Italicæ mèdii ævi*.

Marini (1569-1625), dit *le Cavalier Marin*, prodigue dans ses *poésies* les pointes et les *concetti* : la *Murtoléïde, Adonis*. — **Vico** (1668-1744), philosophe, historien, jurisconsulte, critique et poète : *les Principes d'une Science nouvelle relative à la nature commune des nations*.

ÉCRIVAINS ESPAGNOLS.

Calderon.

Calderon (1600-1681), illustre dramaturge espagnol : *Autos sacramentales* et comédies. — **Guilhem de Castro** : *la Jeunesse du Cid*. — **Moreto**, le créateur de la comédie espagnole : *Comédies* de caractère. — **Léonard d'Argensola** et son frère **Barthélemy**, les *Horaces* de l'Espagne. — **Gongora** (1561-1627), chef de l'école des *gongoristes*, précieux ridicules.

P. Mariana (1537-1624) : *Histoire générale d'Espagne*. — **Herrera**, historiographe des Indes et de Castille: *Histoires de Marie Stuart et de Philippe II*. — **Antonio de Solis** : *Histoire de la Conquête du Mexique*.

II°
ARTS.

PEINTURE FRANÇAISE.

Poussin.

Lesueur.

Le Lorrain.

Mignard.

Simon Vouet (1582-1649), premier peintre de Louis XIII : — *Présentation au Temple* (Louvre) ; *Saint François de Paule ressuscitant un enfant*.

Nicolas Poussin (1594-1665), le chef de l'école française : — *Bergers d'Arcadie, Déluge, Triomphe de Flore, Enlèvement des Sabines*, au Louvre.

Eustache Lesueur (1617-1655), le *Raphaël* français : — *Vie de saint Bruno* en 22 tableaux (Louvre) ; *Saint Paul prêchant à Éphèse* (*Notre-Dame* de Paris) ; le *salon des Muses* (hôtel Lambert) ; *Saint Gervais et saint Protais*.

Philippe de Champagne (1602-1674) : — *Apparition de saint Gervais et saint Protais* (église *Saint-Gervais* à Paris) ; portraits du *cardinal de Richelieu*, de *Louis XIII, d'Anne d'Autriche*, de *Mazarin* ; une *Assomption*, un *Crucifix*.

Claude le Lorrain (1600-1682), le premier paysagiste du monde : — *le Passage du Gué* (Louvre) ; *Port de mer au soleil couchant* (Louvre) ; *le Moulin* (Londres).

Le Brun (1619-1690), premier peintre de Louis XIV, *intendant général des Beaux-Arts*, directeur des *Gobelins* et de *l'Académie de Peinture*, fut, jusqu'à la mort de Colbert, le *dictateur* et l'*arbitre des arts* en France ; on lui doit la fondation de *l'École Française de Rome* : — *Batailles d'Alexandre* (Louvre) ; la *grande galerie du Palais de Versailles*, représentant l'histoire de Louis XIV jusqu'à la paix de Nimègue.

Pierre Mignard (1610-1695) : — peintures de la *Coupole du Val-de-Grâce* ; portraits de Mme de Maintenon, de *Louis XIV*. On lui reproche un soin du *gracieux*, du *léché*, porté jusqu'à cette *afféterie* qu'on a nommée de son nom (*Mignardise*).

Jouvenet (1647-1717) : — la *Pêche miraculeuse* (Louvre) ; *Esther évanouie devant Assuérus* (Louvre) ; une *Descente de Croix* (Louvre).

Rigaud (1659-1743), le *Van Dyck* français : portraits de *Louis XIV*, de *Bossuet*.

<table>
<tr><td>

PEINTURE FRANÇAISE.
(Suite.)

Watteau.

</td><td>

Watteau (1684-1721), le *peintre des Grâces,* inaugure le genre maniéré : — *Embarquement pour Cythère* (Louvre); *Rendez-vous de chasse.*
Nicolas Mignard : *Peintures décoratives au palais des Tuileries.* — **De La Fosse** : *Peintures du Dôme des Invalides.* — **Le Valentin** (*Valentin de Boullongne,* dit) : *Martyre des saints Processe et Martinien.* — **Lemoine** : *Salon d'Hercule à Versailles.* — **Sébastien Bourdon** : *Crucifiement de saint Pierre.* — **Santerre** : *Suzanne au bain.*
Largillière : *Portrait de Louis XIV.* — **Vanloo** : *Institution de l'Ordre du Saint-Esprit.* — **Chardin** : *le Benedicite.* — **Subleyras** : *Messe de saint Basile.* — Les **Coypel** : *Plafond de la Chapelle de Versailles; Trajan donnant des audiences* (Louvre); *Triomphe d'Amphitrite* (Versailles). — **Courtois** dit **Bourguignon** : *Bataille d'Arbelles.* — **Desportes** : *Natures mortes.* — **Petitot** : *portraits sur émail* (Louvre).

</td></tr>
<tr><td>

PEINTURE ESPAGNOLE.

</td><td>

Velasquez (1599-1660), le chef de l'école de Madrid : *les Buveurs* (Madrid); *la Tunique de Joseph; le Tableau de la Famille royale.*
Murillo (1618-1682), de Séville : *l'Immaculée Conception* (Louvre); *le Jeune Mendiant; sainte Élisabeth de Hongrie, l'Adoration des Bergers.*

</td></tr>
<tr><td>

PEINTURE ITALIENNE.

</td><td>

Salvator Rosa (1615-1673), de Naples : *Conjuration de Catalina; Batailles, Marines, Paysages.* — **Giordano** (1632-1705) : *Enlèvement des Sabines; Conception.*

</td></tr>
<tr><td>

PEINTURE FLAMANDE.

</td><td>

David Téniers (1610-1685) : *l'Enfant prodigue et les Courtisanes* (Louvre); *Kermesse; Noce villageoise; Reniement de saint Pierre; Joueurs de cartes.* **Van der Meulen** : *Entrée de Louis XIV et de Marie-Thérèse à Douai et à Arras.* — Les **Van Oost** : *une Descente de Croix; Martyre de sainte Barbe.* — **Wouters** : *Paysages.* — **Lairesse** : *Antiochus et Stratonice.*

</td></tr>
<tr><td>

PEINTURE HOLLANDAISE.

Rembrandt.

Ruysdaël.

</td><td>

Rembrandt (1608-1669) : *La Ronde de Nuit* (Amsterdam); *la Leçon d'anatomie* (La Haye); *les Pèlerins d'Emmaüs; Descente de Croix; Portraits.* — **Heem** : *Service de Table; Fleurs; Fruits.* — **Wynants** : *Lisière de Forêts.* — **Albert Cuyp** : *Environs de Dordrecht.* — **Terburg** : *Officier galant; Paix de Westphalie; Joueuse de luth.* — **Van Ostade** (1610-1685) : *le Maître d'école, Intérieur de Chaumière, Cabaret hollandais.*
Gérard Dow (1613-1680) : *la Femme hydropique* (Louvre); *École du soir* (Amsterdam); *le Charlatan* (Munich). — **Van der Helst** : *Repas des Arquebusiers.* — **Van der Neer** : *Clairs de lune.* — **Wouwermans** : *Chasse au Cerf.* — **Van Ostade** (Isaac) : *Canaux glacés.* — **Berghem** : *Paysages et animaux.*
Paul Potter (1625-1654), le Raphaël des animaux : *Taureau : Orphée charmant les animaux.* — **Steen** : *Fête de saint Nicolas.* — **Metzu** : *Marché aux herbes.*
Ruysdaël (1630-1681) : *Forêt, Vue de Harlem, Paysages.* — **Van den Velde** (Guillaume) : *Marines.* — **Miéris** (le Vieux) : *Femme à sa toilette.* — **Van der Heyden** : *Hôtel de ville d'Amsterdam.* — **Van den Velde** (Adrien) : *Paysages.* — **Hooghe** : *Intérieur de la Maison.* — **Guillaume Kalf** : *Cuisines.*

</td></tr>
</table>

Pierre Puget (1622-1694), de Marseille, le *Rubens de la sculpture*, le *Michel-Ange français*; lorsqu'il travaillait, « *le marbre tremblait devant lui, pour grosse que fût la pièce* » : — *Milon de Crotone* (Louvre); *Persée délivrant Andromède* (Louvre); *la Peste de Milan*, bas-relief (Marseille); *Alexandre Saüli, Saint Sébastien.*

Girardon (1628-1715), que *La Fontaine* et *Boileau* comparaient à *Phidias*, comme Molière comparait *Mignard* à *Raphaël* : — *Mausolée de Richelieu* (à la Sorbonne); *Apollon chez Thétis* (Versailles); *Statue équestre de Louis XIV*, le *Bain d'Apollon, Enlèvement de Proserpine.*

Coysevox (1640-1720), le *Van Dyck* de la sculpture : — *Tombeau de Colbert* (église Saint-Eustache); *Chevaux ailés* (jardin des Tuileries); *Statue de Charlemagne* (Invalides); *Joueur de flûte; Vénus accroupie*; bustes de *Bossuet, Richelieu, Ch. Le Brun, Condé.*

Nicolas Coustou (1658-1733) : *la Seine et la Marne* (jardin des Tuileries); *Vénus; Jules César; Descente de Croix* (Notre-Dame de Paris); *Commode en Hercule; Tritons* (cascade de Versailles).

Guillaume Coustou (1678-1746) : *Chevaux de Marly* (Champs-Élysées) ; *le Rhône* (hôtel de ville de Lyon) ; *l'Océan et la Méditerranée* (Marly) ; *Hercule sur le bûcher.*

Sarrazin : *Cariatides de l'horloge du Louvre.* — **Guérin** : *Chevaux de marbre.* — **Michel Auguier** : *Amphitrite.* — Les **Frères Marsy** : *Deux Tritons abreuvant les chevaux du Soleil.* — **Keller** : *Statue équestre de Louis XIV.* — **Desjardins** : *Louis XIV.* — **Le Gros** : *Saint Dominique.*

Callot (1593-1635) grava, pour Louis XIII, le *Siège de la Rochelle* ; ses compositions les plus remarquables sont : *les Foires, les Hideux, les Misères de la Guerre, la Passion, les Supplices, les Gueux, le Massacre des Innocents, la Tentation de saint Antoine.*

Nanteuil (1623-1678), graveur et dessinateur de Louis XIV; ses chefs-d'œuvre sont les portraits d'*Arnauld de Pomponne*, de *Mazarin*, de *Colbert*, de *Turenne* et du *marquis de Castelnau.*

G. Audran (1640-1703), célèbre graveur d'histoire, a reproduit les *Batailles d'Alexandre*, d'après *Le Brun*; le *Martyre de saint Laurent*, d'après *Lesueur*; le *Triomphe de la Vérité*, d'après *Nicolas Poussin.* — Les **Edelinck; Mellan; Drevet.** — Les orfèvres : *Balin; Germain.*

L'Architecture du XVIIᵉ siècle, sans avoir l'élégance et l'éclat de celle du XVIᵉ, se distingue par un *caractère incontestable de grandeur et de magnificence* et de plus par une *remarquable unité.* — Pour les **églises**, on abandonne entièrement le *style ogival*, pour suivre le *style de la Renaissance* avec coupole et façade à ordres superposés.

De Brosse (1560-1625) : *Palais du Luxembourg* (palais *Médicis*) ; *Portail de Saint-Gervais* ; *Salle des Pas-Perdus.*

Lemercier (1585-1654) : Continuation du *Louvre*; *Escalier en fer à cheval à Fontainebleau* ; *Palais-Royal*; la *Sorbonne*; *Saint-Roch.*

Sculpture.

Puget.

Girardon.

Gravure.

Callot.

Nanteuil.

Architecture.

ARCHITECTURE.
(Suite.)

Les Mansart.

Claude Perrault.

François Mansart (1598-1666) : le *Val-de-Grâce*, Façade de l'*Hôtel Carnavalet,* Château de *Maisons* ; inventa les *Mansardes*.

Claude Perrault (1643-1688), le frère de l'auteur des *Contes* ; d'abord médecin, puis architecte : *Colonnade du Louvre* ; l'*Observatoire* ; le *plan du nouveau Louvre*.

Hardouin Mansart (1645-1708) : *Palais, Chapelle et Orangerie de* **Versailles** ; *Dôme des Invalides* ; *Place Vendôme* ; *Châteaux de Marly*, du *Grand Trianon*.

F. Blondel : *Porte Saint-Denis*. — **Servandoni** : Façade de *l'église Saint-Sulpice*. — *Levau* (Château de *Vaux* ; Institut) ; — *Gabriel* (*Salle de spectacle* de Versailles). — *Bullet* (*Porte Saint-Martin ;* église *Saint-Thomas-d'Aquin*).

Lenôtre (1613-1700) créa *l'art des jardins*, dont il sut faire la plus belle décoration des châteaux : c'est lui qui a dessiné le merveilleux *parc de Versailles*. — *L'agronome* **La Quintinie.**

EN ITALIE : **Le Bernin** : *Colonnade, baldaquin et chaire de Saint-Pierre de Rome*. — EN ANGLETERRE : **Wren** : *Basilique de Saint-Paul à Londres*.

MUSIQUE.

Lulli.

Lulli (1633-1687), de Florence, surintendant de la musique du roi, composa la musique des *ballets*, qu'on donnait à la cour de Louis XIV, et des **opéras**, dont **Quinault** écrivait les paroles : « *Lulli chantait les vers que soupirait Quinault*. » — Sa *musique d'église* charmait Mme de Sévigné, qui écrivait : « *Je ne crois point qu'il y ait une autre musique dans le ciel !* » — **Œuvres** : — *Armide, Alceste, Thésée, Atys, Proserpine, Persée* ; *Ballets*.

III°
SCIENCES.

MATHÉMATIQUES ET ASTRONOMIE.

Descartes.

Cassini.

Newton.

Descartes (1596-1650) : application de l'*Algèbre* à la *Géométrie* ; *Loi de la Réfraction* ; notation des puissances par *exposants numériques*. — **Pierre Fermat** : *Calcul différentiel*. — **Pascal** : *Lettre sur la Géométrie* ; *Calcul des Probabilités* ; expériences sur la *pesanteur de l'air*.

Cassini (1625-1712), *Italien* acquis à la France par Colbert, est le *premier directeur de l'Observatoire*, — découvre plusieurs satellites de *Jupiter* et de *Saturne*, — détermine la rotation de *Jupiter*, de *Mars* et de *Vénus* et travaille avec le savant et modeste abbé **Picard** à la mesure du *méridien de Paris*, que continue **La Hire**. — **L'Hôpital** : *Traité des Sections coniques*.

EN ANGLETERRE : — **Newton** (1642-1727), un des plus grands génies de l'humanité : *Lois de la Gravitation universelle* ; *Décomposition de la Lumière* ; *Méthode du Binôme*. — **Napier** : invention des *Logarithmes*. — **Halley** : *Tables astronomiques*. — **Harrisson** : *Montre marine*. — **Grégory** : invention du *Télescope à réflexion*.

PHYSIQUE.

Papin.

Denis Papin (1647-1710), de Blois, emploie, le premier, la *vapeur d'eau* comme *force motrice*, et lance sur la *Fulda*, en Allemagne, un véritable **bateau à vapeur** (1707) ; — mais des marins ignorants brisent la *machine* du grand physicien, qui meurt de misère à Londres.

Mariotte : *Loi de Compressibilité des Gaz*. — **Lémery** : *Traité de Chimie*. — **Rohaut** : *Traité de Physique*.

PHYSIQUE.
(Suite.)

Galilée.

Galilée (1564-1642), de Pise, découvre les *Lois de l'Isochronisme du Pendule* (1583) et invente la *Lunette d'approche* (1609). — Le Hollandais **Huyghens** applique le *pendule aux horloges*, et le *ressort spiral aux montres*. — L'Italien **Torricelli** invente le *Baromètre* (1643). — Le Hollandais **Drebbel** invente le *Thermomètre* (1621).
Otto de Guericke, de Magdebourg, invente la *Machine pneumatique* (1650). — Le Danois **Roemer** détermine la *vitesse des rayons solaires*.

HISTOIRE
NATURELLE.

Tournefort (1658-1708), célèbre botaniste, auteur de la *première classification régulière des plantes*.
Réaumur : *Mémoire pour l'Histoire des Insectes*. — **Vaillant**, directeur du *Jardin des Plantes*.

MÉDECINE.

Fagon (1638-1718), *premier médecin de Louis XIV*. — **Borel** : *médecin ordinaire du roi*. — **Pecquet**, *anatomiste*. — **Félix** ; **Maréchal**.
Boerhaave (1668-1738), de *Leyde*, le véritable fondateur de *l'enseignement clinique*.
Harvey (1578-1657), en Angleterre, découvre les *lois de la circulation du sang*.

GÉOGRAPHIE
ET VOYAGES.
———

Sanson.
———
Delisle.

Nicolas Sanson (1600-1667), le père de la *Géographie* et de la *Cartographie* en France, *géographe du roi*. — **Guillaume Delisle** (1675-1725), *professeur de Géographie* de Louis XV, dont les *cartes* firent une révolution complète dans la science. — **Samuel Bochart** : *Géographie sacrée*.
Thévenot (1633-1667) visite l'*Europe*, l'*Asie Mineure*, le *Nord de l'Afrique*, l'*Inde* et la *Perse* ; ce fut lui qui introduisit le *café* en France en 1655. — **Tavernier** visite la *Turquie* et la *Perse*. — **Chardin** visite la *Perse*. — **Galland** traduit de l'arabe les *Mille et une Nuits*. — **Bernier** : *Voyages*.

LUTTE DE LA SUÈDE ET DE LA RUSSIE. CHARLES XII ET PIERRE LE GRAND.

ÉTAT DE L'EUROPE ORIENTALE APRÈS LES TRAITÉS DE CARLOWITZ,

DE PASSAROWITZ ET DE NYSTADT.

CHARLES XII
(1697-1718).
———

Son caractère.

CHARLES XII, fils de Charles XI, possède, à son avènement au trône, presque *tout le tour de la Baltique* (Bouches du *Wéser*, de l'*Elbe*, de l'*Oder*). — **Auguste II**, électeur de Saxe et roi de Pologne, **Frédéric IV**, roi de Danemark, et le *czar de Russie*, **Pierre le Grand**, veulent profiter de la *jeunesse du roi de Suède* pour lui enlever ses provinces de la Baltique.
Charles XII, qui jusque-là n'avait montré de goût que pour la *chasse* et les *exercices violents*, change tout à coup de caractère, devient *sobre, réfléchi, dur à lui-même, appliqué aux affaires*, et annonce à son conseil sa résolution de *battre isolément* ses ennemis et de ne terminer la guerre que par leur ruine.

1re Campagne, contre le Danemark.

Charles XII marche d'abord contre le roi de Danemark, qui a attaqué le *Holstein* ; — débarque dans l'île de *Seeland*, assiège *Copenhague* et force, en six semaines, *Frédéric IV* à signer la paix de **Traventhal** (1700).

2e Campagne, contre les Russes.

Charles XII se porte ensuite contre Pierre le Grand, qui assiégeait *Narva*, et, avec 9 000 Suédois, bat complètement 63 000 Russes (1700) : — victoire funeste, qui inspire au jeune et présomptueux roi de Suède trop de *mépris pour le vaincu*, à qui il renvoie 30 000 prisonniers.

3e Campagne, en Pologne et en Saxe.

Charles XII tombe sur le roi de Pologne, qui assiégeait *Riga*, le bat sur la *Duna* (1701) et le poursuit à travers la *Pologne* jusqu'en *Saxe*, où il le force à la paix d'**Alt-Ranstadt** (1707), après avoir fait élire roi, à sa place, son protégé *Stanislas Leczinski* (1704). — Apogée de la puissance de Charles XII.

4e Campagne, en Russie.

Charles XII revient alors sur le czar, qui avait su profiter de ce répit, et marche sur *Moscou* (1708) ; — mais, séduit par les propositions de l'*hetman* des Cosaques révoltés, **Mazeppa**, *l'aventurier célèbre* (tableau d'*Horace Vernet*, ballades de *Lord Byron* et de *Victor Hugo*), qui lui promet 100 000 hommes, il change de route et se dirige vers l'Ukraine. — Le *désastre* de Mazeppa et le *cruel hiver* de 1709 forcent Charles XII à combattre devant **Pultawa** (1709) avec une armée épuisée, réduite à 20 000 hommes, contre 60 000 *Russes*. — Charles XII, vaincu et blessé, se réfugie à **Bender** chez les *Turcs*, où il reste cinq ans.

Conquêtes de Pierre le Grand.

Pierre le Grand, mettant à profit la victoire de Pultawa, qui *brisait la puissance militaire de la Suède*, s'empare de la *Carélie*, de la *Livonie* et de l'*Esthonie*, et rétablit l'électeur de Saxe, *Auguste II*, sur le trône de Pologne (1710).

Coalition contre la Suède.

La Suède est accablée par une coalition de tous ses ennemis, *Russie*, *Pologne*, *Danemark*, auxquels se joignent la *Prusse* et le *roi d'Angleterre*, électeur de *Hanovre*.

Charles XII en Turquie, à Bender, à Démotica (1709-1714).

Charles XII décide enfin le sultan *Achmet III* à déclarer la guerre au czar, qui est cerné sur les bords du *Pruth* par 200 000 Ottomans. — Pierre était perdu, lorsqu'il fut sauvé par le courage et l'habileté de sa femme **Catherine**, jeune *Livonienne*, veuve d'un dragon suédois, dont l'esprit et la beauté l'avaient séduit ; — le *Grand Vizir*, acheté par elle, accorde le **traité du Pruth** (1711). Charles XII, qui a fait cinquante lieues à cheval d'une seule traite, arrive trop tard et ne peut qu'*exhaler une colère impuissante* : la retraite des Russes était déjà commencée. — Fatigué de ses intrigues, le **sultan** ordonne au roi de Suède de quitter *Bender* ; — Charles s'y refuse et se défend dans sa maison avec 200 ou 300 hommes de sa suite contre 15 000 Turcs ; — vaincu et fait prisonnier, il est conduit à *Démotica*, près d'Andrinople, où il reste 10 *mois au lit*, feignant d'être malade (1713).

Pendant ce temps, toutes les nations voisines de la Suède ou de ses *possessions allemandes* se jettent à la *curée* : — les Russes s'emparent de la *Finlande* ; — le roi de Danemark s'empare de *Wismar* ; — l'électeur de Hanovre occupe *Brême* et *Verden* ; — Frédéric-Guillaume Ier de Prusse se fait livrer *Stettin* et la *Poméranie* ; — Saxons, Danois, Russes et Prussiens assiègent **Stralsund**, la dernière ville que les Suédois possédassent hors de Suède (1714).

Charles XII, cette « *tête de fer* », comme l'appelaient les Turcs, se décide enfin à partir, traverse l'Allemagne sans s'arrêter, courant la poste nuit et jour, et arrive de nuit à *Stralsund*. — La ville n'est plus qu'un *monceau de cendres* quand Charles XII l'abandonne pour repasser en Suède (1715).

Dans une situation aussi désespérée, Charles XII, dirigé par le *baron de Gœrtz*, son nouveau ministre, négocie secrètement avec la **Russie** la ruine des autres ennemis de la Suède et traite avec **Albéroni**, pour chasser d'Angleterre la *Maison de Hanovre* avec Georges Ier, et y rétablir les *Stuarts;* — mais une balle, lancée peut-être par une main suédoise, le tue au siège de *Frédérickshall*, en Norwège (1718), à l'âge de 36 ans, et met fin à la *tyrannie brutale* de ce soldat, qui avait usé si vite la monarchie de *Gustave-Adolphe*.

Charles XII s'était cru un *autre Alexandre*, et n'avait été qu'un *héroïque aventurier;* — il avait sinon le *fonds d'un grand homme*, du moins les qualités comme les défauts qui *frappent l'esprit des peuples* et gravent les noms dans leur mémoire. — Il commit la lourde faute d'*éveiller la Russie*, qui devint dès lors l'ennemie mortelle de la Suède.

Ulrique-Éléonore, appelée par les *États* à succéder à son frère, s'associe son mari, **Frédéric de Hesse-Cassel**, en faveur de qui elle *abdique*, en 1720. — **Réaction** contre le règne précédent : supplice du *baron de Gœrtz;* la royauté cesse d'être absolue et *héréditaire*, les États reprennent leur *droit d'élection;* — le Sénat, à qui Charles XII parlait autrefois d'envoyer « *une de ses bottes* » pour le présider, s'arroge presque tout le *pouvoir exécutif.*

La Suède achète la paix aux conditions les plus onéreuses : — par le *traité de Stockholm* (1720), **elle cède** à Georges Ier d'Angleterre *Brême* et *Verden;* au roi de Prusse, *Stettin* et les îles d'*Usedom* et de *Wollin;* au roi de Danemark, le *Sleswig*. — Par le *traité de Nystadt* (1721), **elle cède** au czar la *Livonie*, l'*Esthonie*, l'*Ingrie*, une partie de la *Carélie* et de la *Finlande*, et elle reconnaît *Auguste II* comme roi de Pologne.

La Suède, épuisée et déchue, partagée entre la faction française des *chapeaux* et la faction russe des *bonnets*, ne jouera plus désormais qu'un *rôle secondaire.*

La Russie sort de l'anarchie par l'avènement de la maison de *Romanoff* (1613).

PIERRE Ier LE GRAND, fils du czar *Alexis Romanoff*, succède, en 1682, à son frère aîné *Fédor*, et reste, avec son jeune frère *Ivan V*, sous la tutelle de sa sœur, *l'ambitieuse Sophie;* — mais, à 17 ans (1689), il relègue sa sœur au couvent, et s'empare de toute l'autorité, ne laissant à son frère *Ivan*, pauvre infirme, que le *vain titre de czar*.

Pierre le Grand, ce barbare de génie, *moitié héros, moitié tigre*, a dit Voltaire, *doué d'une puissance extraordinaire de volonté*, avec un *désir insatiable de connaître* et une *activité incroyable de corps et d'esprit*, fut le **créateur de la puissance russe;** — mais, dans toute sa conduite, l'énergie fut poussée jusqu'à la cruauté : « *C'était*, dit Frédéric II, *l'eau forte qui rongeait du fer.* » Il se fit le bourreau de ses sujets pour les civiliser, « *pour habiller en hommes*, comme il le disait lui-même, *son troupeau de bêtes* ».

Retour
de Charles XII
en Suède.

Sa mort.

Décadence de la Suède.
———
Traités
de Stockholm
et de Nystadt.

PIERRE LE GRAND
(1682-1725).

Son caractère.

Création de l'armée et de la marine russes.

Lefort.

Organisation d'une armée permanente : — Pierre Ier veut passer par tous les *grades ;* — les *boïards* doivent servir comme *simples soldats* avant d'être *officiers ;* — il n'y a d'avancement qu'au *mérite* et à *l'ancienneté ;* discipline à *l'allemande ;* — 12 000 hommes levés par le Genevois **Lefort**, promu *généralissime*, et la garde étrangère, commandée par l'Écossais *Gordon*, forment la *première armée régulière russe*, qui, à la mort de Pierre le Grand, atteindra le chiffre de 300 000 hommes. — Création de *l'ordre militaire de Saint-André*.

La marine russe est fondée par Pierre avec deux petites frégates, construites par le Hollandais *Brandt*. — **Lefort**, nommé *grand amiral*, prend *Azof* (1696), que le traité de *Carlowitz* (1699) laisse à la Russie.

Premier voyage de Pierre en Europe (1697-1698).

Premier voyage de Pierre le Grand pour étudier la civilisation de l'*Europe occidentale* et l'introduire en Russie. — Le czar se fait charpentier à *Saardam* (Maître Pierre), séjourne à *Londres*, mais évite la France sous *Louis XIV*, repasse en Hollande, d'où il gagne *Vienne* pour s'entendre avec *Léopold*, son allié naturel contre les *Turcs ;* — partout il avait engagé et fait partir pour la Russie des *officiers*, des *ingénieurs*, des *pilotes*, des *canonniers*, des *ouvriers* de toute espèce ; il avait même envoyé chercher des *artistes* en Italie.

Pierre est rappelé dans ses États par une révolte des *Strélitz*, soulevés par les vieux *boïards*, ennemis des réformes ; — ces *nouveaux janissaires*, roués, pendus ou décapités par milliers, sont enfin supprimés (1698).

Réformes civiles et religieuses.

Réformes civiles : — les *grandes barbes* et les *longues robes* asiatiques des Moscovites sont proscrites sous peine d'amende ; — les femmes doivent s'habiller à *l'anglaise* et se mêler aux *réunions* des hommes, contrairement aux *usages de l'Asie ;* — l'**année** commencera désormais au 1er *janvier*, et non plus au 1er *septembre ;* mais, en n'adoptant pas le *calendrier Grégorien*, l'année russe s'est mise en retard de *douze jours* sur la nôtre ; — des poteaux peints sont établis de *verste* en *verste* (1067 mètres), pour guider, sur les routes, les *voyageurs* et les *marchands ;* — établissement d'*imprimeries*, de *manufactures*, d'*écoles*.

Réformes religieuses : — Pierre voulut être le *maître absolu* dans l'Église comme dans l'État ; — le **patriarche de Moscou**, *chef de l'Église grecque*, était le rival du czar ; — le *patriarchat* fut aboli, en 1721, et remplacé par un **Saint-Synode** ou comité d'*évêques*, chargé des affaires ecclésiastiques sous la présidence du **czar**, *chef et souverain de l'Église russe ;* — le *clergé* dut aller s'instruire dans les *séminaires* et *collèges* fondés à Moscou.

Création de Saint-Pétersbourg.

Pierre le Grand, pour rattacher plus étroitement la Russie à l'Europe, quitte **Moscou**, la *vieille capitale*, mais aussi le *foyer des factions*, le berceau des *traditions asiatiques*.

Saint-Pétersbourg est bâti, en 1703, sur la *Néva*, près de la Baltique ; le terrain était malsain et mou, plus de *cent mille ouvriers* y périrent ; mais Pierre a *ouvert à son empire une fenêtre sur l'Europe*, et la nouvelle capitale, éclairée comme Paris, compte, en 1727, *soixante mille maisons*. — *Gazette de Saint-Pétersbourg ; Académie des sciences* de Saint-Pétersbourg. — Le **port de Cronstadt**, creusé en 1710, reçoit la *marine* naissante du czar.

**Second voyage
de Pierre en Europe
(1717).**

**Guerres
contre les Suédois
et les Perses.**

**Condamnation
et mort
du czaréwitz Alexis.**

**Mort
de Pierre le Grand.**

Son œuvre.

Son testament.

**État
de l'Europe orientale
après les traités
de Carlowitz,
de Passarowitz
et de Nystadt.**

Le czar vient à Paris, avec *Catherine*, et y reçoit du *Régent* la plus magnifique hospitalité. — Il visite la *Monnaie* (Médaille : *Vires acquirit eundo*), le tombeau de *Richelieu* à la *Sorbonne* et Mme *de Maintenon* à *Saint-Cyr*. La **France** renonce à l'*alliance suédoise*, envoie un *ambassadeur* à Saint-Pétersbourg, et signe avec le czar un *traité de commerce*.

Pierre, d'abord vaincu à **Narva** (1700) par les *Suédois*, profite de la campagne de **Charles XII** en Pologne pour s'emparer des côtes de *Finlande* ; — après sa victoire de **Pultawa** (1709), il fait une campagne malheureuse sur le *Pruth* (cession d'*Azof*, 1711), mais remporte une *victoire navale* sur la flotte suédoise près des îles d'*Aland* (1714) et rentre en triomphe à *Saint-Pétersbourg*. **La guerre se termine** à son avantage par le traité de **Nystadt** (1721). — Il est surnommé le *Grand*, le *Père de la patrie*. — A la suite d'une expédition heureuse sur la *mer Caspienne*, **Pierre** signe avec la **Perse** le traité avantageux de *Saint-Pétersbourg* (1723).

Pierre le Grand, qui, après la *paix de Nystadt* (1721), a pris le titre d'**Empereur de toutes les Russies**, avait eu d'un *premier mariage* un fils, **Alexis**, *mal élevé, de mœurs grossières, ennemi des réformes, espérance et chef du vieux parti russe* : — dans la crainte que le **czaréwitz** n'anéantît son œuvre après sa mort, **Pierre**, après plusieurs avertissements infructueux, le défère à un *tribunal exceptionnel*, qui le *condamne à mort*, à l'unanimité.

Alexis mourut le lendemain (1718), peut-être d'une *attaque d'apoplexie*, peut-être des suites de la *torture*.

Pierre le Grand mourut des suites de ses excès (1725) à l'âge de 54 ans ; — il avait fait *sacrer* et *couronner* sa femme **Catherine**, qui, après sa mort, fut proclamée **Impératrice** de toutes les Russies.

La **Russie**, sous la *main despotique, mais puissante*, de Pierre, fut poussée vers le progrès *avec violence, mais avec rapidité* ; — ce fut la gloire de **Pierre le Grand** d'imposer le *travail* et la *discipline* à ces races paresseuses et grossières, et de faire un *grand empire* à défaut d'un *grand peuple*.

Les **successeurs de Pierre** suivirent constamment sa **politique** : donner à la Russie la *civilisation européenne* ; maintenir l'État sur le *pied de guerre* ; s'étendre vers la *Baltique* et vers la *mer Noire* ; entretenir la jalousie des *États du Nord* contre la *Suède*, et de l'*Autriche* contre la *Turquie* ; alimenter l'*anarchie en Pologne* ; rallier à la Russie tous les *Grecs schismatiques*, etc. — C'est *cette politique* qu'on a longtemps appelée le **Testament de Pierre le Grand**.

La **Pologne**, qui possède la *Prusse royale*, est depuis longtemps affaiblie par une *constitution anarchique* (royauté élective, *liberum veto*). — Elle a pour roi un *héros*, **Jean Sobieski** (1674-1696), qui repousse les Turcs de la Pologne et remporte sur eux la *victoire de Vienne* (1683) ; mais il signe avec la Russie l'onéreux *traité de Moscou* (1686), et est impuissant contre la *turbulence de la noblesse*. — **Auguste II**, *électeur de Saxe* (1697-1733), défend mal la Pologne contre les trois grands États voisins, *Autriche, Prusse et Russie*, qui la menacent déjà de tous côtés. — *La dernière heure de la Pologne est proche !*

La Turquie est en décadence depuis le *grand* **Soliman**. — Les **sultans**, enfermés au *sérail*, ont perdu leurs qualités militaires ; à **Constantinople**, ce n'est plus qu'intrigues de *sultanes*, émeutes de *janissaires*, *vizirs* étranglés, fêtes et *orgies* qui ruinent le trésor ; — cependant l'**empire ottoman**, qui s'étend depuis le *golfe Persique* jusqu'aux *États barbaresques*, est encore *immense*. — Pendant la grande lutte de Charles XII et de Pierre le Grand, une autre lutte était engagée dans la *vallée du Danube* entre l'**Autriche** et les **Turcs** : **battus**, au *Saint-Gothard* (1664), par *Montécuculli* ; sous les murs de *Vienne* (1683), par *Jean Sobieski* ; à *Mohacz* (1687), par *le duc de Lorraine* ; à *Salankémen* (1691), par *le prince de Bade* ; à *Zentha* (1697), par *le prince Eugène*, les Turcs subissent la **paix de Carlowitz** (1699), qui leur enlève la *Hongrie*, la *Transylvanie* et la *Morée ;* mais ils se dédommagent en reprenant *Azof*, la *Crimée*, le *littoral de la mer Noire* (1711). — Vaincus à *Peterwaradin* (1716) et devant *Belgrade* (1717) par le *prince Eugène*, les **Turcs** perdent encore, par le **traité de Passarowitz** (1718), *Temeswar*, *Belgrade*, une partie de la *Valachie*, de la *Bosnie* et de la *Serbie*, mais recouvrent la *Morée*. — La **Turquie** *recule devant l'Autriche* ; elle cesse d'être redoutable pour l'Europe.

La Russie, agrandie au préjudice de la Pologne, par le *traité de Moscou* (1686), avec *Sobieski* ; au préjudice de la Suède, par les *traités de Stockholm* (1720) et de *Nystadt* (1721) ; et aux dépens de la Perse, par le *traité de Saint-Pétersbourg* (1723) ; — *civilisée* par l'énergie de Pierre le Grand, entre dans la *politique des nations européennes*, et, par la *décadence de la Suède*, devient la **grande puissance du Nord**.

État de l'Europe orientale après les traités de Carlowitz, de Passarowitz et de Nystadt. *(Suite.)*

LOUIS XV. RÉGENCE DU DUC D'ORLÉANS.

SYSTÈME DE LAW. MINISTÈRE DU CARDINAL FLEURY.

GUERRE DE LA SUCCESSION DE POLOGNE.

La couronne de Louis XIV tombait, à travers *deux générations* de princes, sur la tête d'un *enfant*, **Louis XV**, son arrière-petit-fils, fils du duc de Bourgogne, et qui n'avait que cinq ans. — **Minorité du roi** (1715-1723).

Louis XV, *prince insouciant, ennuyé, débauché, égoïste et indifférent alors que son peuple ne demandait qu'à l'aimer* (surnom de *Bien-Aimé* après sa maladie de 1744), ne fit guère qu'*assister* à son règne : — il laissa successivement gouverner le **Régent** avec **Dubois** (1715-1723), le **duc de Bourbon** (1723-1726), **Fleury** (1726-1743), la **Pompadour** (1745-1764), **Choiseul** (1758-1770) et le triumvirat de **Terray, Maupeou** et **D'Aiguillon**, créatures de la **Du Barry** (1770-1774).

Louis XV (1715-1774).

Son caractère.

Régence du duc d'Orléans (1715-1723).

Dubois.

Philippe, duc d'Orléans, fait annuler par le Parlement le *testament de Louis XIV*, et obtient la Régence, avec *plein pouvoir*, en qualité de *premier prince du sang*. — **Le Régent** avait des qualités brillantes : *l'esprit vif, l'élocution facile et animée, de l'instruction, de la générosité, de la bravoure, une grande bienveillance de cœur ;* mais la **paresse**, le scepticisme et la **débauche** rendirent ces rares facultés presque *stériles* pour le bien de l'État ; — **Louis XIV** l'appelait « *un fanfaron de vices* », et la *duchesse d'Orléans*, sa mère, lui reconnaissait toutes les qualités, *excepté celle de s'en servir*.

L'abbé Dubois (1656-1723), fils d'un apothicaire de *Brives-la-Gaillarde*, d'abord valet, puis « *tout à coup bombardé précepteur* » du duc d'Orléans, devint son conseiller pendant la Régence, et garda toute sa vie sur ce prince, malgré le *dégoût* qu'il lui inspirait, un ascendant incroyable. — « *C'était*, dit Saint-Simon, *un petit homme maigre, effilé, à mine de fouine, chez qui tous les vices combattaient à qui en demeurerait le maître. Il mentait jusqu'à nier effrontément étant pris sur le fait. Il s'était accoutumé à un bégayement factice pour se donner le temps de pénétrer les autres... Une fumée de fausseté lui sortait par tous les pores.* » — A tous ces vices, Dubois joignait, d'ailleurs, une *intelligence flexible, pénétrante, étendue, d'une puissance de travail surprenante ; homme d'affaires vif et pressé, jamais embarrassé*, il entra d'abord au Conseil d'État pour les *affaires étrangères*. — C'est de cet emploi qu'il sut s'élever à la dignité de *cardinal* et de **premier ministre**.

Réaction contre le règne précédent.

Réaction de la noblesse, qui a « *hâte de sortir de l'abaissement où la robe et la plume l'avaient réduite* » (SAINT-SIMON). — Les *secrétaires d'État* sont remplacés par **sept Conseils**, de dix membres chacun, choisis dans l'aristocratie, ce qui donnait 70 *ministres* (*Polysynodie*) ; — ces *Conseils* furent supprimés au bout de trois ans (1718), à cause de l'*anarchie* qu'ils mettaient dans les affaires. — Le *duc de Saint-Simon, intelligence supérieure, mais égarée par un orgueil mesquin*, qui fut le *Tacite* de cette époque, était l'inspirateur de ces mesures.

Réaction du Parlement, qui, après un *mutisme* de soixante ans, se voyait appelé à examiner les dernières volontés du feu roi, et « *n'était pas fâché d'insulter au lion mort* » (DUCLOS). — Il reçoit le *droit de remontrances* en échange de son empressement à *casser* le testament de Louis XIV.

Réaction des jansénistes, qui sont rappelés, contre les jésuites. — Le Père *Le Tellier*, dernier confesseur de Louis XIV et confesseur nommé de Louis XV, est remplacé par l'abbé *Fleury*, historien gallican de l'Église. — Les **affaires ecclésiastiques** sont confiées au *cardinal de Noailles*, persécuté par Louis XIV. — Mais le **duc de Saint-Simon** s'oppose au rappel des *huguenots*, qui avaient un instant espéré la fin de la *Captivité de Babylone*.

Réaction contre le feu roi, dont le cercueil est outragé, sur la route de *Saint-Denis*, par des cris et des danses obscènes. — Les **princes légitimés** (duc du Maine et comte de Toulouse) sont déclarés, par arrêt du *Conseil de Régence* (1717), *inhabiles à succéder* à la couronne. — Publication du **Télémaque**, regardé comme une *satire de la royauté absolue* de Louis XIV.

Réaction contre le règne précédent. (Suite.)

Réaction dans les mœurs de la cour, qui, avec le Régent et ses *roués* (*Broglie*, *Brancas*, *Canillac*), passe subitement, de l'*austérité* et de la *dévotion officielles* des dernières années de Louis XIV, aux excès d'une dissolution inouïe (*soupers* du Régent, orgies du *Palais-Royal*) et de la *plus cynique incrédulité*.

Réaction dans la politique extérieure : — Le Régent s'unit à l'**Angleterre** et à la **Hollande** contre le *petit-fils de Louis XIV* en **Espagne**, dont le trône venait de coûter tant de sang et d'argent à la France. — Nos ministres se **vendent** à l'Angleterre.

Embarras de la situation financière en 1715.

La **dette** est évaluée à *deux milliards et demi*; le **déficit** est de 78 *millions*.
— Le duc de **Noailles**, président du *Conseil des finances*, a recours à divers **expédients** : licenciement de 25 000 soldats, suppression d'*offices inutiles*, refonte des *monnaies*, visa de tous les *billets d'État* par les quatre *frères Pâris*, réduction des *rentes de l'Hôtel de Ville*, établissement d'une *Chambre ardente* contre les *traitants*.

Toutes ces mesures sont insuffisantes, et *Saint-Simon* proposait la **banqueroute**, quand parut **Law**, qui opéra une véritable *révolution financière* et *commerciale*, et révéla à la France, au prix d'une catastrophe, la *puissance du* **crédit**.

Le système de Law.

Son principe.

Son apogée.

Principe de Law : — la *richesse d'un pays croît en proportion du numéraire*; — or, le numéraire peut se *multiplier indéfiniment*, en substituant au *numéraire métallique*, forcément restreint, le *numéraire-papier*, susceptible d'une multiplication indéfinie; — la création d'un *numéraire-papier* (*billets de banque*) augmentera donc la *richesse du pays*.

Conséquences : — *développement* du commerce et de l'industrie *pourvus de capitaux* et *délivrés de l'usure*; — établissement du **crédit** (certitude que le *papier* sera remboursé en *métal*, à *présentation*); — l'*État*, *sauvé des traitants*, usuriers qui le soutenaient, comme *la corde soutient le pendu*.

Le **Régent** permet à Law d'établir (1716) une **banque privée** (au *capital* de 6 millions, représentés par 1 200 *actions* de 5 000 livres chacune), qui escompte à 6, et bientôt à 4 p. 100 les *effets de commerce*, escomptés par les *usuriers* à 30 p. 100, et qui émet des **billets** payables à vue en *espèces d'or et d'argent*.—Le succès fut immense : ces billets, favorisant la *circulation de l'argent*, multiplièrent singulièrement les *transactions*; on vit *renaître*, comme par enchantement, le commerce et l'industrie. — La banque de Law est érigée en **Banque Royale**, le 4 décembre 1718. — Jusque-là, la *victoire est complète* et gagnée au profit de tout le monde; — mais alors commencent les *aventures*.

Law ajoute à sa banque une **Compagnie des Indes** ou du **Mississipi** (le *Meschacébé* de Chateaubriand), qui, en échange de nombreux *privilèges* et *monopoles*, paye les *créanciers de l'État*, et dont les actions sont l'objet d'un *agiotage inouï*. — On s'étouffait dans la petite rue *Quincampoix*, où la Compagnie avait établi ses bureaux; — heureux qui pouvait se procurer le précieux papier, à *sa source*, au *taux* d'émission, *avant la hausse*; des gains fabuleux se faisaient en un instant : — Une *action* achetée 500 *livres* au mois d'août 1719, en valait 10 000 en octobre, 15 000 en novembre et 20 000 en décembre! — Le duc de **Bourbon** gagna ainsi 60 *millions* (Chantilly).

Law, idolâtré du public, est nommé *contrôleur général des finances* (1720); — mais il cède au *vertige universel* et émet pour plus de 3 *milliards de papier*, alors que le numéraire en France ne dépassait pas 700 *millions ;* — cette *disproportion* et les *déceptions du Mississipi* causent la ruine du **système;** et la mobilité de l'esprit français, qui en avait *exagéré* le succès, en *précipita* la catastrophe. — Chacun voulut **réaliser** en *espèces métalliques* son *papier-monnaie ;* la banque ne put suffire à tous ces *remboursements*, et ses actions *baissèrent* rapidement.

Chute du système de Law.

Law, qui a eu le tort de réunir la *Compagnie* à la *Banque*, la chimère à l'institution utile, essaye en vain d'arrêter le mouvement en menaçant les *réaliseurs ;* — tous les *édits* furent inutiles : *la confiance ne se décrète pas;* la banque dut fermer! — Le **Parlement**, qui voulut faire des *remontrances*, est exilé à *Pontoise*.

Law avait cru à tort que *l'argent cause la richesse, tandis qu'il n'en est que le signe ;* — devenu l'objet de *l'exécration publique*, il s'enfuit à *Londres* avec quelques louis (1720), et alla mourir *pauvre à Venise* (1729). — Les frères **Paris**, ennemis de Law, chargés de la *liquidation*, procédèrent à un *nouveau visa des billets de l'État*, dont un tiers fut annulé, et le reste converti en rentes.

Résultats du système de Law.

Résultats malheureux : — Cent mille familles complètement *ruinées ;* les *conditions bouleversées ;* des riches *étonnés* et *indignes* de l'être ; les *mœurs publiques* profondément *altérées :* tel fut le **bilan** de cette *orgie financière* ; — le **gouvernement du roi**, qui, dans toute cette affaire, avait été *banquier* et banquier *malheureux* et *malhonnête*, y perdit beaucoup en *prestige*. — La **noblesse** se déconsidéra par de *honteuses spéculations*. — La **France** ne fut pas seule à subir cette crise : nos voisins d'**Angleterre** et de **Hollande**, saisis du même vertige, en furent pareillement les victimes.

Résultats avantageux : — l'**aventure de Law**, qui, à vrai dire, ne ruina pas la France, mais déplaça seulement les fortunes, *mobilisa la richesse*, révéla à la France la puissance du **crédit** par le *papier*, et donna à la *marine*, à l'*industrie*, à l'*agriculture* et au *commerce* une impulsion que la catastrophe n'arrêta pas ; — fondation de la *Nouvelle-Orléans*, dans la Louisiane; développement de la **Compagnie des Indes**, qui crée *Lorient;* prospérité des *ports de l'Ouest* (Bordeaux, Nantes); la culture du **café** introduite dans l'*île Bourbon;* — suppression d'*offices inutiles* et de l'*arriéré* dû sur la taille ; — *instruction publique* rendue gratuite dans l'*Université de Paris*.

Albéroni.

Albéroni, *Italien souple et rusé, parvenu de mauvaises mœurs*, cardinal et *premier ministre* en **Espagne**, dont il a ranimé l'agriculture et le commerce, rétabli la marine et l'armée, est *tout-puissant* sur l'esprit du *faible et rancunier* **Philippe V** et de sa seconde femme, *Élisabeth Farnèse*.

Ses projets.

Il veut, avec l'alliance de *Charles XII*, roi de Suède, des *Turcs* et de *Victor-Amédée de Savoie*, roi de Sicile : — 1° renverser le duc d'Orléans, en **France**, et donner la *régence* à Philippe V; — 2° reprendre à l'**Empereur** les anciennes *possessions espagnoles d'Italie;* — 3° enlever *Gibraltar* et *Minorque* aux **Anglais** et rétablir les *Stuarts* sur le trône d'Angleterre.

Mais **Dubois** conclut, à *La Haye* (1717), entre la *France*, l'*Angleterre* et la *Hollande*, pour le maintien du *traité d'Utrecht*, menacé par Albéroni, le **traité de la Triple Alliance**, qui devient, l'année suivante, le traité de la **Quadruple Alliance**, par l'adhésion de l'*empereur Charles VI*.

Albéroni **échoue dans tous ses projets** : — 1° les **Turcs** signent avec l'Empereur la *paix de Passarowitz* (1718) ; — 2° la flotte de *Jacques III* est dispersée par une tempête, et **Charles XII** est tué devant *Frédérickshall* (1718) ; — 3° la *conspiration* de l'ambassadeur espagnol **Cellamare** et de la *duchesse du Maine* est découverte, à Paris, par **Dubois** (décembre 1718), et le Régent fait emprisonner la *duchesse* et décapiter *quatre seigneurs bretons* ; — 4° la **flotte espagnole**, qui s'était emparée de la *Sardaigne* et de la *Sicile*, est complètement détruite par l'amiral anglais **Byng**, en vue de *Syracuse* (1718), et le **maréchal de Berwick**, entré en Espagne, s'empare de *Fontarabie*, de *Saint-Sébastien* et d'*Urgel* (1719). — **Albéroni** s'était cru le *génie de Richelieu*, et n'avait été qu'un *brouillon*.

Philippe V renvoie son ministre et adhère à la *Quadruple Alliance* (1720) ; — le **duc de Savoie** reçoit la *Sardaigne*, en échange de *la Sicile*, qui reste à l'**Empereur** ; — **Louis XV** est fiancé à l'infante d'Espagne *Marie-Victoire*, âgée de cinq ans, qui est envoyée à Paris, pour y être élevée à *la française* ; — l'*expectative des duchés de Parme, de Plaisance et de Toscane* est accordée à **don Carlos**, fils aîné de Philippe V et d'*Élisabeth Farnèse*. — L'Espagne retomba ensuite dans son apathie, « *le cadavre se recoucha dans sa tombe* ».

Dubois, chargé, en 1718, du portefeuille des *affaires étrangères*, se fait nommer, en 1720, *archevêque de Cambrai* : — **Massillon** et **Tressan**, évêque de Nantes, garantissent *la pureté de mœurs et la science ecclésiastique de l'abbé Dubois*, qui est sacré par le *cardinal de Rohan* ; — bientôt après, à force d'*intrigues* et d'*argent* (8 millions) ; à force de *services* rendus au Saint-Siège (décrets contre les *jansénistes*, deuxième enregistrement au Parlement de la *Bulle Unigenitus*) ; en aidant enfin **Innocent XIII** à monter sur le trône pontifical, **Dubois** amène ce pontife, qui en mourut, dit-on, de *chagrin*, à couvrir son front déshonoré du chapeau de **cardinal** ! (1721).

Dubois, héritier de *Fénelon*, le fut encore de *Bossuet* : l'assemblée du clergé l'élut pour *président* (1723) ; l'*Académie française* l'avait déjà reçu dans son sein (1722). — Nommé **ministre principal** (1722) dans les mêmes termes que l'avait été Richelieu, il garda le pouvoir jusqu'à sa mort (août 1723), et son administration, quoique pleine d'*intrigues* et d'*espionnages*, ne manqua ni de *vigueur* ni d'*activité*.

Louis XV, sacré à *Reims*, le 20 octobre 1722, et entré dans sa quatorzième année, fut proclamé **majeur**, le 15 février 1723. — **Le Régent** déposa ses pouvoirs, puis les reprit à la mort de « *son drôle* » ; mais il ne tarda pas à le suivre au tombeau (décembre 1723), après *l'avoir fait regretter*.

Peste de Marseille (1720) : 45 000 victimes ; dévouement admirable de l'évêque *Belzunce*, du chevalier *Rose*, et des échevins *Moustier* et *Estelle*.

Marginal notes (left column):

Triple et Quadruple Alliance contre l'Espagne (1717-1718).

Chute d'Albéroni, (1720).

Fin de la Régence.

Ministère de Dubois, puis du duc d'Orléans (1722-1723).

Fleury, évêque de Fréjus, tout-puissant sur l'esprit du jeune roi, son élève, mais *d'ambition patiente*, laisse passer au pouvoir le **duc de Bourbon**, arrière-petit-fils du grand Condé. — Ce prince, *cupide et débauché*, *esprit étroit*, *connu seulement par ses profits énormes dans l'affaire de Law*, eut son Dubois dans une intrigante, la **marquise de Prie**, pensionnée par l'Angleterre, et à qui il abandonna la direction du gouvernement.

1° **A l'intérieur, mesures impopulaires** : — impôt du *cinquantième du revenu*; rétablissement du droit *de joyeux avènement* et de la *ceinture de la reine*; édits rigoureux contre les *protestants* et les *jansénistes*. — La **Bourse** est établie rue *Vivienne*, en 1724.

2° **A l'extérieur, influence de la politique anglaise** (*Mme de Prie*) : — *l'infante d'Espagne* est renvoyée à son père, *sans un mot d'excuse*, et **Louis XV épouse Marie Leczinska**, fille de *Stanislas Leczinski*, roi détrôné de Pologne. — **Rupture avec l'Espagne**, qui s'allie avec l'empereur *Charles VI*, par le premier *traité de Vienne* (1725); — contre-alliance de l'*Angleterre*, de la *France*, de la *Prusse*, de la *Hollande* et de la *Suède*, par la **ligue de Hanovre** (1725). — **Bourbon**, qui avait fait lever 60 000 hommes des *milices paroissiales* en prévision d'une guerre devenue imminente, est *renversé* par **Fleury**, qu'il avait voulu *évincer* de la cour (1726).

FLEURY avait soixante-treize ans lorsqu'il devint *premier ministre* de Louis XV : — *précepteur du roi et aumônier de la reine, « il était reçu chez les ministres*, dit Saint-Simon, *où, à la vérité, il était, comme ailleurs, sans conséquence, et suppléait souvent aux sonnettes avant qu'on en eût l'invention »*.

Ami de la paix par son caractère et par son âge, simple et affable, et cependant plus despote au fond que Louis XIV lui-même, honnête et adroit, laborieux et désintéressé, Fleury « *laissa tranquillement la France réparer ses pertes et s'enrichir par un commerce immense, sans faire aucune innovation, traitant la France comme un corps puissant et robuste qui se rétablit de lui-même* » (V**OLTAIRE**). — Il se proposa constamment pour but, à l'intérieur, **l'économie**; à l'extérieur, la **paix**.

Fleury confie les finances à l'habile *Orry*, contrôleur général; supprime *l'impôt du cinquantième*, diminue les *tailles*, met fin aux *variations des monnaies* et ranime le crédit public par sa *probité scrupuleuse* envers les créanciers de l'État; — mais, *économe jusqu'à la parcimonie*, et *pacifique jusqu'à la pusillanimité*, **Fleury**, *pour ménager l'alliance anglaise*, laisse dépérir notre **marine militaire**, si utile au *commerce*, et cette faute *causera la perte de nos colonies*.

Fleury, **nommé cardinal**, ordonne contre les jansénistes un troisième enregistrement de la *Bulle Unigenitus* (1730) : vive opposition du *Parlement*, qui est exilé, puis rappelé; — les successeurs d'*Arnauld* et de *Pascal* deviennent les **convulsionnaires de Saint-Médard**; le jansénisme *s'avilit* par de prétendus *miracles* opérés sur la tombe du **diacre Pâris**, auxquels on mit fin par mesure de police (1732) : « *De par le roi, défense à Dieu, De faire miracle en ce lieu !* »

Ministère du duc de Bourbon (1723-1726).

Ministère du cardinal de Fleury (1726-1743).

Son caractère.

Sa politique intérieure.

29.

Sa politique extérieure.

Fleury fuyait la guerre ; elle vint le chercher ; ne pouvant l'éviter, il la *fit à demi*, et la *fit mal*. — Déjà, d'accord avec **Robert Walpole**, ministre d'Angleterre, *aussi pacifique que lui*, il avait su, par le *traité de Séville* (1729), conjurer une guerre générale en détachant l'*Espagne de l'Empereur* ; — la mort du *roi de Pologne* lui mit forcément les armes à la main.

GUERRE DE LA SUCCESSION DE POLOGNE (1733-1735).

Cause et préliminaires.

Cause : — **la nécessité de soutenir Stanislas Leczinski**, *candidat national des Polonais*, *beau-père de Louis XV*, élu par 60 000 voix, contre **Auguste III**, *électeur de Saxe*, fils du défunt, élu par 3 000 voix seulement, mais soutenu par la *Russie* et l'*Autriche*.

Hésitations de Fleury, qui n'envoie que des *secours insignifiants* en Pologne ; — **Auguste III**, couronné à *Cracovie*, force **Stanislas** à se réfugier dans *Dantzig*, qui dut bientôt capituler, malgré le dévouement du *comte de Plélo*. — **Stanislas** se réfugie en France.

Fleury, cédant alors à l'opinion publique, *s'allie*, par le *traité de l'Escurial* (1733), avec l'**Espagne** et la **Sardaigne** contre l'**Autriche** et la **Russie** ; — s'assure l'*immobilité* de l'**Angleterre** et de la **Hollande** ; — puis envoie deux armées : l'une sur le **Rhin**, commandée par *Berwick*, l'autre **en Italie**, sous les ordres de *Villars*.

Opérations militaires.

1° **Sur le Rhin :** — **Berwick** prend *Kehl* et meurt, atteint d'un boulet, devant *Philippsbourg*, que prennent les maréchaux de *Noailles* et d'*Asfeld* (1734).

2° **En Italie :** — **Villars**, nommé *maréchal-général*, comme Turenne, conquiert, à l'âge de 80 ans, le *Milanais* sur les Impériaux, puis, moins heureux que Berwick, s'en va mourir de *maladie* à *Turin* (1734) ; — son successeur, le **duc de Coigny**, remporte les victoires de *Parme* et de *Plaisance* (1734) ; — **Montemar**, général des *Espagnols*, remporte sur les Autrichiens la victoire décisive de *Bitonto*, qui le rend maître des *Deux-Siciles* (1735). — L'arrivée de 10 000 *Russes* sur le Rhin et la *médiation* de l'Angleterre et de la Hollande déterminent facilement **Fleury** à accorder à l'Autriche la *paix de Vienne*.

Paix de Vienne (1738).

Auguste III de Saxe est reconnu *roi de Pologne* ; **Stanislas Leczinski** reçoit les *duchés de Lorraine et Bar*, reversibles après sa mort (grâce à l'habile diplomate *Chauvelin*) à la couronne de France ; — **François, duc de Lorraine**, époux de *Marie-Thérèse*, fille de Charles VI, obtient le *grand-duché de Toscane*, où venait de s'éteindre la famille des *Médicis* ; — **Don Carlos** garde *Naples* et *la Sicile* ; — le **roi de Sardaigne** s'agrandit de *Novare* et de *Tortone* ;

L'empereur Charles VI rentre en possession du *Milanais*, de *Mantoue*, *Parme* et *Plaisance*, et toutes les puissances garantissent sa **Pragmatique Sanction**.

Résultats de la guerre de la Succession de Pologne.

La France s'est glorieusement relevée par l'*abaissement* de l'**Autriche**. — Elle a assis un **Bourbon** sur le trône de *Naples*, imposé à l'**Empereur** le honteux *traité de Belgrade* avec les *Turcs* (1739), et ramené la *Corse* à l'obéissance de *Gênes* ; — elle ne peut toutefois empêcher la guerre entre l'**Angleterre** et l'**Espagne** (1739), à l'occasion du *vaisseau de permission*.

L'époque du traité de Vienne fut la *belle époque* du ministère de Fleury et le *seul moment glorieux* de tout le règne de Louis XV.

PROGRÈS DE L'ÉTAT PRUSSIEN. FRÉDÉRIC II.

GUERRE DE LA SUCCESSION D'AUTRICHE; MARIE-THÉRÈSE.

**Création
et progrès
de l'État prussien.**

Frédéric de Hohenzollern, burgrave de *Nuremberg*, achète, en 1417, de l'empereur *Sigismond*, le **margraviat de Brandebourg** et le titre d'électeur. — **Albert de Brandebourg,** *cadet* de cette famille et *grand maître de l'Ordre Teutonique*, sécularise les domaines de l'Ordre, qui deviennent le **duché de Prusse** (1525). — **Jean Sigismond** (1608-1619), *margrave électeur de Brandebourg*, hérite, en 1618, du *duché de Prusse*, comme gendre du dernier duc, *Albert II*. — Son fils, **Georges-Guillaume** (1619-1640), ajoute à ses États le *duché de Clèves* et les *comtés de March* et de *Ravensberg*, sur le *Rhin*. — Ainsi, *trois tronçons isolés* constituaient le domaine de l'électeur de Brandebourg; *la politique de cette maison fut de les réunir.*

Frédéric-Guillaume (1640-1688), *le grand électeur*, reçoit, au traité de Westphalie, *Magdebourg, Halberstadt, Minden* et *Camin*; s'affranchit de la *suzeraineté polonaise* et obtient *Elbing*; — il soutient les *Hollandais* contre Louis XIV (1672), bat les *Suédois* à *Fehrbellin* (1675) et donne asile dans ses États aux *réformés* bannis de France par la révocation de l'édit de Nantes.

Frédéric III (1688-1713), *margrave de Brandebourg et duc de Prusse*, achète à l'empereur *Léopold Ier* le titre de roi, se couronne lui-même à *Kœnigsberg* (1701), et devient **roi de Prusse** sous le nom de **Frédéric Ier**; — ce titre, accordé pour une *province pauvre et lointaine*, n'avait semblé d'aucune conséquence aux ministres autrichiens; le **prince Eugène,** plus clairvoyant, s'écria : « *L'Empereur devrait faire pendre les ministres qui lui ont donné un conseil aussi perfide.* » — Prince grand, libéral et magnifique, il établit l'*Ordre de l'Aigle noir de Prusse,* fonde l'*Université,* l'*Académie de Peinture* de Berlin et la *Société royale des Sciences et Belles-Lettres,* que présida **Leibnitz.** — Acquisition de la *principauté de Neufchâtel,* en Suisse (1707), et de la *Gueldre supérieure* (1713).

Frédéric-Guillaume Ier (1713-1740), le *roi-sergent,* acquiert *Stettin,* la *Poméranie citérieure,* et s'ouvre la *mer Baltique.* — *Prince maniaque, avare et superstitieux, inconcevable mélange de brutalité cynique, extravagante, féroce, et de qualités organisatrices,* ce roi, que Georges Ier d'Angleterre appelait « *mon frère le Caporal* », passe sa vie à gronder et à battre, mène l'État comme un *régiment,* et semble avoir confondu la *civilisation* avec la *discipline militaire.* — Sa passion est d'avoir des *grenadiers de six pieds,* qu'il achète parfois 2 000 *écus* pièce, pour son corps des *géants de Potsdam,* et il n'a d'autre plaisir que de boire de la *bière* en fumant, le soir, dans une *tabagie* avec ses généraux et ses ministres. — Il laisse en mourant, à son fils Frédéric, une **magnifique armée** de 80 000 hommes, qu'il s'est borné à faire *manœuvrer* et à *discipliner* à coups de canne, et un **trésor** de 26 *millions.*

Frédéric II le Grand (1740-1786), *prince bel esprit, ami passionné des idées françaises, railleur et sceptique comme un disciple de Voltaire*, mais doué *d'une intelligence vive, d'une rare fermeté de caractère et d'une puissance de volonté remarquable*, aimait à *jouer de la flûte*, à faire des *vers* et faisait ses délices de notre *littérature*, introduite à Berlin par les *réfugiés protestants français*.

Le roi-sergent s'indignait de ce qu'il appelait la dépravation du prince royal : « *Ce n'est*, s'écriait-il avec colère, *qu'un petit-maître, un bel esprit français, qui gâtera toute ma besogne et dépensera tout mon trésor en babioles.* » — Aussi n'y eut-il pas de jeunesse plus malheureuse que celle de **Frédéric**, qui, ayant un jour cherché à s'enfuir en France, faillit être *fusillé comme déserteur*. — A 21 ans, cependant, **Frédéric** s'occupa d'affaires politiques et militaires, et le roi de Prusse, devinant le *génie de son fils*, lui rendit sa confiance et mourut *sans crainte pour l'avenir du royaume*.

Frédéric, roi à 28 ans, proclame pour tous à son avènement la *liberté de conscience*, abolit la *torture* et fonde pour les soldats l'*Ordre du Mérite* ; — il appelle des *acteurs de Paris* pour son théâtre, des *chanteurs d'Italie* pour sa chapelle, et fait les honneurs de sa cour à **Voltaire** ; — puis, « *ayant une armée toute prête à agir, des fonds tout trouvés, et peut-être l'envie de se faire un nom* », il se jette avec ardeur dans la guerre, sans autre morale politique que l'*intérêt de son royaume*.

Cause : — **Charles VI**, le *dernier des Habsbourg*, après avoir passé le reste de sa vie à faire signer, dans toutes les cours, une *Pragmatique Sanction* qui assurait le trône à sa fille **Marie-Thérèse**, meurt en 1740, laissant une ample collection de parchemins ; — « *Mieux eût valu*, dit Frédéric II, *une armée de 200 000 hommes.* »

Cinq compétiteurs à son héritage : — **Charles-Albert**, *électeur de Bavière*, et **Auguste III**, *électeur de Saxe*, gendres de l'empereur Joseph Ier, frère aîné de Charles VI, revendiquent *toute la succession autrichienne* ; — **Philippe V** d'Espagne réclame la *Hongrie* et la *Bohême* ; le roi de Sardaigne, le *Milanais* ; **Frédéric II** de Prusse, la *Silésie*.

Frédéric II envahit tout à coup la *Silésie*, sans déclaration de guerre, et s'en empare sans coup férir ; — puis il offre à **Marie-Thérèse** son alliance, à condition de ratifier sa conquête. — La jeune princesse répond fièrement qu'elle « *défend ses sujets et ne les vend pas* », et envoie 30 000 hommes en Silésie, — mais l'infanterie prussienne, qui a substitué, pour son fusil, la *baguette de fer* à la baguette de bois, assure, par la *rapidité de ses feux* (5 coups par *minute*) et la *précision de ses manœuvres*, la victoire à **Molwitz** (1741). — Ce triomphe décide les politiques européens.

Fleury cède à l'entraînement du *parti de la guerre* (les *Belle-Isle*) ; — mais, fidèle à la politique traditionnelle de la France, il prend parti pour l'électeur de Bavière, *Charles-Albert*, contre la **Maison d'Autriche**. — Le traité de **Nymphenbourg** (1741) réunit la *France*, la *Prusse*, la *Bavière*, la *Saxe*, l'*Espagne* et la *Sardaigne* contre **Marie-Thérèse**.

Margin notes:

Frédéric II le Grand.

Guerre de la Succession d'Autriche (1741-1748).

———

Cause.

Compétiteurs.

Préliminaires.

Bataille de Molwitz.

Traité de Nymphenbourg.

1ʳᵉ Période
(1741-1744).

———

La France, la Prusse,
la Bavière, la Saxe,
l'Espagne
et la Sardaigne
contre Marie-Thérèse.

———

Défection
de la Prusse ;
alliance de l'Angleterre
et de l'Autriche.

———

Désastres et retraite
de
l'armée française.

Le maréchal de Belle-Isle rejoint l'électeur de Bavière en Allemagne, avec 40 000 hommes, et s'empare de *Lintz* ; — mais, au lieu de marcher sur *Vienne*, abandonnée par **Marie-Thérèse**, *Charles-Albert* va se faire couronner roi de Bohême à *Prague*, emportée grâce à l'intrépidité de *Chevert*, puis court à *Francfort* recevoir la couronne impériale sous le nom de **Charles VII** (1742).

Marie-Thérèse, cette belle jeune reine de 24 ans, avait associé au gouvernement de ses États son mari, *François de Lorraine*, pour qui elle briguait la dignité impériale, mais, en réalité, *elle régnait seule.* — Sa cause semblait désespérée, et elle ne savait pas elle-même *s'il lui resterait une ville pour faire ses couches* ; elle se releva à force d'héroïsme. — Forcée d'abandonner *Vienne*, elle n'hésite pas à se réfugier chez les **Hongrois**, *peuple belliqueux et chevalier, éternellement en révolte contre la Maison d'Autriche.* — Les larmes et la beauté de la *jeune et intrépide souveraine*, portant son fils aîné dans ses bras, arrachent aux *magnats* de la Diète le cri célèbre : « *Moriamur pro rege nostro Maria-Theresia !* » Ce fut le cri de toute la Hongrie. — La **noblesse**, oubliant ses vieilles rancunes, *monte à cheval*, et les fils de ceux qui avaient été décapités sous *Léopold Iᵉʳ* se font tuer pour *Marie-Thérèse.* — Le mouvement se communique aux *Pandours, Croates* et *Talpaches*, dont les hordes farouches inondent la Bavière et ramènent sur l'Allemagne *toutes les horreurs* de la guerre de Trente ans. — L'armée de Marie-Thérèse, commandée par *Kevenhuller*, reprend *Lintz*, *Prague*, et s'empare de *Munich*, capitale de l'électeur de Bavière.

Première défection de Frédéric II, qui, vainqueur à *Czaslau* (1742), signe avec *Marie-Thérèse*, sans s'inquiéter de ses alliés, le traité de *Breslau*, qui lui donne la Silésie. — **En Angleterre**, le *pacifique* **Robert Walpole** tombe sous l'éloquence passionnée de **William Pitt**, énergique interprète du sentiment national, et est remplacé par **Lord Carteret**, *l'ennemi de la France*, qui prend ouvertement le parti de Marie-Thérèse et entraîne à sa suite la *Sardaigne* et la *Saxe* (1742).

Maillebois s'empare d'*Égra*, ce qui permet à l'armée française, isolée en Bohême, d'opérer, à travers la neige et l'ennemi, sous le **maréchal de Belle-Isle**, cette glorieuse mais désastreuse retraite dont mourut *Vauvenargues* ; — **Chevert**, laissé à *Prague*, n'en voulut sortir qu'avec les honneurs de la guerre et rejoignit *Belle-Isle* en Bavière (1743). — **Fleury** mourut à 90 ans, quelques jours après ces désastres (1743), après s'être fait la risée de toute l'Europe par la *naïveté de ses notes diplomatiques.*

Louis XV, alors âgé de 35 ans, et dominé par la fière *duchesse de Châteauroux*, qui lui proposait l'exemple de Frédéric II, annonça la résolution de *gouverner par lui-même* et de paraître à la tête de ses armées. — Le **maréchal de Noailles** cerne à *Dettingen* (1743), en Bavière, 50 000 Anglo-Allemands, qui n'ont plus qu'à périr ou à mettre bas les armes ; mais la folle impétuosité du *duc de Grammont* anéantit tout le succès de cette habile manœuvre. — **L'armée française** dut évacuer la Bavière et rétrograder jusqu'en Alsace, poursuivie par le prince *Charles de Lorraine* et le maréchal *Braun*.

Louis XV, qui vient de s'emparer, en Flandre, de *Courtrai*, *Menin*, *Ypres* et *Furnes* (1744), marche au-devant de *Charles de Lorraine*; — mais il tombe dangereusement **malade à Metz** : ce fut une *douleur nationale*, et, lorsqu'on apprit son rétablissement, les églises retentirent d'actions de grâces pour remercier Dieu d'avoir conservé le **Bien-Aimé**, qui s'étonna *tout le premier* de ces transports d'amour (1744) : « *Qu'ai-je donc fait*, disait-il, *pour être aimé ainsi ?* »

Frédéric, effrayé des progrès de l'Autriche et de son alliance avec la Russie, *sauve la France*, en se jetant sur la Bohême et en s'emparant de *Prague* (1744). — Cette diversion force *Charles de Lorraine* à repasser le Rhin. — **Noailles** prend *Fribourg* et rétablit Charles VII à *Munich*, où il meurt bientôt (1745); — son fils *Maximilien-Joseph* signe avec **Marie-Thérèse** la paix de *Fuessen* (1745).

Maurice de Saxe, au lieu de soutenir Frédéric, va attendre l'armée anglo-hanovrienne, que commande le *duc de Cumberland*, à **Fontenoy** (1745) : — le choc fut terrible ; une énorme *colonne anglaise*, qu'il fallut détruire à coups de canon, faillit un moment rester maîtresse du champ de bataille, célèbre par l'*assaut de courtoisie* entre les officiers anglais et français : « *Messieurs les gardes françaises, tirez! — Messieurs, nous ne tirons jamais les premiers ; tirez vous-mêmes!* » — La victoire de Fontenoy nous donne presque toute la *Belgique*.

Frédéric acquitte un mois après, par les victoires de *Hohenfriedberg* et de *Kesseldorf* (1745), « *la lettre de change tirée sur lui à Fontenoy* »;—mais, mécontent de notre inaction, il signe avec **Marie-Thérèse** le traité définitif de *Dresde*, qui lui garantit la cession de la *Silésie*. — *François de Lorraine* est enfin élu empereur et couronné à Francfort sous le nom de **François Ier**.

La France a lancé contre l'Angleterre le prétendant **Charles-Édouard**, qui, après deux victoires à *Preston* et à *Falkirk*, est définitivement vaincu à *Culloden* (1746) ; — elle a envoyé en Italie une armée française, qui, de concert avec les Espagnols, a remporté les victoires de *Coni* (1744) et de *Bassignano* (1745) et s'est emparée de *Nice* et du *Milanais*; — mais **Marie-Thérèse**, libre au nord, tourne ses armes vers le midi et détruit à *Plaisance* (1746) l'armée franco-espagnole, commandée par *Maillebois*.

Philippe V meurt sur ces entrefaites, et le nouveau roi d'Espagne, **Ferdinand VI**, rappelle ses troupes d'Italie. — La *Provence* est envahie par les Autrichiens, mais la révolte de *Gênes* les force bientôt à repasser les Alpes. — Les Français essayent vainement de rentrer en Italie : ils sont défaits au *col d'Exiles*.

Louis XV, troublé dans ses plaisirs par une *guerre ruineuse*, qu'il poursuit, *seul et sans but*, contre la moitié de l'Europe, offre vainement la paix, « *ne voulant pas*, disait-il, *traiter en marchand, mais en roi* »; l'**Angleterre** fait échouer toutes les propositions; — mais le **maréchal de Saxe** bat *Charles de Lorraine* à *Raucoux* (1746); puis, pénétrant en Hollande, malgré les secours envoyés par la tzarine **Élisabeth**, bat les alliés à *Lawfeld* (1747), et s'empare de l'imprenable *Berg-op-Zoom*, le chef-d'œuvre de *Cohorn*.

2ᵉ Période
(1744-1748).

Intervention
de
Frédéric.

Bataille de Fontenoy.

Tout le poids
de la guerre
retombe sur la France.

Succès des armées
françaises.

Ces brillants succès ne pouvaient compenser les pertes de notre **marine militaire**, qui, après les désastreux combats du *Finistère* et de *Belle-Isle* (1747), ne possède plus que deux vaisseaux, *le Tonnant* et *l'Intrépide*. — Brest et Toulon ont été bloqués par les Anglais, qui faillirent s'emparer de *Lorient*.

Aux Indes Orientales, — la mésintelligence de *deux hommes de génie* prépare la ruine de l'influence française. — **La Bourdonnais**, gouverneur de *Bourbon* et de l'*île de France* (Maurice), où il avait tout créé, force les Anglais à capituler dans *Madras* (1746) et les rançonne à dix millions.

Dupleix, *gouverneur général des Indes*, casse la capitulation, incendie Madras et envoie La Bourdonnais en France, où *la Bastille* fut la récompense de ses services. — Les **Anglais** assiègent dans *Pondichéry* **Dupleix**, qui, après une belle défense, les force à la retraite (1748) ; — ce fut au milieu d'une *cour de princes indiens*, qui le félicitaient de ses succès, qu'il reçut avec une vive douleur l'ordre de rendre **Madras** : la paix venait d'être signée à *Aix-la-Chapelle*.

Cause : — la prise de **Maëstricht** par *Maurice de Saxe*, qui décide enfin les Hollandais, et, à leur exemple, l'*Angleterre*, *Marie-Thérèse* et le *roi de Sardaigne* à signer la paix d'**Aix-la-Chapelle** (1748).

1° **Marie-Thérèse** fait garantir de nouveau la *Pragmatique Sanction* de Charles VI, et **François I**er, son époux, est reconnu *empereur* ; — mais elle cède à **don Philippe** les duchés de *Parme*, *Plaisance* et *Guastalla*, et au **roi de Sardaigne** une partie du *Milanais* ; — elle confirme la cession de la *Silésie* à Frédéric II, et celle des *Deux-Siciles* à **don Carlos**.

2° **Louis XV**, qui aurait pu garder les *Pays-Bas*, puisqu'il les tenait, rend, par un *désintéressement absurde*, sans indemnité, **toutes ses conquêtes**, et recouvre le *Cap-Breton*. — Il s'engage à ne pas rétablir les fortifications de *Dunkerque*, à chasser de son royaume le prétendant *Charles-Édouard* (arrêté à l'*Opéra*) et à garantir la succession d'Angleterre dans la *ligne protestante* de Hanovre.

3° **L'Angleterre** recouvre *Madras* et obtient, pour 4 ans, le droit d'importer des nègres (*asiento*) et son *vaisseau de permission* dans les colonies espagnoles.

La France s'est laissé imposer une *paix humiliante* et vivement *blâmée* par l'opinion publique ; — elle a sacrifié 500 000 hommes, perdu 33 *vaisseaux de ligne* et 74 *frégates*, ajouté 1 200 millions à sa dette au profit d'un État qui grandissait pour son malheur : « *elle a travaillé pour le roi de Prusse !* » — Elle a, il est vrai, obtenu les *duchés de Parme et de Plaisance* pour un *Bourbon* : chétive récompense de tant d'efforts !

L'Autriche, abaissée, paye les *frais de la guerre* par la cession des *duchés italiens* et de la *Silésie*.

L'Angleterre a affirmé sa *suprématie maritime*, en mettant en mer 263 *vaisseaux de guerre* et en détruisant toutes les marines rivales.

La Prusse, victorieuse pour la première fois de la *vieille Maison impériale d'Autriche*, s'est placée, par sa *supériorité militaire*, au rang des *grandes puissances européennes* ; — elle a remplacé la **Hollande**, tombée dans une *décadence profonde*.

Guerre maritime et coloniale.

Dupleix et La Bourdonnais.

Paix d'Aix-la-Chapelle (1748).

Résultats de la guerre de la Succession d'Autriche.

Prospérité commerciale de la France (1748-1756).

La Paix d'Aix-la-Chapelle ne fut qu'une *trêve* imposée aux nations de l'Europe par l'épuisement général ; — aucune d'elles ne déposa les armes : *l'Autriche* et *la Prusse* restèrent en présence **en Allemagne**, comme *la France* et *l'Angleterre* **sur l'Océan.**

Les huit années qui suivirent cette paix furent cependant la plus belle époque du *commerce français* au dix-huitième siècle (prospérité de la *Guadeloupe*, de la *Martinique*, de *Saint-Domingue*, de l'*île de France*, de *Nantes*, de *Bordeaux*, de *Lorient*, de *Marseille*). — Malgré **l'inaction de son roi**, la France mettait à profit ce temps de calme inespéré, et, *avec cette vitalité qui lui est propre*, elle réparait chaque jour les plaies de la guerre. — **L'Europe**, d'ailleurs, voulait vivre à *la française*, et nos *modes* ainsi que nos *objets de luxe* étaient recherchés partout.

RIVALITÉ MARITIME ET COLONIALE DE LA FRANCE ET DE L'ANGLETERRE.

GUERRE DE SEPT ANS. PERTE DES COLONIES FRANÇAISES. TRAITÉ DE PARIS.

Rivalité maritime et coloniale de la France et de l'Angleterre.

Dupleix.

L'Angleterre voyait avec une vive jalousie la France, sous les ministres de la marine *Rouillé* et *Machault*, développer son *commerce colonial* et rétablir sa *marine militaire*, qui, en 1756, compte 60 *vaisseaux de ligne* et 40 *frégates*. — Les **colonies françaises**, en pleine prospérité commerciale, *touchent* partout aux **colonies anglaises** et *entravent* leur développement. — Dans l'Amérique du Nord, la France possède la **Louisiane** (vallée du *Mississipi*) et le **Canada**, reliés par une ligne de forts construits sur l'*Ohio*, qui isolent ainsi entre elles les possessions anglaises de l'*Acadie* (Nouvelle-Écosse), de la *Nouvelle-Bretagne* et du *Sud du Saint-Laurent* ; — **dans l'Inde**, *Chandernagor* s'élève à côté de *Calcutta*, et *Pondichéry* à côté de *Madras* ; de là, de *perpétuels conflits*.

Dupleix, gouverneur général des Indes (1741-1754), secondé par les intrigues de sa femme, la *princesse Jeanne*, qui connaissait les différents *dialectes* de l'Inde, et par l'épée de son lieutenant *Bussy-Castelnau*, avait acquis à la France plus de 600 *lieues de côtes* au nord de *Pondichéry* et 30 millions de *tributaires*. — Mais **Dupleix** vit sa fortune arrêtée par **Robert Clive**, un génie égal au sien, qui, mieux soutenu par son pays, donna à l'Angleterre *l'empire des Indes*. — D'ailleurs, la **Compagnie française des Indes** se lassait de ce gouverneur hardi et entreprenant, « *qui voulait conquérir des royaumes à des gens qui ne demandaient que des dividendes* » ; — la **cour de Versailles**, sur les plaintes et les dénonciations de l'Angleterre alarmée du génie de Dupleix, eut *l'incroyable faiblesse de le rappeler!* « *Il y a peu d'exemples, dans l'histoire, d'une nation trahie à ce point par son Gouvernement.* »

Dupleix, qui avait régné 20 ans dans l'Inde, quitta en pleurant cette *conquête magnifique*, qu'il laissait aux Anglais, pour aller mourir, à Paris, dans *l'humiliation* et *l'indigence*. — Son successeur, **Godeheu**, alla signer le *traité de Madras* (1754), qui nous enlevait tout ce que nous avions conquis depuis le traité d'*Aix-la-Chapelle*: — *sacrifice inutile!* nos ministres eurent pour *l'Amérique* la **guerre** qu'ils évitaient lâchement pour les *Indes Orientales*.

30

GUERRE DE SEPT ANS
(1756-1763).

———

Causes.

———

Alliances.

1° **Le ressentiment de Marie-Thérèse,** inconsolable d'avoir cédé la *Silésie* à **Frédéric II** ; la vue d'un Silésien lui fait verser des larmes : aussi prépare-t-elle sa *revanche* avec l'aide de l'habile politique *Kaunitz*. — La **France,** d'ailleurs, ne pardonnait pas à Frédéric II d'avoir conclu deux fois la paix sans elle, et **Louis XV** le détestait comme *philosophe.* — *Kaunitz* rapproche les deux cours par le fameux billet de **Marie-Thérèse,** « à sa cousine et sa bien bonne amie, » la **marquise de Pompadour,** qui avait tout *l'air d'un premier ministre* en France, et fait signer un traité d'alliance à *Versailles* (1756). — La **tzarine Élisabeth,** blessée des *épigrammes* trop méritées de Frédéric, s'unit à la France et à l'Autriche, ainsi que la **Suède** et la **Saxe.**

2° **La précipitation des plénipotentiaires français,** partis à *Aix-la-Chapelle* avec cette instruction sommaire de Mme de Pompadour : « *Souvenez-vous de ne pas revenir sans la paix, le roi le veut;* » — ils ont laissé *sans solution* une **question de limites** entre l'*Acadie* et le *Canada,* qui met aux prises les colons français et anglais dans l'**Amérique du Nord** (assassinat de *Jumonville;* capture de 300 vaisseaux français par l'amiral anglais *Boscawen*), et **détermine la guerre.**

Alliances : — la *France,* l'*Autriche,* la *Russie,* la *Suède,* la *Pologne* et la *Saxe* contre l'*Angleterre,* la *Prusse* et le *Hanovre.*

1°
GUERRE MARITIME.

———

Prise de Port-Mahon.

———

Lally-Tollendal
aux Indes.

———

Montcalm au Canada.

———

30.

1° **en Europe :** — La *Galissonnière* bat à *Minorque* l'amiral anglais *Byng,* et *Richelieu* s'empare de *Port-Mahon* (1756) ; — exaspération des Anglais, qui *fusillent* Byng et rappellent **William Pitt** (lord Chatham). — **Descente des Anglais** à *Rochefort, Saint-Servan, Saint-Malo, Cherbourg* ; ils sont repoussés à *Saint-Cast* (1758). — **Projet de descente en Angleterre;** mais la flotte de Toulon, commandée par *La Clue,* est défaite au combat glorieux de *Lagos,* et celle de Brest, commandée par le *marquis de Conflans,* s'échoue honteusement sur les côtes du Morbihan (*bataille de M. de Conflans*) (1759). « *La flotte, jusqu'alors intacte dans son honneur, tombait au niveau de l'armée de terre!* » (HENRI MARTIN.) — Le duc de Choiseul négocie entre les quatre branches de la maison de Bourbon (France, Espagne, Naples, Parme) le **Pacte de Famille,** qui n'a d'abord pour résultat que de faire perdre aux Espagnols *Cuba* et *Manille.* — Prise de *Belle-Isle* (1761).

2° **en Asie :** — Lord **Clive** fonde la puissance de l'Angleterre par la victoire de *Plassey* (1757) sur le nabab de Bengale, et prend *Chandernagor.* — **Lally Tollendal,** Irlandais d'origine, *officier brave et plein d'honneur, mais despote et violent,* échoue devant *Madras* (1759), et capitule dans *Pondichéry* (1761), après avoir résisté pendant *neuf mois,* avec 700 *hommes* contre 22 000 *Anglais;* — accusé de trahison, il est condamné et exécuté à Paris par arrêt du Parlement (1766); — sa mémoire fut *réhabilitée* en 1778.

3° **en Afrique :** — Perte du *Sénégal* et de l'*île de Gorée* (1758).

4° **en Amérique :** — **Montcalm** et *Vaudreuil,* au **Canada,** s'emparent tout d'abord des forts *Oswégo* et *Saint-Georges* (1756); — mais la défaite de *Québec* (1759), où *Montcalm* et *Wolf,* le général anglais, trouvent une mort héroïque, est suivie de près par la capitulation de *Vaudreuil* à *Montréal* (1760): le Canada est perdu pour la France. — Perte de *la Guadeloupe* et de *la Martinique.*

Frédéric II prévient ses ennemis, s'empare de *Dresde* (1756), court battre les Autrichiens à *Lowositz*, puis revient sur les Saxons, qu'il désarme à *Pirna* et incorpore dans l'armée prussienne. — La *Saxe* conquise, **Frédéric** pénètre en *Bohême*, gagne sur *Charles de Lorraine* la sanglante bataille de *Prague* (1757), et met le siège devant cette capitale; — mais il est défait à *Kollin* par **Daun**, *le plus habile et le plus lent des tacticiens de l'époque;* ses lieutenants sont battus par les Russes à *Jægerndorf* (1757), et les **Anglo-Hanovriens**, ses alliés, battus à *Hastembeck*, sont cernés et réduits à capituler à *Closter-Seven* (1757) par le **duc de Richelieu** (le *père la Maraude*), qui fit construire, à Paris, le *Pavillon de Hanovre* avec le fruit de ses déprédations.

Frédéric était perdu et ne songeait qu'à « *mourir en roi* »; l'incapacité de ses adversaires le dispensa de tenir sa parole. — **Soubise**, le favori de Mme *de Pompadour*, rejoint *l'armée d'exécution* que l'Empire avait levée pour soutenir Marie-Thérèse et marche sur la Saxe à la tête de 50 000 hommes; — Frédéric l'arrête à **Rosbach** avec 20 000 soldats, et, en *une demi-heure*, le taille complètement en pièces (1757); — puis, se retournant vers la *Silésie*, écrase les Autrichiens à la bataille de *Lissa*, qui fut, dit Napoléon Ier, « *un chef-d'œuvre de manœuvres et de résolution, et suffirait, à elle seule, pour immortaliser Frédéric* »; chasse les Russes du *Brandebourg* et empêche leur jonction avec les Autrichiens par la sanglante bataille de *Zorndorf* (1758).

William Pitt désavoue la convention de *Closter-Seven*, et l'armée anglaise, rentrée en ligne, inflige, à *Crevelt* (1758), une honteuse défaite à l'**abbé de Clermont**, « *moitié plumet, moitié rabat, Qui sert son Dieu comme il se bat* ». — *Le public*, de qui tout commençait à relever, punissait de ses *railleries mordantes* l'impéritie des généraux et des ministres qui se succédaient, suivant le caprice de la **favorite**, « *dégringolant l'un après l'autre, comme les personnages de la lanterne magique* » (VOLTAIRE).

Choiseul, ministre des *affaires étrangères* par la grâce de **M**^{me} **de Pompadour**, met, par le second traité de *Versailles*, 100 000 hommes à la disposition de Marie-Thérèse. — **Soubise** répare l'affront de Rosbach par les succès de *Sondershausen* et de *Lutterberg* (1758), qui lui valent le bâton de maréchal; — **De Broglie** défait, l'année suivante, à *Berghen*, le *prince de Brunswick*, qui, quelques mois après, prend sa revanche sur *Contades*, à *Minden* (1759).

Frédéric est battu par les Autrichiens à *Hochkirchen* (1758), par les Russes à *Kunersdorf* (1759), et par le duc de Castries à *Clostercamp* (1760), où se dévoua, avec le sergent *Dubois*, le chevalier *D'Assas* (*A moi, Auvergne, ce sont les ennemis!*); — **Berlin** est pris et pillé. — Les ennemis de Frédéric n'avaient plus qu'à lui donner « *le coup de grâce* »; leur désunion le sauva.

Frédéric répare ses défaites par les victoires de *Liegnitz*, de *Torgau*, sur les Autrichiens (1760), et de *Fillinghausen* (1761) sur *De Broglie*, pendant que *Brunswick* écrase *Soubise* à *Wilhelmstadt* (1762). — Enfin **Frédéric** reprend *Schweidnitz*, tandis que son frère *Henri* est vainqueur à *Freyberg* (1762). — Mais « *ces travaux d'Hercule* » avaient épuisé **Frédéric** et son peuple; l'**Autriche**, heureusement, *proposa la paix*.

.2°
GUERRE
CONTINENTALE.
———
Capitulation
de Closter-Seven.
———
Rosbach.
———
Détresse et énergie
de Frédéric.

•

Causes : — *l'épuisement des puissances belligérantes;* — *les succès de Frédéric II en* 1762; — *la chute de Pitt, en* Angleterre, *à l'avènement de Georges III;* — *la mort d'Élisabeth en* Russie, *et la neutralité de Pierre III,* puis de *Catherine II;* — *le retrait de la Suède de la coalition.*

Le traité de Paris, conclu entre la *France* et l'*Angleterre*, **rend à la France :** — 1° en Amérique, *la Guadeloupe, Marie-Galante, la Désirade, la Martinique, Sainte-Lucie,* le droit de pêche sur les *côtes de Terre-Neuve,* avec *Saint-Pierre et Miquelon;* 2° en Asie, *Pondichéry, Chandernagor, Karikal et Mahé;* 3° en Afrique, l'*île de Gorée* au Sénégal; 4° en Europe, *Belle-Isle.* — Il **donne à l'Angleterre :** le *Canada,* le *Cap-Breton, la Floride, la Grenade, Saint-Vincent, la Dominique, Tabago, le Sénégal et Minorque.* — **Louis XV** abandonne la *Louisiane* à l'Espagne pour la dédommager de la perte de *la Floride,* cédée à l'Angleterre, qui rend *Cuba* et *Manille.*

Le traité d'Hubertsbourg, conclu entre le *roi de Prusse, Marie-Thérèse,* et l'*électeur de Saxe, roi de Pologne,* rend la *Saxe* à l'électeur et adjuge définitivement la *Silésie* et le *comté de Glatz* à Frédéric, qui promet sa *voix électorale* au fils de Marie-Thérèse, *l'archiduc Joseph.*

(Marge gauche : Traités de Paris et d'Hubertsbourg (1763). — Perte des colonies françaises.)

L'Angleterre est reine aux *Indes* et dans l'*Amérique du Nord,* — mais au prix d'une *dette énorme* (100 millions de *livres sterling*).

La Prusse, désormais puissance prépondérante en Europe, a détruit la *suprématie de l'Autriche* en Allemagne; — mais son épuisement est *complet.*

La France a sacrifié 1 350 millions et 200 000 hommes, perdu ses *colonies,* sa *marine,* sa *gloire militaire* et son *influence* en Europe, pour signer un des plus *honteux traités* de son histoire : — elle s'est dépouillée, **en faveur de l'Angleterre,** de presque toutes ses colonies d'Asie et d'Afrique, et lui a abandonné plus de 1 200 *lieues de territoire* en Amérique.

L'Espagne est *anéantie.* — **L'Autriche** est *humiliée, amoindrie* et *ruinée.*

(Marge gauche : Résultats de la guerre de Sept ans.)

GOUVERNEMENT DE LOUIS XV. — LA COUR, LE PARLEMENT, LE CLERGÉ.

LE COMTE D'ARGENSON ET MACHAULT.

CHOISEUL. — LE TRIUMVIRAT ; RÉFORME JUDICIAIRE DU CHANCELIER MAUPEOU.

La royauté, qui a atteint son *apogée* sous Louis XIV, se dégrade et se dérobe à ses *devoirs* sous son successeur, tout en restant *absolue.* — **Louis XV,** qui devait terminer son règne dans l'*impopularité* et le *mépris,* commença par exciter une *tendresse universelle,* qui atteste la vigueur du principe monarchique au commencement du dix-huitième siècle. — Ce siècle, qui devait finir par un **régicide,** a commencé, on peut le dire, par un *acte de foi et d'amour* envers l'ancienne royauté, et si l'attentat reste *sans excuse,* il est juste de reconnaître et de signaler dans la *haine* qui éclate, en 1793, la colère d'un *amour indignement trompé.*

(Marge gauche : La royauté.)

Louis XV, après la mort de Fleury, sembla vouloir *exercer lui-même* le pouvoir, comme Louis XIV, après la mort de Mazarin ; — mais ces *velléités* furent de courte durée : il s'enfonça dans la *débauche* et se cantonna dans l'*apathie*, laissant « *la bonne machine* », marcher toute seule, se contentant de montrer au conseil sa belle et impassible figure, que rien n'anima jamais.

— Hors de là, lorsqu'il n'était ni au *jeu* ni à la *chasse*, il faisait de la *tapisserie*, tournait des *tabatières en bois*, ou bien lisait soit la *correspondance secrète*, qu'il entretenait, par l'intermédiaire du *comte de Broglie*, avec les ambassadeurs, à l'insu de ses ministres, soit les *anecdotes scandaleuses*, que le lieutenant de police lui envoyait régulièrement chaque jour. — C'étaient là ses *passe-temps* ; plus tard il en eut d'autres, et de pires (*Parc aux Cerfs*), et devint cet être *ennuyé, avili*, qui fait honte à la débauche même. — Sentant les colères s'amasser, **Louis XV** disait : « *Ceci durera bien autant que moi ; mon successeur s'en tirera comme il pourra.* » Et **Mme de Pompadour** répétait avec lui : « *Après nous le Déluge !* »

Louis XV eut de son mariage avec **Marie Leczinska** († 1768), *femme d'une piété angélique, qui vécut ignorée et résignée*, un fils et six filles : — **Louis, *Dauphin de France*** († 1765), marié à *Marie-Josèphe* de Saxe ; — *Louise-Élisabeth* († 1759), mariée à *don Philippe*, duc de Parme ; Mesdames *Henriette* († 1752), *Adélaïde* († 1800), *Victoire* († 1799), *Sophie* († 1782) et *Louise* († 1787), prieure du couvent des Carmélites de Saint-Denis.

Le Dauphin, qui mourut à l'âge de 36 ans, et dont les vertus faisaient le plus *touchant contraste* avec la corruption de la cour, eut trois fils et deux filles : — le **duc de Berry** (Louis XVI), marié à *Marie-Antoinette*, le **comte de Provence** (Louis XVIII), le **comte d'Artois** (Charles X), *Adélaïde-Clotilde* († 1802), mariée à *Charles-Emmanuel IV*, roi de Sardaigne, et Madame *Élisabeth* († 1794).

Importance croissante de la cour, qui, avec les 9 000 hommes de la *maison militaire* et les 1 400 *officiers de la maison civile* du roi, les *officiers* de la *maison* de la reine, des princes et des princesses du sang, — avec le service de la *chambre*, des *cuisines*, des *écuries royales*, des *chasses*, des *voyages*, l'entretien des *résidences royales* (*Versailles*, les *Tuileries*, le *Louvre*, *Marly*, les deux *Trianon*, la *Muette*, *Meudon*, *Choisy*, *Saint-Germain*, *Fontainebleau*, *Compiègne*, *Saint-Cloud*, *Rambouillet*, *Chambord*, etc.), absorbe, par an, 45 **millions**.

La cour est le grand marché des *grâces, pensions et dignités*, où la noblesse, si pleine autrefois de *sève généreuse*, n'est plus qu'un peuple de *flatteurs adroits*, *d'intrigants sans scrupules*, de *quémandeurs oisifs et corrompus*.

Opposition du Parlement, *gallican* par tradition nationale, *janséniste* par opposition à la cour et aux jésuites. — Un **édit du roi**, en son conseil, devait tenir lieu de *loi* ; mais, pour être *exécutoire*, cet édit devait être *enregistré* par le Parlement, qui souvent s'y refusait ; — le roi recourait alors à l'enregistrement forcé, par un **lit de justice** (séance où le roi siégeait sur un trône surmonté d'un dais, *en ciel de lit*), et souvent *exilait* les magistrats récalcitrants.

Le règne de Louis XV est le règne des *lits de justice* et des *lettres de cachet*.

Le roi.

———

La famille royale.

———

La cour.

———

Le Parlement.

Lutte entre le Parlement et le clergé.

Les billets de confession.

Christophe de Beaumont, *archevêque de Paris* (1741-1781), prescrit le *refus des derniers sacrements* (qui entraînait le *refus de sépulture*) aux malades qui ne justifieront pas de leur orthodoxie par un **billet de confession** signé d'un prêtre *adhérent à la Bulle* (1752).

Le Parlement intervient avec violence, déclare que la Bulle n'est pas *article de foi*, interdit les *refus des sacrements*, décrète de *prise de corps* les prêtres récalcitrants, et fait saisir le *temporel* de l'archevêque de Paris.

Louis XV, fatigué de toutes ces discussions, qui *troublaient ses voluptés*, exile le Parlement et l'archevêque (1753). — Au milieu de l'effervescence générale, un illuminé, *François Damiens*, blessa légèrement Louis XV d'un *coup de canif* (1757), et fut écartelé. — Cet attentat amena une *conciliation*, qui mit fin pour toujours aux querelles sur *la Bulle Unigenitus.*

L'Institut des jésuites, fondé pour défendre le *principe de l'autorité* contre la *réforme protestante*, avait rendu de grands services à la religion et à la société, mais avait aussi suscité bien des *défiances* et bien des *haines*.

Le Père Lavalette, supérieur des jésuites à *la Martinique*, à la suite de *spéculations malheureuses*, fait une **banqueroute** de 3 millions, entraînant dans son désastre deux négociants de Marseille, qui attaquent la Compagnie comme *solidaire et responsable*; — le **Parlement de Paris** leur donne gain de cause et enjoint aux jésuites de lui soumettre leurs *constitutions*; — comptes rendus passionnés de *Chauvelin*, de *Montclar* et surtout de *La Chalotais.*

Louis XV, indécis, consulte les *évêques de France*, qui proclament d'une seule voix l'utilité des jésuites pour la *prédication* et pour l'*instruction de la jeunesse*, mais proposent quelques réformes, auxquelles le **P. Ricci**, leur *général*, oppose cette fière réponse : « *Sint ut sunt, aut non sint!* »

Choiseul, l'ami des *philosophes*, et **Mme de Pompadour,** à qui le *Père de Sacy* avait refusé l'*absolution*, l'emportent près du roi sur la *reine*, le *Dauphin*, la *Dauphine* et les instances de l'*épiscopat*; — on laisse agir le Parlement, qui prononce la **suppression de l'Ordre** (1762) : c'était la revanche du *jansénisme* contre les *jésuites*. — **Louis XV** ne confirma que deux ans après l'*arrêt du Parlement* (1764). — Le Portugal et les Bourbons d'Espagne, de Naples et de **Parme** chassèrent pareillement les jésuites, à l'instigation de *Choiseul*, comme par application du *Pacte de Famille.*

Suppression de l'Ordre des jésuites.

Le pape Clément XIV (*Ganganelli*) consentit à briser lui-même, quelques années plus tard, cette redoutable épée de l'Église, « *dont la poignée est à Rome et la pointe partout* »; il se coupa *la main droite*, comme il le disait lui-même, en signant le bref qui **abolissait la Compagnie de Jésus** (1773). — L'Ordre comptait alors 20 000 *religieux*, dont 4 000 Français; — rétablis par Pie VII, en 1814, les jésuites reparurent en France sous le nom de *Pères de la foi*. — *Frédéric II* et *Catherine* accueillirent dans leurs États les illustres proscrits.

Le Parlement, vengé des jésuites, voulut prouver ensuite son *orthodoxie* par les procès des protestants *Calas* (1762) et *Sirven* (1763), du sacrilège *de la Barre* (1766), et par des arrêts contre l'*Encyclopédie* (1759) et contre l'*Émile de J. J. Rousseau* (1762).

Le comte d'Argenson, un des fils du célèbre lieutenant de police, *secrétaire d'État de la guerre* de 1742 à 1757, réorganisa promptement l'armée et l'intendance et mit les généraux en état de faire les *belles campagnes* de 1744 et de 1745, que couronna la victoire de *Fontenoy* ; — il fonda l'**École militaire** (1751), où 500 fils de *gentilshommes pauvres* furent élevés aux frais du roi ; — il eut pour successeur le vieux *maréchal de Belle-Isle*, fut grand ami de Voltaire et accepta la *dédicace de l'Encyclopédie*.

Les d'Argenson.

Maurepas.

Le **marquis d'Argenson**, son frère aîné, surnommé, à cause de sa timidité, *d'Argenson-la-Bête*, quoique très intelligent et très ouvert aux idées nouvelles, « *le meilleur citoyen*, dit Voltaire, *qui ait tâté du ministère* », fut *secrétaire d'État aux affaires étrangères* de 1744 à 1747 ; — il eut pour successeurs *Puisieux, Saint-Contest, Rouillé*, puis le **cardinal de Bernis**(1756-1758).

Maurepas, esprit élégant et facile, mais frivole et corrompu, *secrétaire d'État*, dès la Régence, *ministre d'État* en 1738, fut disgrâcié, en 1749, par Mme de *Pompadour* ; il redeviendra *ministre* sous Louis XVI. — **Saint-Florentin** occupa le petit ministère des *affaires des Réformés*, de la *Maison du roi* et des *lettres de cachet*, pendant tout le règne.

Machault, *contrôleur général des finances* (1745-1754), « *était*, dit Saint-Simon, *un homme intègre et capable, exact et dur, magistrat depuis les pieds jusqu'à la tête* » ; les courtisans, qui ne parvenaient pas à faire fléchir sa *probité*, l'appelaient, à cause de la courtoisie de ses manières, « *l'acier poli* ».

Machault.

Machault remplace la *contribution du dixième* par l'**impôt du vingtième** sur les revenus de tous sans exception : résistance de la *noblesse*, et surtout du *clergé*, qui ne veut être astreint qu'à des *dons gratuits* ; — **édit de mainmorte** (1749) interdisant au clergé de recevoir aucun legs, aucune donation, *sans l'autorisation royale*, et lui enjoignant de *déclarer ses revenus*.— Il autorise, le premier, la *libre circulation des grains à l'intérieur* ; mais cet arrêt, qui devait ranimer l'agriculture, contrariait les intérêts des associés du *Pacte de Famine*.

Machault s'était fait trop d'ennemis : il dut quitter, en 1754, les finances pour la *marine*, où il rendit encore d'importants services ; mais Mme de *Pompadour* le fit exiler en 1757. — **Silhouette**, contrôleur général des finances (1757), et, après lui, *Bertin* (1759) et *Laverdy* (1763-1768) ont beau augmenter les impôts ; *le gaspillage de la cour* ne fait qu'accroître le déficit.

Choiseul.

Son caractère.

Le duc de Choiseul, créature de Mme de Pompadour, ancien *ambassadeur à Vienne*, occupa d'abord le *ministère des affaires étrangères* à la place de *Bernis*, en 1758 ; — puis il remplaça, en 1761, le *maréchal de Belle-Isle* au *ministère de la guerre*, prit celui de la *marine*, et confia la direction des *affaires extérieures* à son cousin, *Choiseul-Praslin* ; mais il dirigea en réalité tout le Gouvernement pendant douze ans (1758-1770).

Choiseul, homme d'État, grand seigneur, avait les allures d'un ministre de *Louis XIV* et portait le pouvoir avec aisance ; il avait de l'activité, de l'habileté, de l'audace, du patriotisme, et sut être courtisan sans bassesse ; **Louis XV** disait de lui : « *Choiseul se croit un grand ministre et n'a qu'un peu de phosphore dans l'esprit.* »

Politique extérieure
de Choiseul.

———

Le Pacte de famille.

———

Acquisition
de la Lorraine
et de la Corse.

Mariage du Dauphin.

Procès
du duc d'Aiguillon.

Chute de Choiseul
(1770).

Choiseul est l'auteur du *Pacte de Famille* (1761), le chef-d'œuvre des actes di-plomatiques de Louis XV, qui rendait la maison de Bourbon l'*arbitre du midi de l'Europe;* mais il signa le *traité de Paris* (1763). — La mort de *Stanislas Leczinski* (1766), beau-père de Louis XV et ancien roi de Pologne, à qui *Nancy* doit ses beaux monuments, donna à la France, *par reversion,* **la Lorraine** et le **duché de Bar,** suivant les stipulations du *traité de Vienne* (1738). — *Gênes,* impuissante à soumettre **la Corse** *révoltée,* vendit l'île au Gouvernement français moyennant *deux millions* (1768); **Paoli** protesta contre cette cession d'hommes, vendus « *comme un troupeau de moutons* », et se défendit de *maquis en maquis;* mais sa défaite à *Pontenuovo* déter-mina la soumission complète de l'île (mai 1769); — trois mois après, le 15 août, **Napoléon Bonaparte** naissait à *Ajaccio.*

Choiseul avait voulu empêcher le **partage de la Pologne** en envoyant *Dumouriez* dans ce pays et en excitant la *Turquie* contre la *Russie;* il succomba avant l'acte odieux du démembrement; mais, malgré le mot prêté à Louis XV: « *Si Choiseul avait été là, le partage n'aurait pas eu lieu* », il est douteux qu'il eût pu l'empêcher. — Choiseul, pour rapprocher la *France* et l'*Autriche,* conclut le **mariage du Dauphin** (Louis XVI) avec l'archiduchesse *Marie-Antoinette;* un grand malheur inaugura les fêtes du mariage : l'*encombre-ment de la foule sur la place Louis XV* fit périr plus de 400 personnes. — Tentative malheureuse pour *coloniser* la **Guyane** et nous dédommager ainsi de la perte du Canada.

Le duc d'Aiguillon, gouverneur de Bretagne, *ami du roi et des jésuites,* accusé de concussion et d'abus de pouvoir par *La Chalotais,* procureur général du Parlement de Rennes, se débarrasse de son accusateur en le faisant jeter en prison; — mais le **Parlement de Paris** évoque l'affaire et allait condamner le duc, quand le roi, dans un *lit de justice,* arrêta la procédure (1770). — Alors les **magistrats** déclarèrent que, « *dans leur douleur profonde, ils n'avaient pas l'esprit assez libre pour décider des biens, de la vie et de l'honneur des sujets du roi* », et l'administration de la justice fut suspendue. — « *C'est une assemblée de républicains, dit le roi, ils finiront par perdre l'État.* »

A **Madame de Pompadour,** morte en 1764, qui avait au moins de la *dignité* et un *certain air de grandeur éclatante,* avait succédé une *prostituée de bas étage,* la **Du Barry**; — Choiseul, qui avait réorganisé l'*armée* et la *marine* (64 *vais-seaux de ligne* et 50 *frégates*), réformé l'*artillerie* (canon *Gribeauval*) et le *génie,* qui avait fait prospérer nos *colonies,* qui préparait alors la *lutte sur mer* avec l'Angleterre, en excitant les *États-Unis* à la révolte, et opposait sur le continent l'*alliance de l'Autriche* aux progrès de la Russie, **dédaigna la nouvelle favorite;** — ce fut sa perte : le *vieux roi,* mis en demeure de choisir entre la *courtisane* et le ministre, qu'on représentait comme l'*appui des magistrats révoltés,* **exila Choiseul** à sa terre de *Chanteloup,* près d'Amboise. — Il y eut *protestation générale* de l'opinion publique; **la cour,** chose inouïe, *fidèle à la disgrâce,* fit cortège au ministre brutalement congédié et affecta d'aller à Chanteloup, *pour se purifier de l'air de Versailles!*

Le Triumvirat.

Trois hommes s'étaient ligués contre Choiseul pour le remplacer : c'étaient le duc d'Aiguillon, gouverneur révoqué de Bretagne, qui remplaça Choiseul-Praslin aux *affaires étrangères*; le *chancelier* **Maupeou**, homme de coup de main et d'aventures, et l'abbé **Terray**, *contrôleur général*; — ils formèrent, sous la *direction de la favorite*, un odieux **triumvirat**.

Réforme judiciaire du chancelier Maupeou.

Maupeou envoie, dans la nuit du 19 au 20 janvier 1771, des *mousquetaires* au domicile de chaque magistrat, leur enjoignant de reprendre leur service et de répondre par écrit *oui* ou *non*. — Quarante membres ayant signé *oui* se rétractèrent le lendemain; — on leur signifia la nuit suivante une **lettre de cachet**, qui les *exilait* tous et *confisquait* leurs charges; — il y avait à la fin de l'année plus de 700 *magistrats en exil*.

Maupeou composa aussitôt un *Parlement nouveau*, auquel on attacha son nom, avec des *membres du Grand Conseil*, des avocats obscurs et d'*anciens parlementaires*, qu'on choisit parmi les plus dociles; — mais les *membres des bailliages*, les *avocats* et les *plaideurs* refusèrent d'abord de paraître devant les indignes successeurs de ces vieux parlementaires qu'on avait si longtemps vantés et respectés pour la *gravité de leurs mœurs*.

Maupeou brava et châtia toute résistance : — à **la cour** il vantait le coup d'État qui la délivrait d'une *opposition factieuse* et « *retirait la couronne du greffe* »; — aux **philosophes** il promettait la *justice réformée et gratuite*; — aux **plaideurs** il assurait une *procédure plus rapide* et des juges *moins éloignés* dans les *six cours* ou *conseils supérieurs* qui se partagèrent l'ancien ressort du Parlement de Paris : *Arras, Blois, Châlons-sur-Marne, Clermont, Lyon et Poitiers*. — C'était là une *réforme sage et utile*, si un ministre plus respecté l'eût faite avec des magistrats plus respectables; — l'aventure d'un d'entre eux, le conseiller *Goezman*, que **Beaumarchais**, dans ses *Mémoires* célèbres, convainquit d'avoir *pris de l'argent d'un plaideur*, leur fut un coup terrible. « *Sire*, dit au roi le comte de Noailles, *nous pouvons espérer que votre Parlement réussira : il commence à prendre*. »

Administration de Terray.

L'abbé **Terray**, *esprit net et vigoureux, mais indifférent au juste et à l'injuste*, et qui regardait le peuple « *comme une éponge qu'il faut pressurer* », fut impuissant contre une situation désastreuse, qu'aggravaient les *ordonnances de comptant* de la favorite (18 millions en une seule année); — son administration, qui ne fut qu'*une banqueroute générale faite en détail*, se résume par ces mots : « *Vol, au nom du roi, de l'argent de tous ses sujets.* »

Terray défendit *l'exportation des grains* et entra lui-même et fit entrer, dit-on, Louis XV dans une *spéculation infâme sur les blés*, flétrie par le peuple du nom de **Pacte de Famine**.

Mort de Louis XV (1774).

Louis XV mourut de la petite vérole, à l'âge de 64 ans, déclarant que, « *quoiqu'il ne dût compte de sa conduite qu'à Dieu seul, il se repentait d'avoir causé du scandale à ses sujets* ». — Jamais roi ne laissa moins de regrets; pour toute oraison funèbre, on fit courir sur lui un mot attribué au pape **Benoît XIV** : « *Est-il besoin d'autre preuve de l'existence d'une Providence que de voir le royaume de France prospérer sous Louis XV?* »

31

TABLEAU DES LETTRES, DES ARTS ET DES SCIENCES AU XVIIIᵉ SIÈCLE.
ÉCONOMISTES ET PHILOSOPHES.

Le XVIIIᵉ siècle occupe une place importante dans *l'histoire de l'esprit humain*; il a, par ses idées, *remué le monde*. — A la *littérature du XVIIᵉ siècle*, si profondément *monarchique et religieuse*, succède la *littérature philosophique et révolutionnaire* du XVIIIᵉ siècle, qui combat sans relâche et sans respect l'**Église** et la **Royauté**; — le XVIIᵉ siècle avait pour **principes** l'*antiquité*, la *foi religieuse*, la *monarchie*; ceux du XVIIIᵉ siècle, par une espèce de *fronde intellectuelle, religieuse et politique*, furent la *nature*, la *raison*, les *droits de l'homme*; — après **Bossuet**, **Voltaire!**

A l'**esprit de tradition**, qui révère le passé, se substitue l'**esprit d'examen**, qui met tout *en question*, se propose de *détruire* la société de fond en comble, pour la *rebâtir* sur un plan nouveau, et se fait de la littérature un *instrument de réforme politique et sociale*. — L'**autorité** n'est plus dans l'*ancienneté des opinions*, le respect de l'antiquité s'affaiblit : « *Il y a eu de notre temps*, dit Montesquieu, *une grande décadence de l'admiration.* »

Tout est en fermentation au XVIIIᵉ siècle; ce ne sont plus que *systèmes, hypothèses ingénieuses ou folles* : on dirait un vaste atelier où l'on met à la *refonte* les éléments du passé. — La **noblesse**, avec cette *témérité chevaleresque* qui rappelle celle de *Fontenoy*, essuie, le *sourire aux lèvres*, cette polémique ardente que des *fils de bourgeois* dirigent contre elle; elle applaudit à ces *saturnales de l'intelligence* dont elle doit subir un jour la *sanglante expiation*.

La société du XVIIIᵉ siècle, *frivole, railleuse, sensuelle, égoïste*, avait du moins, au milieu de ses vices, le *culte des choses de l'esprit* : « *Qui n'a pas vécu*, disait Talleyrand, *dans les années voisines de 1789, ne sait pas ce qu'est le plaisir de vivre.* » — Jamais les **salons** (salons de Mesdames de Lambert, de Tencin, du Deffand, Geoffrin, Necker, de Mᵐᵉ de Lespinasse, de d'Holbach et Helvétius) ne furent aussi animés, la *conversation* plus brillante, la *politesse* aussi exquise : le *talent* y tenait presque lieu de *naissance*. — « Le *XVIIIᵉ siècle*, a dit Gœthe, *fut le siècle de l'esprit, comme le précédent avait été celui de la raison.* »

Le XVIIIᵉ siècle, **plus fécond** que le XVIIᵉ, est bien loin de l'égaler en **perfection** : — la *Chaire chrétienne* n'a plus la solennité et la force; la *Tragédie*, la hauteur et la beauté; la *Comédie*, la gaieté saine; la *Philosophie*, la sérénité. la *Critique*, la sûreté du XVIIᵉ siècle; — en acquérant des qualités nouvelles de *vivacité*, de *souplesse*, de *clarté familière*, de *logique entraînante*, la **langue française** a perdu sa *propriété*, son *air noble et grave*; elle s'est altérée dans ses *tours* et ses *expressions*; — à l'exception de trois ou quatre écrivains d'élite, **Voltaire**, **Montesquieu**, **Jean-Jacques Rousseau**, **Buffon**, les autres ne sont que des écrivains de *second ordre*.

Caractère général de la littérature du XVIIIᵉ siècle.

31.

VOLTAIRE (*François-Marie* Arouet, dit de), né à Paris, en 1694, fit ses études au collège *Louis-le-Grand*, chez **les jésuites**, qu'il scandalisa par les audaces d'un esprit merveilleux. « *Vous serez un jour le porte-étendard du déisme en France* », lui dit un de ses professeurs, effrayé de ses témérités. — A vingt et un ans, il fut mis à la **Bastille** pour une *satire* de Louis XIV qu'il n'avait point faite; il y rentra, en 1726, pour avoir provoqué en duel un chevalier de *Rohan-Chabot*, qui s'était vengé d'une épigramme par la main de ses laquais. — Forcé de s'exiler, il passa **en Angleterre**, « *pour y apprendre, dit-il, à penser* », et en rapporta, avec *Locke, Newton, Shakspeare*, qu'il fit connaître à Paris, un culte ardent pour la *liberté de l'esprit* et de la *parole*, bien plus que pour la *liberté politique* (1735).

Voltaire, après avoir été, quelques années, l'**hôte de Frédéric II** (1750-1753), finit par s'établir sur la frontière même de France pour pouvoir la passer au moindre indice de péril, à *Ferney*, près de Genève (1758). — De là s'échappaient, emportés par tous les vents, *poésies légères, épîtres, tragédies, romans, contes, ouvrages d'histoire, de critique, de science, de philosophie*, qui en quelques jours faisaient le tour de l'Europe. — Après un éloignement de vingt années, **Voltaire** revint à Paris et y fut accueilli avec un enthousiasme indescriptible, à la représentation d'**Irène**, « *bien faible tragédie, mais date mémorable* », car il mourut quelques jours après cette ovation.

Voltaire fut le véritable roi de la littérature du XVIIIe **siècle**, dont il résume en sa personne les qualités et les défauts. — *Le vieux bon sens gaulois; l'esprit ironique de nos anciens fabliaux, qui revit dans Villon, dans Commines, dans Montaigne; la verve moqueuse de Rabelais; le goût délicat, fin, dédaigneux, le goût royal du XVII*e *siècle; je ne sais quelle brillante témérité de penser et de dire, qui rappelle les allures les plus cavalières des gentilshommes de France; un caractère léger, une sensibilité vive, une pénétration merveilleuse de justesse et de soudaineté, une activité d'esprit incomparable*: voilà ce qui explique l'**universelle popularité de Voltaire**, non seulement en France, mais dans toute l'Europe.

Voltaire souilla ces belles qualités par le *fanatisme de son impiété*; — implacable ennemi de la *vérité catholique*, qu'il attaque avec une *rage* et une *perfidie* véritablement sataniques, **Voltaire** semble n'avoir eu qu'une passion, la *haine du Christ* (*Écrasons l'infâme!*). — S'il fut, en maintes rencontres, l'avocat du *bon sens*, de la *justice* et de l'*humanité*, il faisait aussi profession de *se moquer du genre humain*, et sa nièce, Mme *Denis*, lui reprochait d'être le *dernier des hommes par le cœur*. — On ne sent point en lui la **flamme du patriotisme**: car il a ri de notre défaite à *Rosbach* et félicité le vainqueur; — et il s'est à jamais flétri en profanant de son *sarcasme licencieux* la gloire la plus pure de notre histoire, dans ce poème indigne (*la Pucelle d'Orléans*), que Mme *de Staël* a si énergiquement appelé un *crime de lèse-nation*. — *Sainte-Beuve* a dit de lui : « *Je le comparerais volontiers à ces arbres dont il faut choisir les fruits; mais craignez de vous asseoir sous leur ombre!* »

VOLTAIRE
(**1694 - 1778**).

Sa vie.

Son influence littéraire.

MONTESQUIEU (*Charles* de Secondat, baron de), naquit au château de *la Brède*, près de Bordeaux, en 1689, et mourut à Paris en 1755. — Dès l'enfance, il lisait, *plume en main*, avec réflexion, cherchant, dit-il, *l'esprit des choses*. — Il fut dix ans *président au Parlement de Bordeaux* et donna sa démission pour se livrer entièrement aux lettres et à la philosophie. — *Homme pratique et modéré, corrigeant la liberté de sa pensée par la gravité de ses mœurs,* **Montesquieu** *sut, par des études immenses, réunir la profondeur à la finesse;* — sa diction a je ne sais quoi de *grave et d'auguste*; son style, *nerveux et rapide*, condense les idées en des traits énergiques ou brillants. On y sent une *méditation intense* qui rappelle *Tacite*. — On a dit qu'il mérite d'être cité comme les anciens : « *Citer Montesquieu, cela honore.* »
Œuvres : — les **Lettres Persanes** (1721), « *le plus profond des livres frivoles* », *satire hardie, moquerie profonde et redoutable des croyances et des institutions du XVII*e *siècle,* commencèrent sa réputation et lui ouvrirent les portes de l'*Académie française* (1728); — en 1734 parurent ses **Considérations sur les Causes de la Grandeur des Romains et de leur Décadence,** *modèle d'histoire philosophique,* où, comme il l'a dit lui-même de Tacite, « *il abrège tout parce qu'il voit tout »;* — quatorze ans plus tard, il donna l'**Esprit des Lois,** son chef-d'œuvre, *puissante méditation de vingt années, où le bon sens s'élève à la hauteur du génie;* Voltaire en a fait l'éloge en deux mots : « *Le genre humain avait perdu ses titres, M. de Montesquieu les a retrouvés »;* et Mme du Deffand a dit, avec une spirituelle injustice, que « *c'était de l'esprit sur les lois* ». — Ce livre, où le magistrat *patricien* se prononce pour la *monarchie constitutionnelle des Anglais,* eut un succès prodigieux dans toute l'Europe: il fit *vingt-deux éditions* en dix-huit mois ; — son **influence** a été grande: c'est elle qui domine dans l'*Assemblée Constituante*; c'est son esprit qu'on retrouve dans les *chartes de 1814 et de 1830*.

MONTESQUIEU.

Sa vie.

Ses œuvres.

JEAN-JACQUES ROUSSEAU (1712-1778), d'abord admirateur et disciple du *patriarche de Ferney,* puis son rival et son ennemi, naquit à Genève; — tour à tour *apprenti graveur, séminariste, laquais, précepteur, secrétaire d'ambassade, copiste de musique,* il promena d'aventures en aventures, de mécomptes en mécomptes, une jeunesse *vagabonde, indigente et humiliée*. — *Intelligence plus puissante que saine,* il a moins de *justesse* que de *force* dans l'esprit, et son **honnêteté**, trop souvent *déclamatoire,* honora la vertu par des *phrases* que démentaient ses *exemples*. — Ce composé *de fange et de lumière,* qui unit des inspirations si élevées à une vie si ignoble, *cette âme indomptable et fière, froissée par le malheur et par le monde, et cependant éprise de vertu, de vérité, de justice, cette imagination ardente, exaltée, maladive, ce cœur tendre et passionné jusqu'au délire, cet esprit rêveur et paradoxal, ce misanthrope insociable et sauvage,* dont la conduite et les écrits n'ont été qu'une *suite de défis* portés à la société où il vivait, fut, à la fois, un des **sophistes les plus dangereux** et un des **écrivains les plus parfaits** de son époque.

J. J. ROUSSEAU.

Sa vie.

J. J. Rousseau, moins *spirituel* que Voltaire, mais plus *éloquent*, porte en tous ses écrits la *véhémence d'un orateur*; — **son style**, tout de *mouvement*, de *passion* et de *flamme*, où vibre le *cœur le plus sincèrement inspiré* des écrivains du XVIIIᵉ siècle, est parfois cependant tendu jusqu'à la *raideur*, emporté jusqu'à la *déclamation*, ou entaché d'*emphase* par l'abus de l'*apostrophe* et de l'*interjection*; — mais qu'il échappe à cette *rhétorique théâtrale*, ce n'est plus seulement de l'éloquence, c'est de la *poésie* puisée aux sources les plus vraies.

J. J. Rousseau est le *grand lyrique* de son siècle : au sentiment presque inconnu jusque-là des *beautés de la nature*, il joint le don de l'*observation*, il a ce quelque chose d'*intime*, de *douloureux*, de *pénétrant*, si différent de la *sérénité* des précédents âges littéraires, qui fait pressentir la littérature plus *pittoresque*, plus *orageuse* et plus *tourmentée* des temps modernes; — c'est **le maître et le précurseur** de *Bernardin de Saint-Pierre*, de *Byron*, de *Gœthe*, de *Mᵐᵉ de Staël*, de *Chateaubriand*, de *Lamennais*, de *Lamartine*, de *Georges Sand*, etc.; — il fut aussi, il est vrai, l'*inspirateur* sinon des actes, du moins des pensées des *rêveurs farouches et sanguinaires de la Convention*, de *Robespierre* et du triumvirat de la *Terreur*. — **Voltaire** a raillé cruellement ses compatriotes; **J. J. Rousseau**, lui, aima toujours ceux qu'il nomme « *la nation la plus vraie, toute légère et oublieuse qu'elle soit!* » — Au premier doit être imputé pour une grande partie le *scepticisme religieux* du XVIIIᵉ siècle; au second les *utopies* qui en ont troublé la fin.

Œuvres : — Dans son premier ouvrage, le **Discours sur les Sciences et les Arts** (1750), Rousseau, *panégyriste éternel de l'homme à l'état sauvage*, n'hésite pas à soutenir ce paradoxe, que le *progrès des lettres et des arts a été plus funeste qu'utile à l'humanité*; — dans le **Discours sur l'Origine et les Fondements de l'Inégalité parmi les hommes** (1755), il prétend que *l'homme naît bon, c'est la civilisation qui le déprave*; — **Julie** ou **la Nouvelle Héloïse** (1759), livre malsain et dangereux, *plein de passion, de douleur et de poésie, mais aussi d'exagérations et de paradoxes*, eut un immense succès surtout auprès des femmes; le style, très lourd au début, s'élève ensuite à des beautés de premier ordre; malheureusement *les maladies de l'âme ainsi décrites deviennent la plus redoutable des contagions*; toutefois le XVIIIᵉ siècle, avec son *afféterie* et ses *sentiments de convention*, en reçut une *secousse vigoureuse et salutaire*; — dans l'**Émile** (1762), son chef-d'œuvre, où se trouve la célèbre *profession de foi du vicaire savoyard*, il trace un *plan tout chimérique d'éducation*; — dans le **Contrat social** (1763), où *coule à pleins bords la fièvre de la dissolution sociale*, il proclame le principe de la *souveraineté du peuple* et du *suffrage universel*; ce sera un jour l'*évangile des montagnards de la Convention*; — les **Confessions de Rousseau**, *œuvre séduisante et funeste, qui attache et repousse tout à la fois*, furent trouvées en manuscrit après sa mort, et sont un *tableau trop fidèle* d'une vie souillée de désordres et de faiblesses.

Son influence littéraire.

Ses œuvres.

BUFFON (1707-1788), le *peintre de la nature*, fils d'un conseiller au Parlement de Dijon, admis à l'*Académie des Sciences* en 1733, et désigné par son ami *Dufay* pour lui succéder à l'intendance du *Jardin du roi*, y créa, avec *Bernard* et *Antoine de Jussieu* le *Cabinet d'Histoire Naturelle ;* — il publia, de 1749 à 1788, ses trente-six volumes de l'**Histoire Naturelle**, et mérita d'entrer sans sollicitation à l'*Académie française* (1758) ; — il prononça pour sa réception le fameux *Discours sur le Style*, où il s'est caractérisé lui-même, par ce trait tant cité : « *Le style est l'homme même* », et en définissant le génie « *une longue patience* ».

Dans son Histoire Naturelle, et dans ses **Époques de la Nature**, chefs-d'œuvre éblouissants, où l'art semble lutter de magnificence et de richesse avec la nature : *Majestati naturæ par ingenium* (inscription de sa statue, au *Muséum d'Histoire Naturelle*), Buffon se montre *puissant à abstraire et à généraliser, incomparablement habile à décrire et à peindre, trop ardent peut-être à imaginer ;* — mais, « *pour la marche forte et savante des idées*, dit Cuvier, *pour la pompe et la majesté de ses images, pour la noble gravité de ses expressions, pour l'harmonie soutenue de son style, il n'a peut-être été égalé par personne* ». — Malgré tout son talent, Buffon a *plus d'imagination que de sensibilité, plus de noblesse que d'émotion*, et le *sentiment religieux lui fait malheureusement défaut :* — *sous le voile magnifique des phénomènes, on ne sent pas la présence de Dieu ; et cette nature privée de son âme divine a quelque chose de désolant dans sa majestueuse et inexorable grandeur.*

Jean-Baptiste Rousseau (1670-1741), l'*Orphée de la France*, qui, à force d'art, et en *se provoquant au délire*, faisait des odes comparées par ses admirateurs à celles de Pindare : — Ode *à la Postérité :* « *Voici une lettre qui n'ira pas à son adresse* » (VOLTAIRE); *Cantate de Circé ; Épigrammes.*

Le Franc de Pompignan (1707-1784) : Ode *sur la Mort de J. B. Rousseau* (« *Le Dieu, poursuivant sa carrière, Versait des torrents de lumière Sur ses obscurs blasphémateurs* », etc.); Cantiques sacrés : « *sacrés ils sont, car personne n'y touche* » (VOLTAIRE).

Malfilâtre (1732-1767) : Ode, *Le soleil fixe au milieu des planètes.*—« *La faim mit au tombeau Malfilâtre ignoré ; S'il n'eût été qu'un sot, il aurait prospéré.* » (GILBERT.)

Gilbert (1751-1780), le *Juvénal français*, qui mourut à l'hôpital à 29 ans : — les *Adieux à la vie* (« *Au banquet de la vie, infortuné convive, J'apparus un jour et je meurs !* »); ode sur le *Jugement dernier ;* satires, le *Dix-huitième siècle, Mon Apologie.*

André Chénier (1762-1794), qui mourut à 32 ans sur l'échafaud, « *notre plus grand classique en vers après Racine et Boileau* » (SAINTE-BEUVE) : — *la Jeune Captive* (« *L'épi naissant mûrit de la faux respecté* », etc.), le *Mendiant*, le *Malade, l'Aveugle, la Jeune Tarentine*, ses *Derniers Vers* (« *Comme un dernier rayon, comme un dernier zéphire* », etc.).

Lebrun († 1807), le chantre du *Vengeur.*

BUFFON.

Sa vie.

Ses œuvres.

Iº
LETTRES.

POÉSIE LYRIQUE.

J. B. Rousseau.

Gilbert.

André Chénier.

Poésie épique.

> Voltaire : la *Henriade* (1728), méprise de son génie, poème épique sur *Henri IV*, semé de traits hardis, de comparaisons ingénieuses, de brillants épisodes, mais où se trahit trop « *Dans un sujet chrétien, Un auteur follement idolâtre et païen.* »

Poésie légère.

Voltaire.

Parny.

> Voltaire, incomparable dans l'épître, l'ode badine, la satire et l'épigramme : — Épîtres à *Boileau*, à *Horace*, à la *Marquise du Châtelet*; satires, *la Calomnie*, *les Systèmes*, *la Vanité*, *le Mondain*, *le Russe à Paris.*
> Lagrange-Chancel († 1758) : les *Philippiques*, satires calomnieuses dirigées contre le Régent. — **M. J. Chénier** (1764-1811), frère d'André : *Épître sur la Calomnie*; le *Chant du Départ*. — **Colardeau** († 1776) : *Épître d'Héloïse à Abailard*. — **Dorat** († 1780). — Le **cardinal de Bernis** († 1794), *Babet la Bouquetière*. — **Parny** († 1814), *Poésies érotiques*. — Les **chansonniers** *Gallet*, *Collé*, *Panard*, *Fuzelier* (*le Caveau*). — **Bertin** († 1790). — **Gentil-Bernard** († 1775).

Poésie didactique.

Louis Racine.

Delille.

> Louis Racine (1692-1763), fils du grand poète : — poèmes de *la Religion* et de *la Grâce*, d'une versification élégante et correcte, mais sans inspiration.
> Delille (1738-1813), « *qui moule admirablement les vers*, a dit Joubert, mais *ne les anime pas* »; il manque de simplicité et de naturel : « *Virgile, en de riants vallons, A célébré l'agriculture, Vous, l'abbé, c'est dans les salons Que vous observez la nature* » (M. J. CHÉNIER) ; traduction en vers des *Géorgiques* et du *Paradis Perdu*, les *Jardins*, la *Pitié*, l'*Homme des Champs*, l'*Imagination*, les *Trois Règnes de la Nature.*
> Saint-Lambert († 1803) : le poème *les Saisons*. — **Roucher** († 1794) : *les Mois*. — **Legouvé** († 1813) : *le Mérite des Femmes.*

Fables.

> Florian (1755-1794) : ses *Fables*, qui ont plus de finesse que de naïveté, le placent le premier après La Fontaine. — **La Motte** : *Fables* trop artificielles.

Tragédie.

Voltaire.

Crébillon.

Ducis.

> Voltaire, le *troisième de nos grands tragiques*, mais bien après Corneille et Racine; le *pathétique* et le *mouvement* de quelques-unes de ses œuvres n'empêchent pas l'ensemble de son théâtre d'être *vide* et *froid*. — *Zaïre* (1732), où J. J. Rousseau dit lui-même qu'*il fut ému jusqu'à en perdre la respiration*; *Alzire* (1736), *Mahomet* (1741), *Mérope* (1743), *Œdipe*, *Brutus*, *l'Orphelin de la Chine*, etc. — **La Motte** († 1731) : *Inès de Castro.*
> Crébillon (1674-1762), l'*Eschyle français*, noir et sombre, imprime à son siècle de véritables terreurs tragiques : « *Corneille*, disait-il, *a pris le ciel*, *Racine, la terre, il ne me restait que l'enfer, je m'y suis jeté à corps perdu.* » — *Atrée et Thyeste*; *Électre*; *Rhadamiste et Zénobie.*
> Guimond de la Touche († 1760) : *Iphigénie en Tauride*. — **Du Belloy** († 1775) : *le Siège de Calais*. — **Lemierre** († 1775) : *la Veuve du Malabar*. — **Saurin** († 1781) : *Spartacus*. — **Le Franc de Pompignan** († 1784) : *Didon*. — **La Harpe** († 1803) : *Warwick, Coriolan, Philoctète*. — **Legouvé** : *la Mort d'Abel.*
> Ducis (1733-1816), qui imite de Shakspeare *Hamlet, Roméo et Juliette, le Roi Lear, Macbeth, Othello; Abufar*. — **M. J. Chénier** : *Charles IX, Henri VIII*. — *Jamais on ne fit plus de tragédies; jamais, si l'on excepte Voltaire, il n'y eut moins de génie tragique.*

Piron (1689-1773), qui « *ne fut rien, pas même académicien* », a-t-il dit lui-même ; « *machine à saillies, à épigrammes, à traits,* dit Grimm, *à qui il n'était pas plus possible de ne pas dire de bons mots, de ne pas dire des épigrammes par douzaines, que de ne pas éternuer !* »—L'Académie française, dont il disait : « *Ils sont là quarante, qui ont de l'esprit comme quatre* », voulut se l'adjoindre et l'élut ; mais le roi refusa son agrément ; « *il sera nommé,* dit Villemain, *quand on ne répétera plus que sept ou huit noms de ce XVIII* siècle, *où tant d'hommes furent célèbres* ». — Œuvres : *La Métromanie,* comédie en cinq actes et en vers, chef-d'œuvre de gaieté, d'esprit et de bon sens ; *épigrammes et poésies légères.*

Gresset (1709-1777), « *qui fut poète peu de temps, il est vrai, et sur peu de sujets, mais assez, car il vivra toujours* » (Villemain). — Œuvres : le *Méchant,* « *une aisance gracieuse, des riens tournés d'une façon piquante, tel est le ton que Gresset a parfaitement saisi dans cette comédie* » (La Harpe) ; — *Vert-Vert,* charge aimable des ridicules qui peuvent se mêler à la vie la plus sainte, badinage où la coquetterie du style, l'agilité merveilleuse du vers se marient au naturel et à la grâce ; — le *Carême impromptu ;* le *Lutrin vivant ;* la *Chartreuse.*

Lesage (1668-1747), « *qui, s'il ne voit pas aussi loin que Molière, regarde de même ; sa touche est moins hardie et moins profonde, mais aussi franche* » : — *Turcaret ou le Financier,* comédie pleine de mots spirituels et profonds. — **Dancourt** († 1726) : les *Bourgeoises de qualité.* — **Legrand** († 1728) : l'*Usurier gentilhomme.* — **Destouches** (1680-1754) : le *Glorieux.*

Marivaux (1688-1763), à qui Voltaire reprochait « *de peser des riens dans des balances de toiles d'araignée* », et dont le style précieux et alambiqué a mérité le nom de *marivaudage :* les *Jeux de l'amour et du hasard ;* les *Fausses Confidences ;* le *Legs ;* l'*Épreuve.* — **Sedaine** (1717-1779) : le *Philosophe sans le savoir ;* la *Gageure imprévue.* — **Collin d'Harleville** (1755-1806) : le *Vieux Célibataire.* — **Palissot** († 1814) : les *Philosophes.* — **Voltaire,** dans la comédie, chose étrange, *ne sut faire rire qu'à ses dépens.*

Beaumarchais (1732-1799), le plus remuant des *Parisiens,* le *Gil Blas* de l'époque encyclopédique, dont le style abonde en *mots piquants,* et dont la *prose acérée* se retient comme des vers, créa une sorte de comédie nouvelle, fantasque, satirique, à traits pénétrants et quelque peu empoisonnés : — le *Barbier de Séville* (1775), et surtout le *Mariage de Figaro* (1784), image fébrile de la société française à la veille de la Révolution, qui eut un succès énorme : « *Il y a quelque chose de plus fou que ma pièce,* disait Beaumarchais, *c'est le succès !* »

Diderot (1713-1784), écrivain enthousiaste, mais inégal, aux effusions d'une sensibilité larmoyante et aux déclamations d'une morale pédantesque : — le *Fils naturel ;* le *Père de famille.* — **Voltaire** : *Nanine ;* l'*Enfant prodigue.* — **Beaumarchais** : la *Mère coupable.* — **La Chaussée** (1692-1734), « *un des premiers après ceux qui ont du génie* » (Voltaire) : *Mélanide ;* l'*École des Mères.*

COMÉDIE.

Piron.

Gresset.

Lesage.

Marivaux.

Sedaine.

Beaumarchais.

DRAME.

Lesage, dont les romans n'ont d'*espagnol* que le nom ; ce sont des tableaux de mœurs françaises : — *Le Diable boiteux; Gil Blas*, moral comme l'expérience, a-t-on dit, critique franche et hardie de nos folies et de nos vices, encadrée dans une langue saine et naturelle, qui possède le vernis, la grâce et la netteté des maîtres. — **Diderot** : *Jacques le Fataliste; la Religieuse.*

ROMANS.

Lesage.

L'abbé Prévost.

Bernardin de Saint-Pierre.

Marmontel (1728-1799) : *Bélisaire*, roman lourd et emphatique; *les Incas*, qui ont « *trop de vérité pour un roman, et pas assez pour une histoire* ». — **Florian** : Romans pastoraux : *Estelle et Némorin; Galatée; Claudine.*

L'abbé Prévost (1697-1763), « *qui s'est toujours pris pour un ouvrier*, a dit Gustave Planche, *et, s'il lui est arrivé de faire œuvre d'artiste, ç'a été comme à son insu et presque par hasard.* » Cette œuvre est *Manon Lescaut*, histoire d'un attachement funeste, mais fidèle et dévoué, racontée avec *un pathétique, un naturel et une vérité d'accent remarquables.* — **Mme de Tencin** (1681-1749), la coupable mère de D'Alembert, grande dame frivole, spirituelle et passionnée : — *le Comte de Comminges.*

Bernardin de Saint-Pierre (1737-1814) : — *Paul et Virginie* (1787), idylle immortelle, dont la scène est placée à l'*île de France*, drame simple, décent, modéré, sobre et tendre, qui respire un *génie virgilien*, et qu'on applaudit en pleurant; *la Chaumière indienne.*

CONTES.

Marmontel : *Contes moraux*, œuvre au titre menteur. — **Voltaire** : Contes philosophiques, *Zadig; Candide.* — **Andrieux** : *le Meunier Sans-Souci.* — **Florian.**

ÉLOQUENCE.

Le Père Bridaine.

D'Aguesseau.

Thomas.

ÉLOQUENCE RELIGIEUSE : — **Le Père Bridaine** (1701-1767), *Bossuet de village*, d'une éloquence populaire pleine de verve, d'image et de mouvement, qui « *eût effacé tous les orateurs*, dit Massillon, *si une heureuse culture eût perfectionné ses dons naturels* ». — Le P. de Neuville; l'abbé Poulle; l'abbé Maury, critique habile et prédicateur disert; le *petit Père André*, dont les sermons sont des modèles d'éloquence vive et familière.

ÉLOQUENCE JUDICIAIRE : — **D'Aguesseau** (1668-1751), le *Massillon du barreau*, dont les *Plaidoyers* et les *Mercuriales*, modèles d'éloquence calme et majestueuse, mais un peu apprêtés, sont encore une source de saine instruction pour qui se destine à l'étude des lois. — **Cochin** († 1747), remarquable par l'habileté de sa discussion. — **Gerbier** († 1788), le *Cicéron* français, dont la verve et l'énergie excitèrent l'admiration de ses contemporains. — **Malesherbes** (1721-1794). — **Beaumarchais** : *Mémoires judiciaires contre les sieurs de Goëzman, Lablache, Marin et d'Arnaud* (1774-1775), chef-d'œuvre de dialectique spirituelle et passionnée, *les Provinciales* du XVIIIe siècle. — **Lally-Tollendal** († 1830) : *Mémoires* pour la réhabilitation du général comte de *Lally*, son père.

ÉLOQUENCE ACADÉMIQUE : — **Thomas** (1732-1785) : *Éloges académiques*, d'une éloquence ampoulée et déclamatoire. — **Fontenelle** : *Éloges des Membres de l'Académie des Sciences*, dont il fut le *secrétaire perpétuel* pendant 43 ans. — **Condorcet** : *Éloges de D'Alembert et de Buffon.*

32

MORALISTES.

Vauvenargues.

Duclos (1704-1772), peintre de mœurs « *droit et adroit* », a dit J. J. Rousseau : — *Considérations sur les Mœurs de ce siècle.*

Vauvenargues (1715-1747), le *Pascal du XVIIIe siècle*, rare esprit et noble cœur, dont les *Réflexions* et les *Maximes* excitaient l'admiration de Voltaire ; — il s'est peint lui-même dans cette maxime : « *Les grandes pensées viennent du cœur.* » — Sénac († 1803) : *Considérations sur l'Esprit et les Mœurs.*

HISTOIRE.

Voltaire.

Rollin.

Anquetil.

Voltaire, obsédé par ses *passions anticléricales et antimonacales*, a écrit un peu l'histoire, « *pour son couvent* », comme le lui reproche Montesquieu, mais avec une véritable éloquence ; — son style, sobre, lumineux, débarrassé de toute réflexion traînante et de tout détail superflu, atteint parfois un degré surprenant de vigueur et de rapidité ; « *c'est peut-être après Bossuet*, dit Chateaubriand, *le premier historien de France* » : — *Histoire de Charles XII* ; le *Siècle de Louis XIV* ; *Essai sur les Mœurs et l'Esprit des Nations* ; *Histoire de Pierre le Grand* ; etc.

Rollin (1661-1741), *recteur de l'Université*, compose pour la jeunesse une *Histoire Ancienne*, qui charmait Frédéric II, et les premiers volumes de l'*Histoire Romaine*, que continue Crévier († 1765), auteur d'une remarquable *Histoire des Empereurs jusqu'à Constantin.*—Lebeau († 1778) : *Histoire du Bas-Empire.* — Le Président Hénault († 1770) : *Abrégé chronologique de l'Histoire de France.*—Rulhière († 1791) : *Histoire de l'Anarchie de Pologne.*

Anquetil (1723-1806) : *Histoire de France*, souvent réimprimée, même de nos jours. — Gaillard (1726-1806) : *Histoire de la Rivalité de la France et de l'Espagne.* — Boulainvilliers († 1722) : *Histoire de l'ancien Gouvernement de la France.* — Dubos († 1742) : *Histoire critique de l'Établissement de la Monarchie française dans les Gaules.*

CRITIQUE.

La Harpe.

Voltaire.

Rollin.

Grimm.

La Harpe (1739-1803), le *Quintilien français*, le *Boileau du XVIIIe siècle*, mais à qui ses ennemis reprochaient l'outrecuidance d'un *empereur de rhétorique* : — *Lycée* ou *Cours de Littérature ancienne et moderne* en 18 volumes, le plus beau monument de critique littéraire de notre époque.

Voltaire, admirable en fait de critique et de goût littéraire, toujours guidé par un *tact merveilleux*, par une *délicatesse d'impression* presque féminine : — Le *Temple du Goût*, *Dictionnaire philosophique*, *Correspondance*, etc.

Marmontel, à qui Voltaire écrivait gracieusement : « *Vous fûtes d'abord mon disciple, vous êtes devenu mon maître* » : — *Éléments de Littérature.*

Rollin (1661-1741), « *l'abeille de la France* », a dit Montesquieu : — *Traité des Études*, fruit d'une longue expérience, « *monument de raison et de goût, et l'un des livres les mieux écrits dans notre langue après les livres de génie* » (VILLEMAIN).

Grimm (1723-1807), *Allemand* de naissance, mais naturalisé *Français* par le style et par le goût, dont Voltaire disait : « *De quoi s'avise donc ce Bohémien d'avoir plus d'esprit que nous ?* » — *Correspondance littéraire, philosophique et critique.* — Chamfort (1741-1794) : *Commentaires* pleins de finesse sur les *Fables de La Fontaine.* — Diderot, le créateur de la *critique d'art*, dont les *salons de peinture* sont de merveilleuses causeries.

32.

ÉRUDITION.

—

L'abbé Barthélemy.

—

Fontenelle.

L'abbé Barthélemy (1716-1795), savant comme un bénédictin, gracieux comme un homme du monde : *Voyage du jeune Anacharsis en Grèce*, œuvre d'érudition, qui coûta trente années de travail, et dont le succès dure encore. — Le Président de Brosses (1706-1777) : *Lettres sur Herculanum ; Histoire du VIIᵉ Siècle de la République romaine.* Fontenelle (1657-1757), l'*Érasme mondain du XVIIIᵉ siècle*, écrivain ingénieux, mais froid, sceptique, frivole et coquet, qui mourut à cent ans, plein d'esprit et de grâce jusqu'à son dernier jour : *Entretien sur la Pluralité des Mondes ; Dialogue des Morts.* — La Motte : *Réflexions sur l'Antiquité.* — Rivarol (1753-1801) : *Discours sur l'Universalité de la Langue française.* — L'abbé Morellet. — Galiani.

MÉMOIRES.

—

Duclos.

Duclos (1704-1772) : *Mémoires sur les règnes de Louis XIV, de Louis XV, et pour servir à l'histoire du XVIIIᵉ siècle.* Mémoires de Mᵐᵉ la baronne de Staal, du maréchal de Berwick, du maréchal de Villars, du duc de Noailles, du duc de Luynes, etc.

LITTÉRATURE ITALIENNE.

—

Métastase.

—

Alfiéri.

OPÉRA : — Métastase (1698-1782) : *Didon, Thémistocle, Olympiade ;* oratorios : le *Sacrifice d'Abraham, Béthulie délivrée, Caïn, Athalie,* etc. TRAGÉDIE : — Maffei (1675-1755) : *Mérope.* — Alfiéri (1749-1803) : *Philippe II, Polynice, Antigone, Marie Stuart, Saül,* etc. COMÉDIE : — Goldoni (1707-1793) : le *Père de famille,* le *Véritable Ami,* les *Mécontents,* le *Menteur, Molière, Térence,* etc. PROSE : — Muratori (1672-1750) : *Annales d'Italie ;* travaux d'érudition. — Alexandre Verri (1741-1816) : *Nuits romaines au tombeau des Scipions.*

LITTÉRATURE ESPAGNOLE.

Décadence au XVIIIᵉ siècle : « *Les malheurs et les mauvais ouvrages arrivent à la fois.* » — Calderon n'a pas laissé de *successeur.* Ignazio de Luzan (1702-1754) : *Poétique,* selon l'esprit français. — P. de l'Isla (1714-1783) : *Vida de fray Gerundio de Campazas,* satire ingénieuse des mauvais prédicateurs. — Vincent de la Huerta (1729-1797) : *Tragédies.*

LITTÉRATURE ALLEMANDE.

—

Klopstock.

—

Gœthe.

—

Schiller.

—

Burger.

—

Herder.

POÉSIE ÉPIQUE : — Klopstock (1724-1803) : la *Messiade.* — Wieland (1733-1813), le *Voltaire* de l'Allemagne : l'*Obéron.* — Gessner (1730-1788) : la *Mort d'Abel.* POÉSIE DRAMATIQUE : — Lessing (1729-1781) : *Laocoon.* — Gœthe (1749-1832), le *roi* de la littérature allemande : *Gœtz de Berlichingen,* le *Comte d'Egmont, Iphigénie, Faust ; Hermann et Dorothée* (poème) ; *Werther* (roman). — Schiller (1759-1805) : les *Brigands,* la *Conjuration de Fiesque, Don Carlos, Wallenstein, Marie Stuart, Jeanne d'Arc, Guillaume Tell ; Ballades ; Histoire de la Guerre de Trente ans.* POÉSIE LYRIQUE : — Burger (1748-1794) : *Ballade de Lénor,* « *Les morts vont vite !* » — Léopold de Stolberg (1750-1819) et son frère Christian. HISTOIRE ET ÉRUDITION : — Herder (1744-1803) : *Idées sur la Philosophie de l'Humanité.* — Muller (1752-1809), le *Thucydide de l'Helvétie : Histoire de la Confédération suisse.* — Schmidt (1736-1794) : *Histoire des Allemands.*

II°

ARTS.

Peinture.

Watteau.

Boucher.

Joseph Vernet.

Greuze.

David.

Watteau (1684-1721), le *peintre des Grâces : Embarquement pour Cythère*.

J. B. Vanloo (1684-1745) : *Portraits*. — **C. Vanloo** (1705-1765) : *Mariage de la Vierge* (Louvre); *Énée portant Anchise* (Louvre).

Boucher (1704-1770), le *Raphaël français*, favori de Mme de Pompadour et de Louis XV, le chef de l'*École maniérée et affadie du XVIII* siècle*; folâtre, riant de tout, remplaçant l'art par l'artifice, et ne manquant pas toutefois d'une certaine grâce coquette, d'une certaine magie de couleur, d'un certain charme inconnu avant lui : — *le Bain de Diane* (Louvre). — **Latour** (1704-1788) : *Mme de Pompadour*. — **Lagrenée** (1725-1805) : *Enlèvement de Déjanire*.

Joseph Vernet (1714-1789) : — *Marines; le Soir ou la Tempête* (Louvre).

Greuze (1725-1805), le *Sedaine* de la peinture : — *la Cruche cassée; l'Accordée de village; la Malédiction paternelle*. — **Oudry** (1686-1755) : *Chiens et Chasses*. — **Lantara** (1729-1778) : *la Rencontre fâcheuse; l'Heureux Baigneur*. — **Doyen** (1726-1806) : *la Peste des Ardents* (Saint-Roch, Paris).

Vien (1716-1809), le *régénérateur* de la peinture en France au XVIIIe siècle : *l'Ermite Endormi; Saint Vincent d'Auxerre et Saint Vincent de Saragosse*.

David (1748-1825), élève de Vien, le *Corneille* de la peinture, le *chef de la grande école moderne* : — *les Horaces; Serment du Jeu de Paume*.

Sculpture.

Bouchardon.

Pigalle.

Houdon.

Bouchardon (1698-1762) : — *Fontaine de la rue de Grenelle* à Paris; *Louis XV*.

J. B. Pigalle (1714-1785), le *Phidias français* : — Mausolées du *maréchal de Saxe* (Strasbourg); du *maréchal d'Harcourt* (Notre-Dame de Paris); *Statue de Voltaire* (Institut); *Mercure; Vénus*.

Guillaume Coustou le Jeune (1716-1777) : — *Vénus et Vulcain; Saint-Roch*.

Falconet (1716-1791) : — *Statue de Pierre le Grand* à Saint-Pétersbourg.

Houdon (1741-1828) : — *Statue de Voltaire* (Paris, *Théâtre-Français*); *l'Écorché*.

Architecture.

Soufflot.

Gabriel.

Louis.

L'ARCHITECTURE DU XVIIIe SIÈCLE se caractérise surtout par l'art nouveau de la *distribution intérieure des bâtiments*. — Le *goût public* se détache dans les arts, par le même *esprit de réaction* que dans les lettres, du *grand*, du *noble*, de tout ce qui rappelle la *majesté* et l'*étiquette rigoureuse de Versailles*, pour se porter sur le *commode*, le *joli*, l'*agréable*; — il adopte ce *style capricieux, léger* et *folâtre* qui repousse la *ligne droite* et affecte de lui substituer partout, dans les détails de l'architecture, comme dans ceux de l'ameublement, la *ligne voluptueusement ondulée* et *recoquillée par intervalles*, flétrie sous le nom de *style Pompadour*, style *rocaille* ou *rococo*.

Soufflot (1713-1780), donne les dessins du *Panthéon* et fait l'*École de Droit*.

Gabriel (1710-1782) : *Palais et Place de la Concorde; Salle de spectacle du Palais de Versailles*. — **Lenoir** (1726-1810) : *Théâtre de la Porte-Saint-Martin*. — **Wailly** et **Peyre** : *Théâtre de l'Odéon*. — **Couture** (1732-1799) : *Église de la Madeleine*. — **Antoine** (1733-1801) : *Hôtel des Monnaies*.

Louis (1735-1810) : *Théâtre de Bordeaux; Galerie du Palais-Royal*. — **Perronet** († 1794) : *Ponts de Neuilly et de la Concorde*. — **Chalgrin** († 1811) : *Saint-Philippe du Roule*. — **Oppenord** († 1742), le *père du genre rocaille*. — **Boffrand** († 1754) : *Portail de l'Église Saint-Roch*.

GRAVURE.

Nicolas Tardieu (1674-1749). — Beauvarlet (1731-1797). — *Cochin, Muller, Aliamet, Eisen, Moreau, Ville.*

MUSIQUE.

___

Rameau.

___

Grétry.

___

Pergolèse.

___

Bach.

___

Haëndel.

___

Glück.

___

Haydn.

___

Mozart.

FRANCE : — **Rameau** (1683-1764), le créateur de l'école musicale française : *Castor et Pollux; Hippolyte et Aricie; Dardanus.* — **Couperin** (1668-1733) : Pièces pour *clavecin.* — **J. J. Rousseau** (1712-1778) : le *Devin du Village,* œuvre pleine de grâce naïve et de sensibilité ingénue. — **Monsigny** (1729-1817) : le *Déserteur.* — **Gossec** (1733-1829) : les *Pêcheurs; Messe des Morts; O Salutaris.* — **Grétry** (1741-1813), né à Liège, le *Molière* de la musique : *Richard Cœur de Lion; Zémire et Azor; le Tableau parlant.* — **Martini** (1741-1816) : *l'Amoureux de quinze ans; Annette et Lubin* (romance, *Plaisir d'amour*). — **Dalayrac** (1753-1809) : *Nina; les Deux Petits Savoyards; Camille.* ITALIE : — **Stradella** (1645-1678) : air *Pietà Signore.* — **Pergolèse** (1710-1736) : la *Servante Maîtresse; Stabat Mater.* — **Jomelli** (1714-1774) : *Sémiramide; Miserere.* — **Piccinni** (1728-1800) : *Roland; Atys; Didon.* — **Sacchini** (1735-1786) : *Œdipe à Colone.* — **Boccherini** (1740-1806) : *Quintetti.* — **Cimarosa** (1754-1801) : *Il Matrimonio segreto.* — **Viotti** (1753-1824), le prince des violonistes modernes : *Concertos; Symphonies; Quatuors; Trios et Solos.* ALLEMAGNE : — **Sébastien Bach** (1685-1750) : *Messes; la Passion; Préludes et Fugues.* — **Haëndel** (1685-1759), le *Milton* de la musique : le *Messie; Judas Macchabée; Rinaldo.* — **Glück** (1714-1787) : *Iphigénie en Aulide; Orphée; Alceste; Armide; Iphigénie en Tauride.* — **Haydn** (1732-1809), le créateur de la symphonie : la *Création; les Saisons; les Sept paroles du Christ; Symphonies; Quatuors; Sonates; Messes.* — **Mozart** (1756-1791) : les *Noces de Figaro; Don Juan; la Flûte enchantée; Requiem; Sonates; Symphonies.*

IIIᵉ

SCIENCES.

MATHÉMATIQUES.

D'Alembert.

___

Lagrange.

___

Monge.

___

Euler.

D'Alembert (1717-1783) : *Traité de Dynamique.* — **Condorcet** (1743-1794) : *Calcul des Probabilités.* — **Bezout** (1730-1783) : *Cours de Mathématiques.* — **Bossut** (1730-1814) : *Histoire générale des Mathématiques.*

Lagrange (1736-1813), qui fut sénateur et comte de *l'Empire,* après avoir succédé à Euler comme *Président de l'Académie des Sciences de Berlin,* porta *l'analyse pure* au plus haut degré de perfection : *Mécanique analytique.* — **Monge** (1746-1818), l'inventeur de la *Géométrie descriptive* et l'un des fondateurs de *l'École Polytechnique.*

Bouguer (1698-1758), **La Condamine** († 1774) et **Godin** vont au *Pérou* (1736) mesurer un *degré du méridien* et déterminer la *figure de la terre,* tandis que **Maupertuis** († 1759), **Clairaut, Camus** et **Lemonnier** se rendent en *Laponie.*

Delambre (1749-1822) détermine avec **Méchain** (1741-1805) la *longueur du mètre.* — **Cassini de Thury** (1714-1784), *directeur de l'Observatoire,* auteur d'une grande *Carte de France,* terminée par son fils *Jacques.*

Euler (1707-1783) de Bâle, *Président de l'Académie des Sciences de Berlin* sous Frédéric II, génie extraordinaire qui étudia et perfectionna toutes les sciences mathématiques : — *Lettre à une princesse d'Allemagne sur quelques sujets de physique et de philosophie.* — **Daniel Bernouilli** (1700-1782).

ASTRONOMIE.

Laplace.

Bailly.

La Caille (1713-1762), dans son voyage au Cap (1750), mesure un *troisième degré du méridien*, près du pôle sud, dresse une *Carte du Ciel austral*, et, par l'observation de la *parallaxe de la lune*, reconnaît, à 50 lieues près, sa *distance de la terre*. — **Lalande** (1732-1807) : *Traité d'Astronomie.* **Laplace** (1749-1827), qui fut *ministre de l'intérieur*, sous le Consulat, et sénateur, sous l'Empire : — *Exposition du Système du Monde ;* la *Mécanique céleste.* — **Bailly** (1736-1793), le futur *Président de l'Assemblée Constituante :* — *Histoire de l'Astronomie.*

MÉCANIQUE.

Vaucanson (1709-1782), le plus grand mécanicien qui ait jamais existé : — *Automates ; Joueurs de Flûte et de Galoubet ; Canard mangeant.*

PHYSIQUE.

Franklin.

Galvani.

Volta.

Watt.

Franklin (1706-1790), né à Boston (*Etats-Unis*), démontre, au péril de sa vie, *l'identité de la foudre avec le fluide électrique*, reconnaît la propriété qu'ont les *pointes* de déterminer l'*écoulement de l'électricité*, et invente le *Paratonnerre* (1759) ; un seul vers, écrit sur sa tombe, résume les découvertes du savant et les travaux du patriote : « *Eripuit cœlo fulmen sceptrumque tyrannis.* » — **Coulomb** (1736-1806), né à Angoulême, établit, avec sa *Balance de torsion*, la *loi des attractions et des répulsions électriques* à distance. — **Réaumur** (1683-1757) : *Thermomètre.* — **Bénédict** et **Théodore de Saussure**, les créateurs de la *Météorologie.*
Galvani (1737-1798), professeur de physique à Bologne, découvre l'*Électricité animale.* — **Volta** (1745-1827), professeur de physique à l'Université de Pavie, invente l'*Électrophore*, le *Condensateur électrique*, l'*Eudiomètre*, et découvre la *Pile voltaïque*, cet agent merveilleux de la *Télégraphie électrique*, de la *Galvanoplastie*, des *Machines électro-dynamiques*, du *Téléphone*, etc.
Watt (1736-1819), célèbre ingénieur anglais, vulgarise la *Machine à vapeur de Papin* par l'invention du *Condensateur*, du *Régulateur*, de la *Machine à double effet* et de la *Machine à détente.* — **Jouffroy** (1751-1832) lance sur la Saône le *premier Bateau à vapeur* (1783).
Les frères Montgolfier découvrent les *Aérostats* (1782), et **Pilâtre de Roziers** et le **marquis d'Arlande** font le *premier Voyage aérien*, le 20 décembre 1783.

CHIMIE.

Lavoisier.

Berthollet.

Fourcroy.

Lavoisier (1743-1794) trouve la théorie de la *Combustion*, de la *Respiration*, de la *Fermentation* et de la *Composition de l'air et de l'eau ; Méthode de Nomenclature chimique* et *Traité élémentaire de Chimie.* — Il périt sur l'échafaud comme *fermier-général.*
Berthollet (1748-1822), *sénateur* et *pair de France :* découvertes sur le *Chlore ; Lois de Berthollet.* — **Fourcroy** (1755-1809) : *Leçons d'Histoire Naturelle et de Chimie.* — **L'abbé Haüy** (1743-1822), fondateur de la *Cristallographie.*
Stahl (1660-1734), médecin et chimiste allemand : *Première Théorie de la Combustion.* — **Bergmann** (1735-1784), chimiste et naturaliste suédois, découvre l'*Acide saccharin* ou *oxalique ; usage du Chalumeau.* — **Scheele** († 1786), chimiste suédois, découvre le *Chlore*, le *Barium* et le *Manganèse.*

HISTOIRE NATURELLE.

Linné.

Buffon.

Cuvier.

Linné (1707-1778), le *fondateur de la Botanique moderne*, professeur à l'Université d'*Upsal* (*Suède*), donne à la *Botanique* une *Classification méthodique*. — Bernard de Jussieu (1699-1777) et son neveu Antoine-Laurent de Jussieu (1748-1836) : *Méthode de Classification naturelle*, préférable à celle de Linné. Buffon (1707-1788) publie son *Histoire Naturelle* et les *Époques de la Nature* avec la collaboration de Daubenton, de Guéneau de Montbéliard et de l'abbé Bexon. — Lacépède (1756-1825), choisi par Buffon pour continuer son œuvre, écrit l'*Histoire des Reptiles, des Poissons et des Cétacés*. Cuvier (1769-1832) donne à la *Zoologie* la classification qui lui manque, et pose de nouvelles bases à la *Géologie*. — Lavater (1741-1801), de Zurich, fonde la science de la *Physiognomonie*. — Parmentier (1737-1813) introduit en France l'usage de la *Pomme de terre*.

MÉDECINE.

Cabanis.

Mesmer.

Jenner.

L'abbé de l'Épée.

Cabanis (1757-1808) : *Rapports du physique et du moral de l'homme*. — Gall (1758-1828) : *Anatomie et Physiologie du système nerveux*. — Bichat (1771-1802) : *Recherches physiologiques sur la vie et sur la mort; Anatomie générale*. — Tissot (1728-1797) : *Avis au peuple sur sa Santé*. — Mesmer (1733-1815) : *Magnétisme animal*. — Cagliostro (*Joseph Balsamo*). Jenner (1749-1823), médecin anglais, découvre la *Vaccine* (1776). — L'abbé de l'Épée (1712-1789) fonde, en 1778, à Paris, l'*Institut des Sourds-Muets*. — Valentin Haüy (1745-1822), frère du minéralogiste, fonde, en 1784, l'*Institut des Aveugles*.

VOYAGES ET DÉCOUVERTES.

Cook.

Bougainville.

La Pérouse.

Cook (1728-1779), capitaine anglais, fait trois fois le *tour du monde*, découvre le *détroit* qui porte son nom, la *Nouvelle-Calédonie* et les *îles Sandwich*, visite *Taïti* et cherche vainement un passage entre *la mer de Behring* et la *baie d'Hudson*. — Il est tué à *Hawaï* par les sauvages. — Au milieu de la *guerre d'Amérique*, Louis XVI avait commandé aux marins français de respecter « *le navigateur célèbre* ». Bougainville (1729-1811) découvre les *îles de la Société*, l'*archipel Dangereux* ou de *Pomotou*, l'*archipel des Navigateurs* ou de *Bougainville*, les *Nouvelles-Hébrides*, l'*île de Bougainville* et publie son *Voyage autour du Monde*; il fut sénateur sous l'Empire. La Pérouse (1741-1788), chargé par Louis XVI d'un *voyage d'explorations scientifiques*, dont ce roi avait lui-même *tracé le plan*, visite les côtes de la *Mandchourie*, du *Japon*, de l'*Australie* et périt avec son équipage dans l'archipel *Vanikoro*, où Dumont d'Urville retrouva les débris de ses deux vaisseaux *la Boussole* et *l'Astrolabe*, en 1827.

ÉCONOMISTES.

Quesnay.

Gournay.

Quesnay (1694-1774), médecin de Louis XV, collaborateur de l'*Encyclopédie* et chef de l'*École des Physiocrates* (puissance des forces naturelles), soutient que l'or et l'argent sont seulement les *signes représentatifs* de la richesse, qui n'a d'autre source que l'*agriculture*. Gournay (1712-1759), intendant du commerce et chef de l'*École des Ploutocrates* (puissance des capitaux), réclame contre Quesnay en faveur de l'*industrie* et du *commerce*, comme sources également de la richesse.

Adam Smith (1723-1790), économiste écossais, qui vécut longtemps en France, soutient que la richesse est dans le *travail*, qui a trois modes d'application : l'*agriculture*, l'*industrie* et le *commerce ;*— **J. B. Say**, son disciple, en reconnaît un quatrième, le *travail intellectuel*, c'est-à-dire les *lettres*, *les arts*, *et les sciences*. — Dans son ouvrage sur les *Richesses des Nations*, **Adam Smith** proteste, avec Gournay, contre les *Règlements*, *Gabelles*, *Douanes*, *Corvées*, *Maîtrises* et tout obstacle à la production et à la circulation : *Laissez faire, laissez passer;* c'est le *free trade* ou *libre échange* des Anglais; — **D'Argenson** avait déjà dit : « *Pas trop gouverner* ».

Adam Smith.

La prétention du XVIIIᵉ siècle et son *illusion* furent de se croire le *siècle de la philosophie* et de revêtir ses plus minces personnages du titre de *philosophes;* ces **Philosophes** forment, au XVIIIᵉ siècle, en France, un parti puissant, qui déclare la guerre au *préjugé de Dieu*, et combat toute *religion positive* comme une *imposture des prêtres ;* — l'*avilissement de la royauté*, la *corruption des mœurs parmi les classes élevées*, les *désordres* introduits dans le clergé par les *abbés de cour* et les *abus de la Commende* favorisent malheureusement ces attaques. — Forts de l'encouragement du public, tous les philosophes s'unissent, sous **D'Alembert** et **Diderot**, pour élever le plus célèbre et le plus orgueilleux monument de la philosophie du XVIIIᵉ siècle, l'**Encyclopédie**, *immense et indigeste répertoire* de toutes les connaissances humaines, en 40 volumes, qui parurent de 1751 à 1770; — c'était là pour les enthousiastes la *Bible de la perfectibilité;* ce fut plutôt une véritable *Tour de Babel, pleine d'incohérence, de contradictions et de confusion.*

Les Philosophes.

L'Encyclopédie.

Voltaire.

D'Alembert.

Diderot.

Condillac.

Helvétius.

D'Holbach.

Condorcet.

D'Alembert en conçut le *plan* et fit la *préface*, ce fameux **Discours préliminaire**, où sont résumés, en style élégant, *tous les progrès des sciences* depuis Bacon.

Diderot, abandonné par D'Alembert au huitième volume, acheva l'entreprise : « *C'était*, dit Gœthe, *l'homme le plus étonnant de son siècle, dans sa conversation; les discours étudiés, travaillés, des plus éloquents orateurs auraient pâli devant ses brillantes improvisations; »* — *Pensées philosophiques; Lettre sur les Aveugles.*

Voltaire, *timide en politique*, le *coryphée de l'impiété* au XVIIIᵉ siècle, fut *déiste* en philosophie, et non pas *athée*, et défendit, au péril de sa popularité, contre ses amis, les *encyclopédistes*, le dogme de *l'existence de Dieu;* — c'est lui qui a dit : « *Si Dieu n'existait pas, il faudrait l'inventer!* » et ceci : « *L'Univers m'embarrasse, et je ne puis songer Que cette horloge existe et n'ait point d'horloger.* » — *Lettres philosophiques.*

Condillac (1715-1780), le *chef de l'École sensualiste* en France : *Origine des Connaissances humaines; Traité des Sensations.*

Helvétius (1715-1771) : *De l'Esprit.* — **D'Holbach** (1723-1789) : le *Système de la Nature*, cet *évangile de l'athéisme* et du *matérialisme* désavoué avec dégoût par Voltaire lui-même. — **Lamettrie** (1709-1751) : *l'Homme-Machine* et *l'Homme-Plante.*— **Raynal** (1713-1796) : *Histoire philosophique des deux Indes.* — **Condorcet** (1743-1794) : *Esquisse des Progrès de l'Esprit humain.*

APOLOGISTES
DE LA RELIGION.
————
Guénée.
————
Barruel.
————
Bergier.

L'abbé Guénée (1717-1803) : *Lettres de quelques Juifs*, chef-d'œuvre de sarcasme poli et d'impitoyable raillerie, « *où toutes les préventions de Voltaire, toutes ses méprises volontaires ou involontaires, en histoire, en religion, en politique, sont relevées avec une précision et une rigueur désespérantes, avec une souplesse merveilleuse de ton, d'expression, de formes; c'est le trait piquant, l'ironie légère, la plaisanterie voilée, la bonhomie perfide de Voltaire même* » (M. CHARPENTIER). — **Voltaire** convenait lui-même que *le secrétaire des Juifs* avait de l'esprit et un style pur; qu'il était poli; mais qu'il *mordait jusqu'au sang*.

L'abbé Barruel (1741-1820) : *Helviennes; Mémoires pour servir à l'Histoire du Jacobinisme*. — L'abbé Bergier (1718-1790) : *le Déisme réfuté par lui-même; Certitude des Preuves du Christianisme; Dictionnaire théologique*.

MOUVEMENT DE RÉFORME EN EUROPE SOUS L'INFLUENCE DES IDÉES FRANÇAISES.

CHARLES III D'ESPAGNE. POMBAL EN PORTUGAL.

JOSEPH II EN AUTRICHE. FRÉDERIC II EN PRUSSE. GUSTAVE III EN SUÈDE.

BECCARIA. LÉOPOLD EN TOSCANE. FERDINAND DE PARME.

Influence
des idées françaises
en Europe.

La France, au XVIIIᵉ siècle, est à la tête de la civilisation; elle imprime son *mouvement littéraire, philosophique et scientifique* au monde entier : — **on parle français** dans toutes les *cours* de l'Europe; nos *livres* y sont lus avec avidité, et notre *littérature* regagne le terrain que notre *politique* a perdu. — Comme on avait jadis imité le *faste* du Grand Roi et l'*élégante correction* de nos écrivains, on imite aussi la *hardiesse* et même l'*incrédulité* de nos philosophes; comme on avait copié nos *modes*, on suit nos *systèmes*; — et ce ne sont plus les *gens de lettres* qui courtisent les *rois;* les rôles sont changés ; les rois semblent se faire les *courtisans* de ceux qui, par leurs écrits, dirigent la puissance nouvelle de l'*opinion publique*.

L'esprit de réforme, popularisé en France par les *philosophes* et les *économistes*, séduit tous les **souverains**, qui essayent timidement de traduire les *idées françaises* en institutions et en faits dans leurs États respectifs. — Quelques-uns viennent eux-mêmes à **Paris**, au *foyer des lumières et des idées nouvelles* (*Pierre le Grand, Gustave III, Christian VII, Joseph II*);—d'autres entretiennent une **correspondance régulière** avec les *philosophes français* (*Frédéric II* avec *Voltaire, Catherine II* avec *le baron Grimm* et *d'Alembert*);—un autre prend pour précepteur de son fils un *philosophe français* (*Philippe de Parme* et *Condillac*).

Il y a partout un vague besoin de *changement* et d'*utiles réformes* à opérer;— les *mœurs* s'adoucissent, la *législation* perd son antique sévérité, la *question* est abolie, les *vieux codes*, les *vieilles institutions* sont minées, *un souffle nouveau fait palpiter le monde;* — malheureusement, les *doctrines* des réformateurs sont le plus souvent empreintes d'*irréligion*.

33

En Espagne : — à **Philippe V** a succédé **Ferdinand VI** (1746-1759), qui a lui-même pour successeur *le roi de Naples*, son frère, **Charles III** (1759-1788) ; *ce prince, intelligent et animé d'excellentes intentions*, a pour ministres le *comte d'Aranda*, *Campomanès*, le *Turgot* de l'Espagne, et *Florida-Blanca*, élèves des philosophes et des économistes français, qui signèrent avec la France le *Pacte de Famille* (1761).

D'Aranda, *tout dévoué aux idées philosophiques*, fait enlever de nuit et à main armée de leurs collèges **2 300** jésuites espagnols, qu'il fait jeter, sans ressources, sur les côtes des *États de l'Église* (1767). — **Sous son administration**, d'ailleurs, *l'industrie, l'agriculture* et le *commerce* se relevèrent ; des *routes* furent établies ; la *banque Saint-Charles* fut fondée à Madrid. — **Création d'écoles** d'*artillerie*, à Ségovie ; d'*ingénieurs*, à Carthagène ; de *cavalerie*, à Ocana ; de *tactique*, à Avila. — La **flotte**, portée à 80 *vaisseaux*, parut avec honneur dans la guerre d'Amérique, à côté des escadres de France.

Charles III, en détruisant les abus, fut obligé de lutter contre les préjugés et les révoltes de ses peuples : « *Mes sujets*, disait-il, *sont comme les enfants, qui pleurent quand on les nettoie.* » — A sa mort (1788), les *revenus de l'Espagne* avaient triplé, et sa *population* était montée de 7 à 11 millions ; — l'œuvre de ce prince *fut anéantie* sous son successeur, le *faible et incapable* **Charles IV**, qui abdiquera à *Bayonne* (1808).

En Portugal : — **Joseph Ier** (1750-1777) a pour ministre le **marquis de Pombal**, *esprit vif et entreprenant, d'une activité fiévreuse, mais imprudente*, qui joignit trop souvent au *zèle* du réformateur la *violence* du despote, et « *fit le bien*, comme on l'a dit, *à coups de hache* ».

Pombal, qui a pour adversaires la *noblesse* et les *jésuites*, triomphe de l'opposition des *grands*, en envoyant à l'échafaud, avec la même hardiesse que *Richelieu*, les grands seigneurs qui s'attaquent à l'autorité ou à la vie du roi ; — puis il implique odieusement les jésuites dans les complots de la noblesse et les *expulse* du Portugal (1759) avec des procédés d'inhumanité révoltante ; — *Clément XIII*, navré de douleur, leur ouvrit ses bras paternels.

L'énergie de **Pombal** fut plus utile à son pays lors du *tremblement de terre* qui détruisit **Lisbonne** (1755) et ensevelit 18 000 habitants sous ses ruines : — cette *capitale*, rebâtie en quelques années par ses soins, devint *une des plus belles villes* de l'Europe.

Pombal réorganisa l'*armée* et la *marine*, et s'efforça de ranimer l'*agriculture*, le *commerce* et l'*industrie*, en créant des *Compagnies* pour la Chine et l'Amérique ; — mais, depuis le traité de *Methuen* (1703), c'était l'**Angleterre** qui exploitait le commerce du Portugal et s'appropriait ses richesses.

A la mort de Joseph Ier, la *noblesse* et le *clergé*, lassés du despotisme ministériel de Pombal, le firent poursuivre et *bannir* ; et « *le grand marquis* », comme l'appelaient les paysans, mourut dans ses terres, en 1782.— Le **Portugal**, un moment *galvanisé* par ce puissant administrateur, retomba après lui sous la *domination anglaise* et s'endormit dans sa *décadence* et sa *ruine*.

Charles III en Espagne.

D'Aranda.

Pombal en Portugal sous Joseph Ier.

33.

En Autriche : — **Joseph II** (1780-1790), fils aîné de *Marie-Thérèse*, réformateur violent et maladroit, qui avait visité la France sous le nom de *comte de Falkenstein*, et dont Frédéric II disait : « *Avec le désir d'apprendre, il n'a pas la patience de s'instruire* », exécuta sitôt après la mort de sa mère (1780) ses *projets de réformes :* — il voulait substituer l'*esprit laïque* à l'*esprit ecclésiastique* tout-puissant en Autriche, détruire les *abus féodaux* et soumettre ses *vastes·États* (Autriche, Hongrie, Pologne, Bohême, Souabe, Belgique, Milanais et Mantouan), si divers d'origine, à un *système uniforme* d'administration.

Joseph II en Autriche. — **Joseph II** décréta la *liberté des cultes*, l'*égalité de tous* devant la *loi* et pour le *service militaire ;* institua le *mariage civil ;* abolit le *droit d'aînesse* et la *peine de mort ;* supprima les *processions*, les *pèlerinages*, les *juridictions féodales*, les *droits seigneuriaux*, mais releva le commerce par la *suppression des douanes* de province à province. — Le pape **Pie VI**, qui entreprit le voyage de *Vienne* pour arrêter l'Empereur dans ses *réformes inconsidérées*, n'en obtint que les *égards* dus à son rang.

Le grand tort de Joseph II fut de porter la main partout à la fois, pour détruire, sans règle ni mesure, au nom de l'*arbitraire* et de la *force*, blessant des *traditions*, des *croyances*, des *habitudes* encore pleines de force et de vénération, sans se préoccuper de savoir s'il ne *devançait* pas les vœux de son peuple. — « *Il faut que tout abus cesse, si vieux qu'il soit*, disait Joseph II, *car la raison est plus ancienne que les abus.* » La logique de la Convention française ne sera pas plus implacable.

La Révolution française, qui ne menaçait pas seulement sa sœur *Marie-Antoinette*, épouse de Louis XVI, mais tous les *rois absolus*, lui fit regretter la *violence* et la *précipitation* de ses entreprises ;—il mourut plein d'effroi pour l'avenir, avec le regret amer d'*avoir fait peu d'heureux et beaucoup d'ingrats* (1790) ; — il avait rédigé lui-même son épitaphe : « *Ci-gît Joseph II, qui fut malheureux dans toutes ses entreprises.* » — La plus grande partie de ses réformes furent abandonnées par son *frère* et *successeur*, le sage et pacifique souverain de Toscane, **Léopold II** (1790-1792).

Frédéric II en Prusse. — En Prusse : — **Tout réussissait, au contraire, à Frédéric II**, qui accueille magnifiquement les *philosophes de France* (Voltaire, Maupertuis, La Mettrie, le marquis d'Argens), accepte leurs *flatteries* et leurs *éloges*, mais se garde bien de suivre leurs *utopies :* « *Si je voulais perdre un État*, disait-il, *je le ferais gouverner par des philosophes* » ; son gouvernement fut ce qu'on a appelé un *despotisme éclairé*. — Sorti glorieusement des deux guerres de la *Succession d'Autriche* et de *Sept ans*, il s'applique à relever ses provinces des *ruines de la guerre ;* — il favorise l'*industrie*, le *commerce*, l'*agriculture*, en faisant ouvrir des *canaux*, en desséchant les marais de la triste *Poméranie*, en interdisant la *mendicité*, et en fondant une *caisse hypothécaire* (1770) et plusieurs *banques de crédit foncier*. — Un nouveau code, plus humain que tous ceux des autres nations, le **Code Frédéric**, œuvre de *Cocceji* et de *Cramer*, supprime la *question* et la *torture*.

Philosophe et irréligieux, mais de la plus *grande tolérance,* Frédéric accueillit dans ses États les **jésuites** bannis de France et leur confia *l'éducation de la jeunesse,* disant qu' « *il ne redoutait point en Prusse les troubles de la Bulle Unigenitus* ». — Disciple des *physiocrates,* il regardait les paysans comme *les pères nourriciers de la société,* et, par des avances d'argent, de terres, attirait les *agriculteurs étrangers* dans ses États.

Ce grand homme de guerre, « *ce tacticien par excellence,* a dit Napoléon Ier, *qui eut le secret de faire des soldats de véritables machines* », et qui introduisit tant de perfectionnements dans la *tactique, l'armement des soldats, l'approvisionnement des armées,* trouva encore le temps d'écrire de *beaux vers français* et d'importants ouvrages dans notre langue : *l'Histoire de mon Temps,* les *Mémoires pour servir à l'Histoire de la Maison de Brandebourg,* l'*Histoire de la Guerre de Sept ans* et des *Mémoires.*

Frédéric mourut, en 1786, *l'arbitre de l'Allemagne,* salué dès son vivant du titre de **Grand,** après un règne de 46 ans, pendant lequel il éleva son *petit État* au rang d'une grande puissance et en *doubla* la population. — Il eut pour successeur son neveu **Frédéric-Guillaume II (1786-1797).**

EN SUÈDE : — **Gustave III (1771-1792),** *admirateur passionné de la France,* visitait Paris, fréquentant les *philosophes,* quand lui arriva la nouvelle de la mort de son père, **Adolphe-Frédéric (1751-1771)** ; — il chercha d'abord à rétablir l'ordre, troublé par les discordes du parti des **Chapeaux** ou *faction française,* et du parti des **Bonnets** ou *faction russe ;* — puis il brisa les chaînes dans lesquelles la *noblesse* tenait enlacée la puissance royale par le **coup d'État** de 1772, suivi, en 1778, de l'*Acte d'Union et de Sûreté,* qui supprimait le *Sénat* et les privilèges des *grands.*

Gustave III, *maître absolu,* racheta et justifia son despotisme par tout ce qu'il fit en faveur du peuple : *ateliers* pour les mendiants, *médecins gratuits* pour les pauvres, *liberté du commerce des grains,* abolition de la *torture,* libre accès pour tous aux *fonctions publiques,* restauration de la *grande Université d'Upsal,* fondation de l'*Académie suédoise,* etc. — Mais l'opposition, d'abord sourde, puis violente, de la *noblesse* arrêta d'abord ses progrès en Finlande dans la guerre contre Catherine II, et lui imposa la paix peu glorieuse de *Véréla* (1790) ; — enfin, un gentilhomme, *Ankarstroem,* le blessa à mort d'un coup de pistolet, dans un bal masqué, le 15 mars 1792, au moment où il se disposait à marcher au secours de **Louis XVI.**

Beccaria (1738-1774), de Milan, étudia à *Parme* chez les jésuites, s'attacha ensuite aux doctrines philosophiques de *Condillac* et finit par admettre toutes les vues des *encyclopédistes.* — En 1764 parut son fameux **Traité des Délits et des Peines,** où sont contenues une foule d'*idées justes* et *sages,* qui sont devenues populaires et ont été réalisées de nos jours (séparation du *pouvoir judiciaire* du *pouvoir législatif ;* condamnation des *procédures secrètes,* de la *torture* et des *emprisonnements arbitraires ;* proportion dans la punition des *crimes* et des *délits ;* établissement du *jury ;* abolition de la *peine de mort ;* etc.)

Frédéric II en Prusse. (Suite.)

Gustave III en Suède.

Beccaria.

Beccaria. *(Suite.)*	Le Traité des Délits et des Peines, qui préparait une révolution prochaine dans le *droit criminel* de l'Europe, fut accueilli avec enthousiasme, eut *trente éditions* successives en Italie et fut *traduit* dans toutes les langues ; — **Voltaire** le *commenta* ; **Malesherbes** le fit traduire *en français*, et **Catherine II** voulut attirer son auteur à la *cour* de Russie. — Une chaire d'*économie politique* avait été fondée pour lui à Milan en 1768 ; il y *professa* jusqu'à sa mort (1794).
Ferdinand à Naples. **Tanucci.**	A NAPLES : — **Charles VII** (1738-1759), qui devint Charles III d'Espagne, et **Ferdinand IV** (1759-1825) ont pour auxiliaire le *Toscan* **Tanucci**, disciple de Montesquieu et de Beccaria, qui fut *premier ministre* pendant 43 ans. Tanucci entreprit de remplacer par un seul code, le *Code Carolin*, les débris confus de onze législations différentes ; — il dépouilla la noblesse de ses *privilèges*, interdit aux ecclésiastiques les acquisitions de *biens de main-morte*, et bannit les *jésuites* du royaume en 1768. — **Naples** lui doit le fameux *théâtre San-Carlo*, l'hospice des pauvres, et *Caserte*, son château royal. — La jeune reine *Marie-Caroline* le fit disgracier en 1776, et lui fit donner pour successeur l'Anglais *Acton*, son favori.
Léopold en Toscane. ——— **Ferdinand à Parme.**	EN TOSCANE : — **Léopold Iᵉʳ** (1763-1790), de la maison de *Lorraine*, qui devait succéder sur le trône d'Autriche à son frère Joseph II, se rendit cher aux *philosophes*, pour avoir réformé, avec *Scipion Ricci*, évêque janséniste de *Pistoie*, les *lois civiles et criminelles* (*Lois Léopoldines*) d'après les doctrines de Beccaria ; — il rendit la *liberté* au commerce et commença le dessèchement des *Maremmes* ; — c'est à lui que la Toscane dut le *gouvernement paternel* qui la rendit longtemps le *pays le plus fortuné* de l'Italie. A PARME : — **Don Philippe** (1748-1765) reçut, de son *beau-père*, Louis XV, le Français *du Tillot*, marquis de *Félino*, dont il fit son *premier ministre*, et qui, sous son fils **Ferdinand** (1765-1802), élève de *Condillac*, expulsa les jésuites (1768) ; — *Félino* fut disgracié en 1771.

LA RUSSIE AU XVIIIᵉ SIÈCLE. CATHERINE II.

DÉMEMBREMENT DE LA POLOGNE.

GUERRE DE LA RUSSIE CONTRE LA SUÈDE ET LA TURQUIE.

Les successeurs de Pierre le Grand.	**Pierre le Grand laisse en mourant :** — sa veuve *Catherine Iʳᵉ* ; — deux petits-fils, *Pierre II*, fils du malheureux czarévitz Alexis, et *Pierre III*, fils d'Anna Pétrowna et époux de Catherine II ; — deux filles, *Anne Pétrowna*, mariée au duc de Holstein, et *Élisabeth* ; — une nièce, *Anne Ivanowna*, épouse du grand-duc de Courlande. — Il avait donné aux souverains russes le droit absolu de **désigner eux-mêmes leur successeur** ; — ce fut une cause de *troubles*, d'*intrigues* et de *révolutions de palais* ou de *caserne* souvent sanglantes.

Catherine Iʳᵉ (1725-1727) s'empare du pouvoir avec l'aide de *Mentchikoff*, ancien *garçon pâtissier*, élevé par Pierre le Grand à la dignité de *prince* et de *premier ministre*, **et** se laisse diriger par l'habile et ambitieux *favori*.

Pierre II (1727-1730), fatigué de l'insolence de *Mentchikoff*, l'exile en Sibérie, et donne sa confiance à *Ivan Dolgorouki*.

Anne Ivanowna (1730-1740), fille d'*Ivan V*, frère de Pierre le Grand, dut la couronne à l'influence des *Dolgorouki* et des *Galitzin*, qu'elle exila ensuite en Sibérie, et remplaça par un nouveau favori, *Biren*, fils d'un paysan de Courlande, homme aussi impitoyable qu'avide, et d'une ambition démesurée ; — deux Allemands , *Ostermann* , habile diplomate, et *Munich*, élève d'Eugène et de Marlborough, dirigent l'un sa politique extérieure, l'autre la marine et l'armée ; — elle intervient avec succès dans la guerre de la *Succession de Pologne* (1733), où elle fait reconnaître son prétendant *Auguste III*.

Ivan VI (1740-1741), *petit-neveu* d'Anne, et âgé de trois mois, est reconnu *czar* sous la tutelle de *Biren*, qui est renversé, un mois après, par le général *Munich*, et exilé en Sibérie. — Bientôt une *révolution de cour* met le pouvoir aux mains d'*Élisabeth*, fille cadette de Pierre le Grand, qui renferme **Ivan** dans une forteresse et envoie *Munich* rejoindre *Biren* dans les déserts glacés de la Sibérie.

Élisabeth Pétrowna (1741-1762), *femme indolente et débauchée*, abandonne la conduite des affaires au médecin français *Lestocq*, puis au favori *Bestucheff*, qui renverse Lestocq, en 1748 ; — elle conclut, avec la Suède, la *paix d'Abo* (1743), qui lui valut une grande partie de la Finlande, puis intervient dans la *guerre de Sept ans* pour se venger des *épigrammes* de Frédéric II.

Pierre III (1762), petit-fils de Pierre le Grand, *admirateur passionné* de Frédéric II, s'allie avec lui dès son avènement au trône ; — il rappelle les *nobles*] exilés en Sibérie et abolit la peine du *knout* ; — mais il ne sut ménager ni la *noblesse*, ni le *clergé*, ni l'*armée* ; une conspiration se forma contre lui, et il se laissa détrôner, « *comme un enfant qu'on envoie coucher* » ; — sa femme **Catherine**, dont il voulait punir les *désordres*, le fit étrangler par le *comte Orloff*, son favori.

CATHERINE II (1762-1796), fille du prince allemand d'Anhalt-Zerbst, *belle, intelligente, hardie, avec une rare activité, un amour extrême du travail, mais aussi une ambition profonde, sans souci des moyens pour arriver à son but, une vanité sans bornes, une passion désordonnée de la gloire et des mœurs corrompues*, monta, à 33 ans, sur le trône de Pierre le Grand, dont elle continua et acheva l'œuvre.

Catherine II, que les Russes appellent **la Grande**, eût mérité ce titre, si sa *cour* n'eût offert le spectacle de tous les *vices* et de toutes les *débauches* : — *meurtrière* et *successeur* de son époux, elle fit aussi périr le jeune *Ivan VI*, dont le nom servait de ralliement aux mécontents, et vécut alors sans contrainte avec ses nombreux **favoris**, les *Soltikoff*, les *Orloff*, les *Potemkin*, etc.; elle plaça même l'un d'eux, *Poniatowski*, sur le trône de Pologne (1764).

Les successeurs de Pierre le Grand. (*Suite.*)

CATHERINE II.

Son caractère.

Sa politique extérieure. { **Trois peuples** pouvaient faire obstacle à la Russie : — 1° la **Suède**, *ruinée* d'hommes et d'argent par Charles XII, et *déchirée* par les factions rivales des *Bonnets* et des *Chapeaux*; — 2° la **Turquie**, qui a perdu son *élan guerrier* du XV° et du XVI° siècle et est retombée dans l'*apathie orientale ;* — 3° la **Pologne**, en état complet d'*anarchie*, avec ses *querelles religieuses*, sa *royauté élective*, son *liberum veto* (l'opposition d'un seul *nonce* ou député arrête toute décision de la Diète), et ses deux partis, les *réformateurs* (les *Czartoryski*) et le parti *national* ou *républicain* (les *Branicki*, le prince *Radziwill* et les *Potocki*).

Catherine profite habilement de la situation de ses *voisins*, au profit de la Russie : — *son règne comprend* : les *trois partages de la Pologne, deux guerres contre les Turcs, et une guerre contre les Suédois*.

Premier partage de la Pologne entre la Russie, la Prusse et l'Autriche (1772). { **Cause :** — Catherine se déclare protectrice des *dissidents* (Grecs schismatiques et protestants), exclus, depuis 1733, de la Diète et des magistratures ; — deux *archevêques* protestent ; le prince *Repnine*, ambassadeur russe, les fait arrêter et conduire en Sibérie ; —*indignation générale des catholiques*.

Lutte : — Les **Polonais** se confédèrent à *Bar* (1768), au nom de la religion et de l'indépendance, pour chasser les Russes ; — ils prennent pour étendard une bannière de la *Vierge* et de *l'Enfant Jésus* ; et la *croix latine* marche contre la *croix grecque* ; — mais les *Russes* entrent par l'est, les *Prussiens* par l'ouest, les *Autrichiens* par le sud, et les *confédérés*, malgré l'alliance des *Turcs* et l'épée de *Dumouriez*, sont vaincus.

Partage : — La **Russie** et la **Prusse** signent un *premier traité de partage* (1772), auquel adhère **Marie-Thérèse**, « *toujours pleurant, mais prenant toujours* ». — La *Diète de Varsovie* ratifie, sous la pression des baïonnettes, le *premier démembrement de la Pologne*. — La **Russie** prend la *Livonie* et le pays à l'est de la *Dwina*; l'**Autriche**, la *Galicie orientale*, et la **Prusse**, le pays entre *Dantzig* et *Thorn* (non compris ces deux villes) et la province de *Posen*. — Ce qui reste garde le nom de *royaume de Pologne*, et les trois puissances s'engagent à en respecter désormais l'*intégrité*.

Deuxième partage de la Pologne entre la Russie et la Prusse (1793). { **Cause :**—Les *Czartoryski*, pour relever la Pologne, font décréter, par la Diète, la suppression du *liberum veto* et l'établissement de la *monarchie héréditaire* (1791) ;—mais le *parti républicain*, avec les *Branicki* et les *Potocki*, se confédère à *Targowitz* pour le maintien de l'ancienne constitution.

Lutte : — Catherine envoie 80 000 Russes en Pologne pour protester contre les *réformes* ; — l'intrépide **Kociusko**, abandonné par *Poniatowski*, est vaincu ; — les *patriotes polonais* mettent bas les armes et s'*expatrient*.

Partage : — **Catherine II**, de concert avec **Frédéric-Guillaume II**, qui revenait vaincu de *Valmy*, procède à un *second partage* : — La **Russie** prend la plus grande partie de la *Lithuanie*, de la *Podolie* et de la *Volhynie*; la **Prusse** prend *Dantzig* et *Thorn* (septembre 1793).—L'**Autriche**, préoccupée des événements qui se passaient en France, *ne prend point part* au second démembrement. — Par une *suprême dérision*, on obligea les **Polonais** à ratifier eux-mêmes leur spoliation, à la *Diète de Grodno* (1793) ; — mais on n'obtint d'eux, pendant 24 heures, qu'un *morne silence*, qui fut interprété pour *assentiment*.

Cause : — **Kociusko**, l'ami de *Washington* et de *La Fayette*, qu'on peut appeler le *dernier des Polonais*, soulève la Pologne pendant que l'Autriche et la Russie sont aux prises avec la *République française* (1794).

Lutte : — L'héroïque **Kociusko**, vainqueur à *Raslawice*, chasse les Russes de *Varsovie*, mais il est vaincu à *Maciejowice* (1794) par *Souwarow*, et tombe, percé de coups, aux mains de ses ennemis, en criant : « *Finis Poloniæ!* » — Un mois après, **Varsovie** capitule, et le farouche *Souwarow* se livre aux plus affreuses vengeances : 25 000 habitants du faubourg de *Praga* sont massacrés sous ses yeux ; — **Poniatowski** abdique, sur l'ordre de Catherine, et va vivre à Saint-Pétersbourg d'une *pension* de 200 000 ducats, *méprisé du monde entier*, tandis que les vaillants défenseurs de l'indépendance vont peupler les *déserts de la Sibérie*.

Partage : — **L'Autriche** reçoit *Cracovie* avec la *Galicie occidentale ;* — La **Prusse** a *Posen* et tous les pays compris entre le *Bug* et le *Niémen*, avec *Varsovie;* — La **Russie** a le reste de la *Volhynie*, de la *Lithuanie* et de la *Samogitie.* — Ainsi fut consommée cette honteuse *violation du droit des nations*, qui autorisera désormais, en Europe, à se partager les peuples *comme des troupeaux*, les pays *comme des fermes*, à la convenance des vainqueurs du jour ! — **Deux peuples seuls** avaient pris hautement, mais inutilement, la défense de la malheureuse Pologne, la *Turquie* et la *Suède*. — Quelque temps après, **Catherine** rappelait auprès d'elle *Biren*, le duc de *Courlande*, et incorporait ce duché à l'Empire russe (1795).

*(Accolade : **Troisième partage de la Pologne entre la Russie, la Prusse et l'Autriche (1795).**)*

Cause : — **Mustapha III**, poussé par l'ambassadeur français, *de Vergennes*, fait alliance avec les *confédérés polonais de Bar* et déclare la guerre à **Catherine II** (1769).

Lutte : — **Les Turcs**, mal disciplinés, mal équipés, sont battus à *Choczim*, à *Azof*, à *Ismaïl*, à *Bender*, et les Russes occupent la *Bessarabie*, la *Moldavie* et la *Valachie* (1770) ; — en outre, une *flotte russe* commandée par des marins anglais parut, pour la première fois, dans l'*Archipel*, vainquit la flotte turque à *Tchesmé* et en brûla complètement les débris, *sans qu'un seul navire échappât au désastre* ; si les vainqueurs s'étaient aussitôt dirigés vers *Constantinople*, comme le demandait l'amiral anglais Elphinston, c'en était peut-être fait de l'*empire ottoman*. — Après une **trève de trois ans**, les hostilités recommencent (1773) : — **Les Turcs** font lever le siège de *Silistrie* et rejettent les Russes sur la *rive gauche* du Danube; — mais le général *Romanzow* enveloppe à l'improviste l'armée turque mal commandée, près de *Kaïnardji*, l'anéantit par la force et la famine, et oblige le *grand vizir* à signer la paix du même nom.

Paix de Kaïnardji (1774) : — La **Turquie** recouvrait la *Moldavie*, la *Valachie* et la *Bessarabie*; mais ces provinces étaient placées sous le *protectorat de la* **Russie**, qui obtient *Iénikalé, Azof, Taganrog, Kertsch*, la *libre navigation sur la mer Noire*, et fait reconnaître par la Porte l'*indépendance des Tartares de Crimée*.

*(Accolade : **Première guerre contre les Turcs (1769-1774).**)*

Deuxième guerre contre les Turcs (1787-1792).

Causes : — Le **Khan des Tartares** vend à Catherine II sa *souveraineté* sur la *Crimée*, qui est réunie à l'Empire russe sous le nom de *Tauride* (1783), et *Sébastopol* est fondée à vingt-quatre heures de Constantinople;—le *voyage triomphal* de l'orgueilleuse tzarine en *Crimée* (1787), son entrevue avec Joseph II à *Kherson* et la fastueuse inscription, *route de Byzance*, placée par *Potemkin* sur l'une des portes de cette ville, décident **Abdul-Hamid**, à déclarer de nouveau la guerre; — l'**Autriche** était l'alliée de la Russie.

Lutte : — Les **Turcs** sont d'abord vainqueurs à *Temeswar* (1788) et à *Sébastopol*; — mais *Souwarow* s'empare d'*Oczakow* et d'*Ismaïl*, après d'affreux carnages, et les *Autrichiens* s'emparent de *Belgrade*; — la *mort* de Joseph II (1790) amène sur le trône son frère, **Léopold II**, qui rend cette ville aux Turcs par la paix de *Sistowa* (1791), et les menaces de la **Prusse** contraignent la tzarine à signer avec **Sélim III** la *paix de Jassy*.

Paix de Jassy (1792) : — la **Russie** obtient la *Crimée* et la *frontière du Dniester*.

Guerre contre les Suédois (1789-1790).

Cause : — **Gustave III**, poussé par le parti français des *Chapeaux*, anéantit le parti russe ou des *Bonnets* (1789); -— **Catherine**, qui s'est entendue avec la Prusse pour maintenir l'*anarchie en Suède*, lui déclare la guerre.

Lutte et traité : — **Gustave III** envahit la *Finlande russe*; — vaincu à la première bataille navale de *Svenkasund* (1789), puis victorieux dans la seconde, il est trahi par sa noblesse, et signe avec la Russie la **paix de Véréla** (1790).

Politique intérieure de Catherine II.

Catherine II, du sein de son *despotisme oriental*, courtisait les suffrages des *beaux esprits* de Paris : — elle attachait à son service *Grimm*, qui, de Paris, lui envoyait une correspondance régulière sur les affaires de France ; — elle écrivait à *Voltaire*, qui l'appelait « *la Sémiramis du Nord* »; à *Diderot*, dont elle acheta la bibliothèque pour lui en laisser la jouissance, sa vie durant, et à *D'Alembert*, à qui elle offrit de diriger l'éducation de *son fils*.

Catherine poursuivit l'œuvre de civilisation de *Pierre le Grand :* — elle fit venir des cultivateurs étrangers pour apprendre l'*agriculture* aux paysans russes, négocia des *traités de commerce* avec l'Angleterre, la France et l'Autriche, organisa un *service de caravanes* avec la Perse et la Chine, et ouvrit à *Kiakta*, en Sibérie, un *grand marché* avec les Chinois. — Elle abolit la *torture*, permit aux *serfs* de se libérer et d'acheter des terres, divisa le territoire russe en *gouvernements* et en *cercles*, et fonda l'*Ordre de Saint-Georges* pour le mérite civil, et celui de *Saint-Wladimir* pour le mérite militaire.

Sa mort (1796).

Catherine II mourut d'une attaque d'apoplexie foudroyante, à l'âge de 67 ans, au moment d'intervenir en Europe *contre la République française*.

Son nom, qui rappellera éternellement les *infortunes de la Pologne*, a laissé dans l'histoire une étrange renommée mêlée de *gloire* et d'*infamie*; — l'*astuce* de la politique européenne et la *brutalité* du despotisme asiatique se mêlent dans son gouvernement, comme l'*Europe* et l'*Asie* dans son Empire. — « *Je suis venue pauvre dans ce pays*, disait-elle quelque temps avant de mourir, *et je lui laisse deux trésors, la Crimée et la Pologne.* » — Son fils **Paul Ier** lui succéda (1796-1801).

34

L'ANGLETERRE AU XVIIIᵉ SIECLE.

GOUVERNEMENT PARLEMENTAIRE : LA PRESSE, LA TRIBUNE ET LES LETTRES.

CONQUÊTES DES ANGLAIS DANS L'INDE. RÉGIME COLONIAL.

VOYAGES ET DÉCOUVERTES. SCIENCES ET INDUSTRIE.

L'ANGLETERRE
APRÈS
LA RÉVOLUTION
DE 1648.

Guillaume III
(1688-1702).

Guillaume III, monté sur le trône, après avoir juré la célèbre **Déclaration des Droits**, ne fut jamais *populaire* en Angleterre, et n'y eut qu'une *autorité très limitée*. — Les **exigences du Parlement**, jaloux de ses privilèges, qui contraint le roi à renvoyer sa *garde hollandaise* et lui mesure avec parcimonie sa *liste civile*, blessaient profondément la nature despotique de Guillaume ; — aussi le voyait-on plus souvent à *la Haye* qu'à *Londres*, et l'on put dire avec raison qu'il était *roi en Hollande et stathouder en Angleterre*. **Guillaume** mourut *sans postérité*, d'une chute de cheval ; sa femme, **Marie II**, l'avait précédé de sept ans dans la tombe.

Anne Stuart
(1702-1714).

Anne Stuart, *protestante*, fille cadette de Jacques II et *belle-sœur* de Guillaume, lui succéda, en vertu du **Bill de Succession** (1701), *qui excluait les catholiques du trône d'Angleterre.*— La *bonne reine Anne*, dominée par sa favorite, *lady Churchill*, femme du célèbre général **Marlborough**, gouverna jusqu'en 1710, avec les **whigs**, dont *Marlborough* et le ministre *Godolphin* étaient les chefs. — Elle continua la guerre de la Succession d'Espagne : « *Depuis* 1688, d'ailleurs, dit Macaulay, *la guerre contre la France semble être devenue un article de la Constitution.* »

Réunion de l'Angleterre et de l'Écosse en un seul *État politique*, sous le nom de *royaume de la Grande-Bretagne* (1707) ; — il n'y a plus qu'*un seul Parlement* siégeant à *Westminster*, où l'Écosse est représentée par 16 pairs à la *Chambre Haute* et par 45 députés à la *Chambre des Communes*. — Sous le règne d'Anne Stuart, qui a été appelé « *l'âge d'or de la Littérature anglaise* », les **Lettres** brillèrent d'un vif éclat.

MAISON
DE HANOVRE.

Georges Iᵉʳ.
(1714-1727).

Georges Iᵉʳ, *électeur de Hanovre*, arrière-petit-fils de Jacques Iᵉʳ, par sa mère, *Sophie*, succède à Anne en vertu de *l'acte de succession* de 1701, et commence la dynastie de Hanovre, qui règne encore de nos jours en Angleterre. — *Prince entêté et violent, cruel et débauché, ne sachant pas un mot d'anglais, ni un article de la Constitution, qu'il jura d'observer*, mais *protestant et ennemi de Louis XIV*, **Georges** abandonne le gouvernement au chef des whigs, **Robert Walpole**, qu'il fait *chancelier de l'Échiquier*.

Les **Jacobites** prennent les armes et proclament, sous le nom de *Jacques III*, le fils de Jacques II, qu'on appelait le *Chevalier de Saint-Georges* ; mais ils sont battus par le *duc d'Argyle* (1715) ; — le malheureux *prétendant*, descendu en *Écosse*, dut promptement se rembarquer, traversa *furtivement* la France et alla se cacher dans *Avignon*.

34.

Georges Ier.
(Suite.)

Walpole.

Walpole profite de cette insurrection pour faire adopter la *loi de septennalité*, qui portait de trois à sept ans la durée de la Chambre; il avait ainsi à renouveler moins souvent ses *marchés* avec les députés. — Walpole, *le maquignon des consciences, le Père de la corruption, « qui connaissait,* disait-il, *le prix de chaque Anglais, parce qu'il n'y en avait point qu'il n'eût marchandé ou corrompu »,* s'efforça, de concert avec **Fleury**, *aussi pacifique que lui,* de conserver la *paix* en Europe, entra dans la *triple et quadruple alliance* contre l'Espagne, et diminua la dette en donnant, le premier, l'exemple de la *conversion des rentes.*

Georges Ier mourut à *Osnabrück* (1727), en allant revoir une fois encore son *cher électorat de Hanovre.*

Georges II
(1727-1760).

William Pitt.

Guerres
de la
Succession d'Autriche
et de Sept ans.

Georges II, *prince d'un caractère étroit, irascible, avare, sans application au travail,* conserva le pouvoir à **Walpole**, dont il avait été l'adversaire, étant *prince de Galles,* et qui fut, pendant quinze ans, le *véritable maître* de l'Angleterre. — **Walpole**, pour avoir voulu empêcher l'Angleterre de prendre part à la *guerre de la Succession d'Autriche,* dut céder le gouvernement, en 1742, aux chefs de l'opposition, *Lord Carteret,* l'ennemi de la France, et le *duc de Newcastle;* — c'était la première fois qu'un ministre quittait le pouvoir pour obéir à la majorité : *« Ce sont les ministres qui sont les rois en Angleterre »,* s'écria **Georges II** avec dépit.

Alors parut **William Pitt** (*Lord Chatam*), le *grand député des communes,* le *ministre national* de l'Angleterre, déjà célèbre par son opposition à Robert Walpole; aucun Anglais, si ce n'est le *second Pitt,* son fils, n'a plus énergiquement servi l'*ambition* de l'Angleterre et ses *haines;* — l'**Angleterre** lui doit ses victoires dans la *guerre de Sept ans,* la conquête du *Canada,* et son empire du *Bengale;* tous les coups qui ruinèrent nos colonies furent portés de la main de **Pitt**. — *Ministre de la guerre,* en 1756, **William Pitt** donna sa démission en 1761; — il eut pour *rival,* en politique et en éloquence, **Henri Fox**, chef du parti *whig,* d'une éloquence moins hardie, moins brillante, mais d'une logique irrésistible; — les **deux fils** de ces deux grands hommes d'État continueront, sous Georges III, cette *rivalité célèbre.*

Sous **Georges II** eut lieu l'audacieuse tentative du fils aîné de Jacques III, **Charles-Édouard**, qui, à la tête d'une poignée d'*Highlanders,* s'empara de l'*Écosse* et fit un instant trembler *Londres;* — mais il fut complètement battu à *Culloden* (1746), par le *duc de Cumberland,* et cette défaite *anéantit* pour jamais le *parti jacobite* ou des *Stuarts,* en Angleterre. — Les **Écossais**, *coupables* d'une héroïque fidélité à leurs anciens rois, se virent enlever les derniers vestiges de leur *nationalité* : un bill du Parlement abolit le *système des clans* ou *tribus,* et interdit même le costume des aïeux, le *plaid,* conservé par les *montagnards,* et dont les *carreaux variés* distinguaient les *clans.*

Georges II mourut subitement, en 1760, laissant l'Angleterre *victorieuse* et *maîtresse des mers,* quoique *lasse* des sacrifices que lui imposait la *guerre.*

Georges III, petit-fils de Georges II, jeune homme de vingt-deux ans, étranger par sa naissance et son éducation au Hanovre, *pieux, doux, économe, de mœurs irréprochables, mais d'une raison faible*, qui fut troublée, à plusieurs reprises, depuis 1766, et pendant de longues années, fut le *premier roi vraiment anglais* de la dynastie hanovrienne.— Moins disposé que ses deux prédécesseurs à subir le joug des *whigs*, il leur préfère les *tories*, plus respectueux pour la prérogative royale ; — son favori, **Lord Bute**, qui lui fit accepter la démission de **William Pitt** (1761), est remplacé par *Lord North*.

Lord North amène la *guerre d'Amérique* par les *impôts* dont il surcharge la colonie, et succombe devant les revers multipliés sur terre et sur mer. — Un *ministère dit de coalition* signe la paix ; mais **Charles Fox**, qui en fait partie, propose aux Communes un *règlement des affaires des Indes* attentatoire aux droits de la Couronne ; — **Georges III** le remplace (1783) par **William Pitt** (1759-1806), fils de Lord Chatam, *jeune homme de vingt-quatre ans*, qui, repoussé par les *Communes*, casse la Chambre et trouve aux élections suivantes une *majorité dévouée*, qui le soutient dans toutes les coalitions qu'il fomente **contre la France**, sous la *République* et sous *l'Empire*.

Georges III
(1760-1820).

William Pitt (fils).

Le régime parlementaire, où *le roi règne et ne gouverne pas*, fut réellement inauguré, en Angleterre, par la fameuse **Déclaration des Droits de 1688**. — Guillaume III ne fut reconnu roi qu'après avoir accepté cette déclaration, où se trouvaient les articles suivants : *Le pouvoir de suspendre les lois est radicalement nul ; Toute levée d'impôts sans le concours du Parlement est illégale ; Le roi ne peut lever une armée sans le consentement du Parlement ; Aucun membre du Parlement ne peut être accusé, ni poursuivi pour les discours qu'il a prononcés, ou pour les votes qu'il a émis.*

Ces libertés s'affermirent sous les *premiers rois de la Maison de Hanovre*, qui, étrangers au pays, parfois même à la langue, étaient contraints d'abandonner la direction du gouvernement à leurs *ministres anglais*. — La défaite des jacobites, à *Culloden*, ayant, d'ailleurs, anéanti, en Angleterre, *toute opposition antidynastique*, les souverains, heureux de cette sécurité, se résignent à leur rôle de prince constitutionnel ; — *le roi règne, et s'amuse, ou même devient fou (Georges III), les ministres gouvernent !*

Le Parlement était formé de *deux Chambres* : — 1° la **Chambre des Lords** ou *Chambre Haute*, composée des *princes du sang*, des aînés de grandes *familles*, qui y entraient par droit de naissance, de 16 *pairs d'Écosse* élus pour chaque Parlement, de 28 *pairs d'Irlande* élus à vie, de 30 *archevêques et évêques anglicans* d'Angleterre et d'Irlande, et de ceux enfin que le *roi appelait à la pairie* ; — en vertu de cette *prérogative de la Couronne* qui était exercée par les *ministres*, ceux-ci faisaient parfois des *fournées de pairs* pour déplacer la *majorité*. — 2° la **Chambre des Communes**, ou *Chambre Basse*, où les *cadets de grande maison* se faisaient élire dans les *comtés*, les *villes*, et les *bourgs*, en payant eux-mêmes leur *élection* ou en la faisant payer par un parti ou un ministre.

Le gouvernement
parlementaire
en Angleterre.

La Chambre des Lords
et la
Chambre des Communes.

La Chambre des Communes était prépondérante au Parlement britannique ; ses décisions étaient à peu près souveraines, *en matière de finances* ; et, dans les questions graves, son vote déterminait le *maintien* ou le *renvoi des ministres*.

Deux partis partageaient le Parlement : — 1° **les whigs** ou *libéraux*, amis de la paix extérieure, de la liberté et de l'égalité au dedans, qui représentaient les intérêts de la *bourgeoisie manufacturière*, du *commerce*, des *ouvriers*, du *petit peuple* ; — 2° **les tories** ou *conservateurs*, ennemis de la France et des réformes, et représentants de l'*aristocratie territoriale* ; — mais leur respect était le même pour la *Constitution*, le *roi* ou la *reine*, qui étaient hors de tout débat ; — ils ne combattaient que pour la *direction politique* à donner au gouvernement : tandis que l'un *poussait aux réformes*, l'autre *empêchait qu'on s'y précipitât* ; — c'est pourquoi l'Angleterre a fait, depuis deux siècles, une *multitude de réformes*, et pas *une révolution*.

Le peuple n'avait point d'action sur les élections, car le *corps électoral*, très restreint, était sous l'influence et la direction des *grands propriétaires fonciers* ; — mais de *grandes cités industrielles* (*Manchester, Liverpool*), de *création récente*, n'avaient point de représentants, tandis que d'*anciennes villes déchues*, devenues de simples *hameaux*, et de *gros bourgs* réduits à *une ferme* (*bourgs pourris*), continuaient à nommer les représentants attribués à ces villes, à ces bourgs, cinq siècles auparavant : *anomalie* choquante et bizarre, conservée en Angleterre, *par respect du passé*.

La reproduction des débats parlementaires fut interdite aux journaux par un *bill* de 1739, mais cette loi, comme beaucoup d'autres en Angleterre, était *une épée habituellement tenue au fourreau* ; — les **journaux**, par des voies détournées, en *écoutant aux portes*, ou par la *complaisance anonyme* de quelque membre des Chambres, portaient à la connaissance d'un public avide d'émotions politiques les *passages les plus éloquents* des grands orateurs, et la **publicité des débats** existait *en fait*, sinon *en droit*. — Mais, outre la polémique quotidienne des *grands journaux* qui se déshonoraient déjà par leur *vénalité*, outre les *recueils périodiques*, les *caricatures, libelles* et *pamphlets*, outre l'excitation des *clubs*, l'opinion publique disposait d'une force énorme par les **meetings**, *réunions populaires*, où des *orateurs en plein vent* enflammaient l'esprit d'une multitude d'auditeurs, qui s'en allaient ensuite présenter au Parlement des *pétitions* couvertes parfois de 120 000 *signatures*.

Wilkes, *membre des Communes*, poursuivi, en 1763, pour ses articles du *North Briton*, journal créé par lui, se fait *réélire*, en 1768, membre de la Chambre des Communes qui *casse par trois fois* son élection ; — mais le *Lord-Maire* présente en sa faveur, au roi, une *adresse de la Cité* ; l'auteur des *Lettres de Junius*, ce pamphlet *anonyme*, si célèbre et si violent contre le *ministère North*, embrasse sa défense, et *William Pitt* faillit, sur cette question, renverser le ministère ; — **Wilkes** est nommé quelques années plus tard *Lord-Maire* de Londres (**1774**) ; — la **liberté de la presse** était conquise.

Le gouvernement parlementaire en Angleterre. (*Suite.*)

Les whigs et les tories.

La presse.

Les meetings.

Wilkes.

L'éloquence politique ne pouvait exister, au commencement du XVIII° siècle, qu'en Angleterre, où la *Déclaration des Droits de 1688* avait établi la **liberté absolue de parole** dans les deux Chambres. — Toutefois, le mot **tribune** caractériserait mal l'éloquence au *Parlement anglais*, où il n'existe pas de *tribune spéciale*, mais où chaque député *parle de sa place*; — d'ailleurs, l'obligation qui subsiste encore aujourd'hui pour *l'orateur*, de s'adresser, en parlant, exclusivement au *speaker* ou président, la *clandestinité* des débats, et la discussion alors toute prosaïque des « *affaires du ménage* », étaient peu propres à développer l'*éloquence parlementaire*; et *Hume* a pu dire avec raison, qu'alors « *la Chambre des Communes ressemblait plus à un greffe qu'à un Sénat antique* »; — mais, dans la seconde moitié du XVIII° siècle, dans cet *âge héroïque de l'éloquence parlementaire*, les **grandes luttes** engagées contre la France et contre les États-Unis révoltés suscitèrent au sein des Chambres anglaises des *orateurs dignes de l'antiquité*, dont les *accents patriotiques* retentirent non seulement en Angleterre, mais dans le *monde entier*, et la **parole** reconquit, pour le *gouvernement des peuples*, l'autorité qu'elle avait eue jadis à *Athènes* et à *Rome.*

Citons après **William Pitt** (1708-1778) (*Lord Chatam*), *espèce de Romain moderne, au patriotisme étroit et farouche*, le second **Pitt** (1759-1806), son *fils*, et **Fox** (1749-1806), les *deux rivaux* qui se livrèrent tant de brillants combats, l'un pour le pouvoir, l'autre pour la liberté; — **Burke** (1728-1797), qui parla pour la première fois aux Communes le jour où *Chatam* y prononça son dernier discours : « *Splendide couchant*, s'écrie Macaulay, *et splendide aurore! *»; — **Shéridan** (1751-1816), qui conquit une si grande renommée comme accusateur de *Warren Hastings*, le fameux gouverneur général des possessions anglaises dans l'Inde.

La tribune.

Les grands orateurs politiques.

PHILOSOPHIE : — **Bolingbroke** (1678-1751), homme d'État et *philosophe sceptique*, le précurseur de Voltaire et des Encyclopédistes. — **Berkeley** (1684-1735) : *Principes de la Connaissance humaine.* — **David Hume** (1711-1776), philosophe sceptique : *Dialogues sur la Religion Naturelle.* — **Samuel Clarke** (1675-1729) : *Traité de l'Existence de Dieu.* — **Adam Smith** (1723-1790), célèbre *économiste* et philosophe : *Théorie des Sentiments moraux; Recherches sur la Richesse des Nations.* — **Thomas Reid** (1710-1796), le *chef de l'École philosophique écossaise*, et son disciple, **Dugald-Stewart** (1753-1828), dont les doctrines ont été popularisées en France par *Jouffroy.*

POÉSIE : — **Pope** (1688-1744) : *la Forêt de Windsor; la Boucle de Cheveux enlevée; l'Essai sur l'Homme.* — **Prior** (1664-1721) : *Salomon.* — **Young** (1681-1765) : *Nuits.* — **Thompson** (1700-1748) : *Saisons.* — **Gray** (1716-1771) : *Élégie sur un Cimetière de village.* — **Hervey** (1714-1758) : *Méditation au milieu des Tombeaux.* — **Gay** (1688-1732) : *Fables.* — **Allan Ramsay** (1685-1758), le *Théocrite écossais : Idylles.* — **Beattie** (1735-1803) : *le Ménestrel.* — **Chatterton** (1752-1770). — Les **Lakistes** ou *Poètes des Lacs.*

Les lettres en Angleterre au XVIII° siècle.

Les lettres en Angleterre au XVIIIᵉ siècle. (Suite.)

CRITIQUE LITTÉRAIRE : — **Addison** (1672-1719), l'écrivain le plus spirituel qu'ait produit l'Angleterre : le *Spectateur*, journal littéraire; tragédie de *Caton*. — **Blair** (1718-1800) : *Cours de Littérature*. — **Samuel Johnson** (1709-1784) : *Dictionnaire de la Langue anglaise*. — **Macpherson** (1738-1796) : *Poésies d'Ossian*. — Le pamphlétaire **Steele** (1672-1729). — **Lady Montagu** (1690-1762), que l'on a comparée à Mᵐᵉ de Sévigné : *Lettres*. — **Chesterfield** (1694-1773), *lord Stanhope*, homme d'État : *Lettres écrites à son fils*.

HISTOIRE : — **David Hume** (1711-1776) : *Histoire des Révolutions d'Angleterre*. — **Robertson** (1721-1793) : *Histoire de l'Écosse sous Marie Stuart; Vie de Charles-Quint; Histoire de l'Amérique*. — **Gibbon** (1737-1794) : *Histoire de la Décadence et de la Chute de l'Empire romain*.

ROMANS : — **Goldsmith** (1728-1774) : *le Vicaire de Wakefield*. — **Daniel de Foë** (1663-1731) : *Robinson Crusoë*. — **Swift** (1667-1745) : *Voyage de Gulliver à Lilliput*. — **Richardson** (1689-1761) : *Clarisse Harlow*. — **Sterne** (1713-1768) : *le Voyage Sentimental*. — **Fielding** (1707-1754) : *Tom Jones*.

THÉATRE : — **Shéridan** (1751-1816) : *l'École de la Médisance*, la plus gaie, a-t-on dit, des comédies anglaises. — **Garrick** (1716-1779), célèbre *acteur* et *auteur*.

Les sciences.

Newton (1642-1727), célèbre par ses *recherches sur la lumière*, par les *lois de la gravitation*, et par la découverte du *calcul différentiel*. — **Halley** (1656-1765), qui calcule la *périodicité des comètes*. — **Bradley** (1692-1762), qui reconnaît l'*aberration de la lumière* et la *nutation de l'axe terrestre*. — **Herschell**, (1733-1822), qui, à l'aide d'un *grand télescope*, construit par lui, découvre *l'anneau de Saturne* et les *satellites de Jupiter* et d'*Uranus*.

Black (1728-1799), que Fourcroy appelait le *Nestor de la révolution chimique* : travaux sur les *alcalis* et la *magnésie; chaleur latente*. — **Priestley** (1733-1804) découvre l'*oxygène*. — **Cavendish** (1733-1810) analyse l'*air* et l'*acide azotique*, et fait connaître les propriétés de l'*hydrogène*.

Jenner (1749-1833) découvre la *vaccine*. — **Cheselden** (1688-1752) fait la première opération de la *cataracte* sur un enfant nouveau-né. — **Bakewell**, simple fermier anglais, fonde la science du *croisement des animaux* et transforme tout le bétail de l'Angleterre.

L'industrie.

L'Angleterre, a-t-on dit, *est un bloc de houille et de fer au milieu de l'Océan;* toute sa *puissance industrielle, manufacturière et maritime* est dans ces trois mots : — le *fer* lui donne la *machine*, la houille, la *force* qui la met en mouvement, et l'Océan, en l'*isolant* du reste du continent, lui impose la nécessité d'une *puissante flotte*, qui ouvre à son *industrie manufacturière* des *débouchés commerciaux* sur tous les points du monde.

L'industrie cotonnière reçut un prodigieux développement de l'invention, par **Arkwright** (1732-1792), de la *Mull-Jenny*, ou *métier à filer le coton* (1769), qui a fait la fortune de l'Angleterre.

Wedgwood (1730-1795), l'inventeur d'un *pyromètre* qui porte son nom, fonde, dans le comté de Stafford, des *manufactures de poteries, de faïences anglaises* et de *porcelaines peintes* qui occupent plus de 20 000 ouvriers.

L'industrie.
(Suite.)

Le canal du duc de Bridgewater (1758) commence ce *vaste système de canaux* qui *sillonnent* aujourd'hui l'Angleterre en tous sens, favorisant l'*extraction* et la *circulation* de la **houille**, « *ce pain de l'industrie* ».

L'exportation des toiles, qui était à peine de 6 000 *livres sterling*, en 1689, s'élève à 600 000 *livres sterling*, en 1741.

Watt (1736-1819) perfectionne la *machine à vapeur* du serrurier anglais **Newcomen**, par l'invention du *condenseur*, du *régulateur*, de la *machine à détente* et à *double effet*, et donne à l'industrie manufacturière ce *puissant moteur* qui devait la lancer dans une voie indéfinie de progrès.

L'industrie anglaise, aidée par toutes ces découvertes, devient la *première du monde*, et le commerce anglais trouvait dans les produits des *manufactures* et des *usines* de quoi charger ses innombrables navires.

La Banque d'Angleterre, fondée en 1694, reçut du Parlement la faculté d'*escompter les effets de commerce*, avec le droit d'émettre des *billets payables à vue*, ce qui permit aux industriels, comme aux négociants qui eurent recours à elle, de travailler avec un *capital triple* de leur fonds de roulement, et de *tripler ainsi leurs bénéfices*.

Les arts en Angleterre au XVIIIe siècle.

Peinture : — **William Hogarth** (1698-1764) : *Vie d'une Courtisane; Mariage à la mode; les Élections.* — **Reynolds** (1729-1793), le premier peintre de *haut style* qu'ait eu l'Angleterre : *Portraits; Sainte Famille; les Trois Grâces.* — **Richard Wilson** (1713-1782) : *Mort de Niobé; Vue de Rome.* — **Thomas Gainsborough** (1727-1788) : *Cottages.*

Sculpture : — **Flaxman** (1755-1826) : *Mausolées; Bouclier d'Achille.*

Voyages et découvertes.
——
Dampier.
——
Byron.
——
Wallis.
——
Cook.

La marine anglaise parcourt les mers, sous Georges III, à la recherche de *terres inconnues*, ambitieuse d'achever enfin, après trois siècles, l'œuvre de *Christophe Colomb* et de *Magellan*.

Dampier (1652-1711) reconnaît la *Nouvelle-Irlande*, la *Nouvelle-Guinée* et la *Nouvelle-Bretagne*; un *archipel de la Papouasie* porte son nom. — Lord **Anson** fait le *tour du monde*, de 1740 à 1743. — Le commodore **Byron** (1723-1786), envoyé, en 1764, pour prendre possession des *îles Falkland*, près du cap Horn, découvre les *îles du roi Georges* dans la mer du Sud.

Wallis fait la carte du *détroit de Magellan* (1776), relève l'île qui porte son nom, les *îles de la Pentecôte, d'Egmont, de Glocester, de Guillaume-Henri*, et arrive à *Taïti*, « *la reine de l'Océanie* ». — **Carteret**, lieutenant de Wallis, séparé de lui par un coup de vent, découvre les *îles de l'Amirauté*, le *Nouvel-Hanovre*, le *canal Saint-George*, etc.

Cook (1728-1779), dans un *premier voyage* (1768-1770), explore les *îles de la Société*, la *Nouvelle-Galles du Sud*; — dans un *second voyage* (1773-1775), il découvre la *Nouvelle-Calédonie* et l'*archipel de Nouka-Hiva*; — dans un *troisième voyage* (1775-1779), qui avait pour objet de trouver, par le nord de l'Amérique, le *passage de l'Atlantique dans le Pacifique*, il franchit le *détroit de Behring*; mais, arrêté par les glaces, il revient découvrir les *îles Sandwich*, où il est tué par un indigène (1779).

L'Inde, dont l'étendue égale la moitié de l'Europe, est, par son sol et son climat, *le plus riche pays de la terre;* aussi fut-elle peuplée dès la plus haute antiquité. — Au dixième siècle, le musulman **Mahmoud** s'empare du pays et y fonde la *dynastie des Ghaznévides*, qui dure près de deux siècles. — **Mahomet El-Bâber**, petit-fils de *Tamerlan*, fonde le *grand Empire Mogol* (1504-1525), qui comprend presque tout l'Hindoustan, et qu'**Abkar** (1566-1617), et surtout **Aureng-Zeb** (1658-1707), portent au plus haut degré de puissance. — Ce grand Empire se dissout à la mort d'*Aureng-Zeb;* plusieurs tribus (*Mahrattes, Robillas*) s'insurgent; les *radjahs, soubabs et nababs* se proclament indépendants.

Conquêtes des Anglais aux Indes Orientales.

Rivalité des compagnies anglaise et française.

Les **Anglais** fondent, en 1600, la *bien modeste* alors, mais depuis *bien célèbre*, **Compagnie des Indes Orientales**, qui établit un comptoir à *Surate* (1611), une factorerie à *Madras* (1623), obtient *Bombay* (1668), alors rocher stérile, où s'éleva bientôt une ville, capitale des possessions anglaises, et bâtit *Calcutta* (1690). — Constituée d'abord pour 15 ans, au *misérable capital* de 30 000 *livres sterling*, cette **association de marchands** entretiendra un jour des *armées*, possédera des *territoires immenses*, gouvernera des *peuples innombrables* et aura des *rois pour tributaires.*

La **Compagnie française des Indes Orientales**, fondée par Colbert, en 1664, rivalisa bientôt avec la Compagnie anglaise et bâtit les deux villes de *Pondichéry* et de *Chandernagor.* — Ruinée par la guerre de la Succession d'Espagne, la **Compagnie** se releva avec *Law*, qui l'associa à ses projets aventureux, fit de rapides progrès avec **Dumas**, et, sous **Dupleix**, le *tiers de l'Inde était à la France.* — Mais le **traité de Paris** abandonne à l'Angleterre *tous les établissements français*, sauf *Pondichéry, Karikal et Chandernagor;* — de cette époque date la puissance anglaise dans l'Hindoustan; — deux hommes surtout en furent les auteurs, *Lord Clive* et *Warren Hastings.*

Robert Clive et Warren Hastings.

Robert Clive, nommé *gouverneur* (1756-1767), après le rappel de Dupleix, adopte sa politique au profit de l'Angleterre; — la victoire décisive de **Plassey** (1757), qui venge l'horrible mort des prisonniers anglais dans le *trou noir* (1756), établit, d'une façon définitive, la domination anglaise dans le *Bengale.* — Mais **Clive** souilla ces succès par les moyens les plus odieux: il laissa périr *trois millions d'Indiens par la famine* au Bengale, et, par ses exactions, ruina une province que sa richesse avait fait appeler, avant l'arrivée des Anglais, *le paradis des nations.* — Traduit, comme *concussionnaire*, devant le Parlement, **Clive**, devenu *pair d'Irlande et baron de Plassey*, fut, après un procès célèbre (1774), acquitté, *à cause de ses grands services.*

Warren Hastings, qu'on a appelé le *Verrès de l'Inde*, lui succéda, avec le titre de *gouverneur général des Grandes Indes* (1774-1784), et, au prix d'ignobles rapines et de cruautés sans nom, éleva le prodigieux *édifice colonial* dont Clive avait posé les fondements; — rappelé en Angleterre, et traduit à la *barre du Parlement*, **Hastings** fut absous, après un *procès scandaleux*, qui dura *cinq sessions* (1786-1790), et condamné seulement aux *frais de justice.* — L'**Angleterre** rougissait de tous ces crimes, mais en gardait le *profit.*

35

Cette domination violente devait nécessairement provoquer des *révoltes :* — déjà, en 1767, **Hyder-Ali,** sultan du Mysore, *un des plus fiers et des plus profonds génies qu'ait enfantés l'Orient,* soutenu par *Lally-Tollendal,* s'était uni au *Soubab* (vice-roi) *du Decan,* et était allé dicter la paix aux portes de *Madras* (1769). — La lutte recommence plus ardente cinq ans après (1774) : **Hyder-Ali** s'unit aux *Mahrattes* et réduit à *la plus grande détresse* les Anglais alors engagés dans la guerre d'Amérique ; — mais **Warren Hastings** déploya une telle activité, une telle énergie, qu'il *sauva,* on peut le dire, l'*Empire Britannique* aux Indes. — Maître du sud de l'Hindoustan, **Hyder-Ali** invoqua le secours des Français ; mais il fut secouru trop tard par le *bailli de Suffren ;* — il mourut dans *Arcate,* en 1782.

Son fils, **Tippou-Sahib,** le *Frédéric II de l'Orient,* continua la guerre ; — mais il perdit l'alliance française, lorsque le *traité de Versailles,* réconciliant l'Angleterre et la France, nous rendit *Pondichéry, Karihal, Chandernagor,* et il dut signer, lui aussi, le *traité de Mengalor* (1784). — Il reprit les armes, en 1790 ; mais, vaincu par **Lord Cornwallis,** le *premier gouverneur général* nommé par la *Couronne* (1785-1794), il dut céder la *moitié de ses États* (1792).

Tippou-Sahib recommença, en 1798, sous le gouvernement de **Lord Wellesley** (1797-1804), une guerre qui eût peut-être été fatale à l'Angleterre, si **Bonaparte,** qu'il appela de l'Égypte dans l'Inde, eût pu percer jusqu'à lui ; — mais il mourut sous les murs de *Seringapatam,* sa capitale, prise d'assaut (1799) ; les Anglais furent désormais les *maîtres dans l'Inde.* — Lord Wellesley créa le **système subsidiaire :** *les princes indigènes devaient recevoir et solder des garnisons anglaises.*

Le régime colonial de l'Inde a subi *trois modifications importantes :*

1°, en 1773, lors du procès de *Clive,* le **bill régulateur** confia l'administration de la Compagnie, en Angleterre, à une *Cour des directeurs,* élue pour quatre ans, et à une *Assemblée générale des actionnaires* porteurs de 25 000 francs d'actions ; — il y avait dans l'Inde, **trois Présidences :** *Calcutta, Madras, Bombay ;* un **gouverneur général,** *désigné* par les directeurs, mais *accepté* par le gouvernement, siégeait à Calcutta et exerçait le pouvoir supérieur, avec l'assistance d'un *Conseil de quatre membres,* nommés par les directeurs, et sous la surveillance d'une *Haute Cour de justice,* choisie par le roi.

2°, en 1784, lors du procès de *Warren Hastings* (1784), le **Gouvernement** se réserva la nomination du *gouverneur général* et des *trois directeurs* des provinces de Calcutta, Madras et Bombay, et établit un **Bureau de contrôle,** chargé de surveiller les directeurs et de contrôler leurs actes.

3°, en 1858, après la révolte des *cipayes* (soldats indigènes), la Compagnie des Indes, *la vieille dame de Londres,* comme l'appelaient les Hindous, **remit tous ses pouvoirs** aux mains du Gouvernement, qui désintéressa les *actionnaires,* moyennant une *rente perpétuelle* de 10 pour 100 du capital, et se chargea seul de l'*administration politique et commerciale.* — Enfin, par un *bill récent* (1876), la reine d'Angleterre a pris le titre d'**impératrice des Indes,** où elle possède 250 *millions de sujets.*

(marge gauche)

Révolte de l'Inde.

Lutte des Anglais contre Hyder-Ali (1761-1782) et son fils Tippou-Sahib (1782-1799).

Le régime colonial de l'Inde.

Ses modifications.

35.

PROGRÈS ET SOULÈVEMENT DES COLONIES D'AMÉRIQUE.
GUERRE DE L'INDÉPENDANCE DES ÉTATS-UNIS. TRAITÉ DE VERSAILLES.
CONSTITUTION AMÉRICAINE DE 1787.

Pendant que l'Angleterre faisait la *conquête de l'Inde*, elle perdait les riches colonies qu'elle avait créées dans l'**Amérique du Nord**; — ces colonies formaient, au XVIIIe siècle, TREIZE PROVINCES, dont la *population* et la *richesse* croissaient avec une étonnante rapidité, et qui avaient couvert de *villes industrieuses* et d'*opulentes cultures* une côte naguère *déserte* et *boisée*; — elles comptaient, en 1773, *trois millions d'habitants*.

Origines des colonies anglaises d'Amérique.

C'étaient : — 1° la Virginie, explorée, en 1585, par *Walter Raleigh*, sous le règne d'*Élisabeth*; — 2° les **Massachussetts**, colonisés (1621-1627) par des *puritains*, chassés d'Angleterre sous *Jacques Ier* et *Charles Ier*, et qui fondent *Boston* (1627) ; — 3° **Rhode-Island** (1637), 4° **Connecticut** (1636), 5° **New-Hampshire** (1630), détachées des Massachusetts et reconnues par *Charles II*; — 6° **Maryland**, colonisée par des *catholiques* conduits par *Lord Baltimore* (1632), sous le règne de *Charles Ier*; — 7° **Delaware**, 8° **New-York**, 9° **New-Jersey**, enlevées aux *Hollandais* sous *Cromwell* (1667) ; — 10° **Pensylvanie**, colonisée, en 1682, par *William Penn*, le célèbre quaker, le *Lycurgue moderne*, a dit Montesquieu, *un adroit charlatan*, disait Franklin, qui fonda *Philadelphie* (1683) ; — 11° **La Caroline du Nord**, 12° **La Caroline du Sud**, cédées par *Charles II à huit seigneurs anglais* (1682), et où s'établirent des *protestants français*, après la révocation de l'*Édit de Nantes*; — 13° **La Georgie**, colonisée sous le roi *Georges II*, en 1732.

Caractère des colonies anglaises d'Amérique.

Leurs relations avec la métropole.

Les colonies du Nord, où règne le *puritanisme*, ce calvinisme républicain, sont *démocratiques*; — c'est un peuple de *cultivateurs*, d'*industriels* et de *commerçants*, qui ne connaît ni *grands propriétaires* ni *esclaves*.

Les colonies du Sud, où domine la *religion anglicane*, mais *sans évêques*, sont *aristocratiques*; — là sont les *grandes exploitations agricoles*, les *riches propriétaires*; c'est un peuple de *planteurs* entourés de leurs *noirs*.

Mais au nord comme au sud, les Anglo-Américains conservaient ce remarquable *esprit de liberté* qu'ils avaient apporté de la *mère patrie*: — dans chacun des États était établi le *régime représentatif*, avec un *gouverneur* nommé par le roi, et un *Parlement local*; — partout régnaient le principe de la *liberté individuelle* et le droit pour les citoyens de *voter eux-mêmes* l'impôt: « *Le roi peut étendre nos libertés*, disaient-ils, *il n'a pas le pouvoir de les restreindre.* »

Les relations des colonies avec la métropole avaient toujours été empreintes de *fidélité* et d'*attachement*; — L'Angleterre trouvait là un *débouché commercial* important pour ses produits manufacturés, et les colonies avaient généreusement payé de leurs *subsides* et de leur *sang* pendant la guerre de Sept ans.

L'Angleterre, écrasée, après le traité de Paris, sous le poids d'une *dette* de près de *trois milliards*, voulut faire contribuer à ses charges publiques les colonies d'Amérique ; — la prétention était *légitime ; mais il aurait fallu laisser aux colonies le soin de voter elles-mêmes leurs taxes : *c'était leur droit*. — Lord **Grenville**, au contraire, déféra au Parlement britannique le droit de les *taxer ; —* au reste, les colonies commençaient à paraître *trop puissantes*, on pensa qu'il était temps de les contenir.

Lord **Grenville** établit pour les colonies d'Amérique l'*impôt du timbre* (1765) : on n'admettrait plus devant les tribunaux un *titre* qui n'eût pas été écrit sur du *papier marqué et vendu* par le Gouvernement ; — l'irritation fut extrême en Amérique, et, de *crainte d'une révolte*, le ministre retira sa loi.

Lord **North** impose, en 1768, un *droit sur le verre, le papier, les couleurs, le cuir et le thé ; —* nouvelle protestation des colonies : 96 *villes* s'engagent, par la **Convention de Boston** (1768), à n'acheter *aucune marchandise anglaise ; — les défenseurs du droit constitutionnel* s'assemblaient dans cette ville, sous un *grand orme*, qu'on appela l'*arbre de la liberté*.

Le **Gouvernement**, qui ne voulait pas comprendre que les Américains protestaient moins contre la *nature des impôts* que contre le *droit de les voter*, consentit à supprimer toutes les autres taxes, sauf celle sur le *thé ; —* mais les *habitants de Boston jettent à la mer* (1773) soixante caisses de thé venues de la métropole : ce fut le **signal de l'insurrection**.

Un **Congrès général**, formé des députés des treize colonies, se réunit à *Philadelphie*, publia (1774) la célèbre **Déclaration des Droits** du *colon* en sa triple qualité d'*homme*, de *citoyen anglais* et de *chrétien*, et proclama **Georges Washington** *généralissime des milices américaines*. — Le **Parlement anglais**, malgré l'éloquente opposition de *William Pitt*, qui mourut en proférant un dernier cri pour *la liberté de l'Amérique*, déclara les colons américains *rebelles*.

Les **Américains** eurent d'abord l'avantage et battirent à *Lexington* (1775) un détachement anglais ; — mais leurs tentatives pour faire s'insurger le *Canada* échouèrent : ils furent repoussés devant *Québec*, où périt leur général *Montgomery ; —* la prise de *Boston*, par Washington (1776), n'était pas une compensation suffisante.

Cinquante députés, réunis à *Philadelphie* (1776), sous la présidence de *Jefferson*, rompirent les derniers liens qui les attachaient à la *mère patrie*, en déclarant les treize colonies libres et indépendantes sous le nom de *Confédération des États-Unis d'Amérique ; —* la nouvelle *République* quittait le *drapeau rouge* d'Angleterre, pour l'étendard *aux treize raies*, emblème des *treize raies* unies pour la conquête de leur indépendance.

Cependant le **général anglais Howes** bat les insurgés à *Brandywine* et s'empare de *Philadelphie* (1777) ; — mais Washington réorganise ses *milices découragées*, et empêche, par une habile tactique, le général *Howes* de rejoindre le général *Burgoyne* qui, cerné à **Saratoga** par l'Américain *Gates* et le héros polonais *Kosciusko*, est forcé de capituler (1777).

Soulèvement des colonies d'Amérique.

————

Impôt du timbre.

————

Insurrection de Boston.

————

Déclaration des Droits.

GUERRE DE L'INDÉPENDANCE DES ÉTATS-UNIS (1774-1783).

PREMIÈRE PÉRIODE (1774-1777).

Les Américains combattent seuls.

Cette victoire, qui enthousiasme les Américains, décide Louis XVI à reconnaître la *République des États-Unis* et à faire alliance avec elle (1778) ; *la plus vieille monarchie* d'Europe, quoique bien tentée d'effacer la honte des derniers traités, avait craint d'abord de se *mésallier* avec des colons rebelles.—**Franklin** s'applaudit de l'heureux succès de ses négociations : « *Notre République*, dit-il, *née le 4 juillet 1776, vient enfin d'être baptisée, il faut avouer qu'elle a une belle marraine.* » — A la nouvelle de cette alliance, l'**Angleterre** essaya de faire la paix et proposa aux Américains, dans un *bill conciliatoire*, plus qu'ils n'avaient demandé ; — *c'était trop tard*, tout fut refusé. — L'**Angleterre** irritée continua la lutte et déclara la guerre à la **France** (1778).

Notre marine, relevée par Choiseul, soutint cette fois la lutte avec *honneur* et *succès :* — dans un premier combat, la frégate *la Belle-Poule* démâta la frégate anglaise *l'Aréthuse* ; — un mois après, l'*amiral d'Orvilliers* tenait en échec une flotte anglaise à la bataille navale *d'Ouessant* (1778), pendant que la flotte française du *comte d'Estaing* allait sur les côtes américaines soutenir Washington, qui délivre *Philadelphie.*—L'**Espagne**, liée à la France par le *Pacte de Famille*, joignit sa *marine* à la nôtre et mit le siège devant *Gibraltar*, pendant que *d'Estaing*, secondé par *De Grasse, La Mothe-Piquet* et le corps expéditionnaire du *marquis de Bouillé*, battait l'amiral anglais *Byron* aux *Antilles* (1779).

L'amiral anglais Rodney, retenu à Paris pour ses *dettes*, se vantait de mettre un terme à nos succès ; — le *maréchal de Biron* répondit à cette bravade en payant ses dettes pour le mettre à même de tenir sa parole ; cette *générosité chevaleresque* devait coûter cher à la France. — **Rodney** ravitaille *Gibraltar* bloqué par les Espagnols, et parcourt l'*Océan* en maître ; — le *comte de Guichen*, il est vrai, punit son arrogance par trois combats successifs devant *la Martinique* (1780) ; — mais peu après, en vue des *Saintes* (1782), **Rodney** battait et faisait prisonnier le *comte de Grasse*, un de nos plus brillants amiraux, « *qui*, disait-on, *avait six pieds les jours ordinaires, et six pieds et demi les jours de bataille* ».

Aux Indes Orientales, nous avions perdu *Chandernagor* et *Pondichéry*, mais *Suffren*, secondé par *Hyder-Ali* et son fils, *Tippou-Sahib*, bat quatre fois l'amiral anglais *Hughes*, et contribue à la prise de *Gondelour* (1783) ; — ces succès furent malheureusement arrêtés par le *traité de Versailles.*

Dans la Méditerranée, *Crillon* reprend *Minorque* (1782), mais assiège vainement, avec le *comte d'Artois* (Charles X), *Gibraltar*, défendu par *sir Elliot.*

Les puissances maritimes avaient secondé les efforts des Américains en s'unissant, à l'instigation de *Catherine de Russie*, dans une ligue de neutralité armée (1780), pour assurer le *libre commerce des neutres* avec les parties belligérantes ; — il fut décidé que *le pavillon couvre la marchandise*, que le *blocus, pour être observé, devait être effectif*, et que l'**Angleterre** n'avait point de *droit de visite sur les bâtiments neutres.* — L'adhésion de la **Hollande** à cette ligue attira sur elle toute la colère de l'Angleterre, qui envoya *Rodney* ravager ses colonies *aux Antilles.*

Marginal note (left column):

SECONDE PÉRIODE
(1778-1783).

L'alliance de la France
assure le triomphe
des
colonies américaines.

1° Lutte maritime.

SECONDE PÉRIODE.
(Suite.)

_____

2° Lutte continentale.

Aux États-Unis, Washington, renforcé des volontaires de *La Fayette* (*Noailles, de Ségur, Vioménil, Berthier, Lauzun, Saint-Simon,* etc.), et d'un corps de 6 000 hommes, placé sous les ordres de *Rochambeau,* faisait partout reculer les Anglais; — le général *Clinton* repousse, il est vrai, les Français de *Savannah* (1779), et prend *Charlestown* (1780), où 5 000 Américains déposent les armes; — mais son lieutenant *Cornwallis,* enfermé dans **Yorktown** et isolé de tout secours par la victoire du *comte de Grasse,* dans la baie de *Chesapeake,* dut **capituler** (1781), livrant 7 000 hommes, 8 vaisseaux de guerre et 60 bâtiments marchands.

La capitulation d'Yorktown termina la guerre sur le continent américain; l'**Angleterre** désespéra, dès lors, de soumettre les États-Unis, abandonna *Savannah* et *Charlestown* et ne garda plus que *New-York,* jusqu'à la fin de la guerre; — puis, après avoir vainement tenté de faire une paix séparée avec l'*Amérique* et la *Hollande,* elle signa la paix à Versailles (1783).

Traité de Versailles (1783).

L'Angleterre reconnaît la pleine indépendance des *États-Unis d'Amérique.*

La France recouvre le *Sénégal, Saint-Pierre, Miquelon, Sainte-Lucie, Tabago, Pondichéry, Karikal, Mahé, Surate, Chandernagor;* — elle fait effacer toutes les *clauses humiliantes* des traités d'Utrecht et de Paris, relativement aux fortifications de *Dunkerque* dont le port est rétabli.

L'Espagne obtient *Minorque* et *la Floride.* — **La Hollande** perd *Négapatam.*

Résultats de la guerre d'Amérique

L'Angleterre est humiliée : elle a perdu ses plus *belles colonies* et accru sa dette de 2 *milliards* 500 *millions.*

La France a réparé la honte du *traité de Paris,* mais elle a augmenté sa dette de 1 400 millions, et l'*influence des idées républicaines* importées d'Amérique va précipiter la *crise révolutionnaire.*

Constitution américaine de 1787.

Les Américains, après avoir assuré leur *indépendance,* se réunirent en *Congrès* et votèrent la **Constitution** de 1787, qui n'a été que légèrement modifiée par l'accession des *États nouveaux;* — l'Union comptera 38 *États* en 1878.

Le pouvoir législatif appartient à un **Congrès,** composé de *deux Chambres :* — la **Chambre des représentants,** élue pour deux ans, au *suffrage universel,* à raison d'*un député* par 30 000 âmes; — le **Sénat,** élu pour six ans, par les Assemblées législatives des différents États, à raison de *deux membres par État.* — Le **Congrès** décide de la *paix* et de la *guerre,* signe les *traités de commerce,* fait les *lois* et juge les *crimes de haute trahison;* — il administre les **Territoires,** c'est-à-dire les pays qui n'ont pas un nombre suffisant d'habitants pour former un *État.*

Le pouvoir exécutif appartient au **Président,** élu pour 4 ans, par le suffrage universel, à *deux degrés;* il peut être *rééligible,* mais une seule fois; il choisit et dirige les *ministres;* — le candidat qui a obtenu après lui le plus de suffrages est **vice-président;** il remplace de droit le président en cas d'*absence,* de *maladie* ou de *mort,* et *préside* le Sénat.

Le pouvoir judiciaire appartient à une **Cour suprême,** composée de magistrats *inamovibles,* nommés par le président, avec l'*approbation* du Sénat.

Deux hommes ont contribué surtout à la fondation de la *République des États-Unis* : — *Washington* et *Franklin*.

Georges Washington, *riche planteur de la Virginie*, né en 1732, avait acquis une réputation militaire pendant la guerre de Sept ans, au *Canada*, contre les Français ; — *caractère antique, froidement mais profondément patriote, homme d'ordre autant que de liberté, d'une intégrité reconnue, et sans autre ambition que l'intérêt de sa patrie et le triomphe du droit*, Washington, le *sauveur de son pays*, eut à lutter pendant la guerre de l'Indépendance contre des difficultés de toute nature : *indiscipline ou découragement de ses soldats, insuffisance des ressources, divisions des États* ; — mais, par sa *patience patriotique*, et par sa *vertu, supérieure encore à ses talents militaires*, il triompha glorieusement de tous les obstacles.

Washington.

Washington fut élu, le premier, à l'unanimité, *Président des États-Unis*, le 1er février 1789 ; — *réélu*, en 1793, Washington refusa, en 1797, une *troisième* élection, « *honneur dangereux, disait-il, pour la liberté de son pays dans l'avenir* », — et, avec la modestie d'un *Cincinnatus*, il retourna à sa terre de *Mount-Vernon*, en Virginie, « *à l'ombre de sa vigne et de son figuier* », sur les bords du *Potomak*, là où bientôt s'éleva la capitale actuelle des États-Unis, la ville fédérale de *Washington* (1792).

Washington, en quittant le pouvoir, avait fait ses *adieux* au Congrès dans un acte célèbre, sorte de *testament politique*, où *il recommandait l'union au peuple qu'il avait rendu indépendant*. — Il mourut, le 14 décembre 1799, à l'âge de 67 ans, pleuré du *Nouveau Monde* et admiré de l'*Ancien* : « *Exemple incomparable de dignité et de modestie, modèle accompli de ce respect pour le public et pour soi-même qui fait la grandeur morale du pouvoir*. » (Guizot.)

Franklin.

Benjamin Franklin, aussi célèbre par ses *découvertes scientifiques* que par les *services rendus à sa patrie*, naquit à *Boston* (États-Unis), en 1706 ; *maître imprimeur à Philadelphie*, en 1729, il publia un *journal*, où, dans des articles pleins de sens et de finesse, il commença l'*éducation politique* de ses concitoyens ; — il publia plus tard, pour les *campagnes*, un *almanach* du *Bonhomme Richard*, qui eut un immense succès. — Après avoir vainement défendu la cause de ses compatriotes, en Angleterre, Franklin fut député par eux, en 1776, pour solliciter l'*alliance* de la France, et conclut avec Louis XVI d'abord un *traité de commerce*, puis une *alliance défensive* (1778). — « *Celui qui avait arraché la foudre aux cieux et le sceptre aux tyrans* » fut, à Paris, l'objet d'une *ovation perpétuelle*, et resta en France, comme *ministre plénipotentiaire*, jusqu'en 1785.

Franklin, âgé de 80 ans et infirme, voulut alors retourner dans sa *patrie*, où on l'*accueillit en triomphe*. — A sa mort (1790), l'**Amérique** prit le deuil pendant un mois, et, en France, l'*Assemblée Constituante*, sur la proposition de *Mirabeau*, vota un deuil de trois jours, « *en l'honneur du grand homme que l'humanité venait de perdre* ».

LOUIS XVI. — TURGOT ET MALESHERBES. RÉFORMES.
POLITIQUE EXTÉRIEURE : VERGENNES. CALONNE ET BRIENNE.
ASSEMBLÉE DES NOTABLES. NECKER. CONVOCATION DES ÉTATS GÉNÉRAUX.

Louis XVI
(1774-1793)
et Marie-Antoinette.

___

La famille royale.

Louis XVI, **petit-fils de Louis XV**, n'était âgé que de *vingt ans* quand il monta sur le trône ; — surpris, comme à l'improviste, par la mort de son aïeul, il parut effrayé de son nouveau pouvoir : « *Mon Dieu, quel malheur pour moi ! Nous sommes bien jeunes pour régner,* » dit-il à **Marie-Antoinette**, à peine âgée de *dix-neuf ans* ; —*prince de mœurs pures, d'une rare bonté de cœur, éloigné des débauches de la cour de Louis XV, mais aussi de la pratique du Gouvernement, d'un naturel irrésolu, quoique d'un jugement droit, toujours dominé par une grande défiance de lui-même,* **Louis XVI**, *d'une obésité précoce, le maintien gauche et disgracieux, la parole hésitante et embarrassée,* n'était à l'aise qu'*au milieu de ses livres,* et dans son *atelier de serrurerie* ; sa seule passion était *la chasse.* — La **nature** l'avait destiné à être un *habile et probe artisan* ; la **naissance** en faisait le *chef d'un grand royaume,* pour son malheur et pour celui de son peuple ! — « *Pendant sa vie, qui ne fut qu'un long martyre, il eut toujours la douleur d'entrevoir le bien, de le vouloir sincèrement et de manquer de la force nécessaire pour l'exécuter* » (Thiers) ;—*les variations de la faiblesse passeront chez lui pour les combinaisons de la fausseté et le jetteront un jour à l'échafaud ! — Nature vouée au malheur, victime débonnaire et sans défense, destinée, comme les hosties des religions antiques, à expier les erreurs et les crimes d'autrui !*

Louis XVI avait épousé l'*archiduchesse d'Autriche* **Marie-Antoinette**, fille de Marie-Thérèse ; — *belle, gracieuse, d'une taille haute et majestueuse, et d'une élégance indéfinissable dans toute sa personne, mais vive, impétueuse, toute spontanée, également emportée dans ses affections et ses antipathies, et, d'ailleurs, folle de plaisirs et de fêtes,* **Marie-Antoinette**, *quoique bienveillante et généreuse, prodigue de mots aimables et de bienfaits délicats,* se fit de **nombreux ennemis**, à la cour, par ses *amitiés trop exclusives* (*Mᵐᵉ de Lamballe, Mᵐᵉ de Polignac,* etc.), et dans le public, par ses *étourderies,* ses *imprudences,* par son dédain trop grand de l'*opinion,* des règles de l'*étiquette* et des *convenances royales.*

Louis XVI a *deux frères :* — le **comte de Provence** (*Louis XVIII*), *bel esprit sans cœur, âme froide et sceptique,* et le **comte d'Artois** (*Charles X*), *beau cavalier, étourdi, de mœurs faciles, mais le cœur ouvert et généreux;* — sa sœur, **Mᵐᵉ Élisabeth**, l'accompagnera au *Temple* et le suivra à l'*échafaud* (1794). — Le fils du *duc d'Orléans,* **Philippe, duc de Chartres,** *bruyant imitateur des vices du régent, son bisaïeul,* devait acquérir, sous le nom de **Philippe-Égalité**, une *triste célébrité* pendant la période révolutionnaire.

Le roi et la reine devant l'opinion.

La noblesse ne pardonna point à Louis XVI sa *mauvaise tournure*, ses *goûts roturiers* et son penchant pour les *idées nouvelles*; — il ne fut jamais *ennobli* à ses yeux que par le *malheur* et le *danger*.

Le peuple fut de bonne heure habitué, par les *calomnies des courtisans*, à détester la jeune reine, *étrangère et inexpérimentée*, et à attribuer toute mesure impopulaire à l'*Autrichienne* qui dominait le roi.

Premiers actes de Louis XVI.

Maurepas, premier ministre (1774-1781).

Les premiers actes de Louis XVI furent justement populaires : il supprima le *don de joyeux avènement* et la *torture;* — la jeune reine, de son côté, renonça au vieux droit de *la ceinture de la reine*, qui n'était payé que par le peuple.

Louis XVI ne rappela pas *Choiseul* pour lequel il avait un profond éloignement, à cause des *humiliations* que ce ministre avait fait subir au *Dauphin*, son père; — mais, mal conseillé par ses *tantes*, il eut le malheur de préférer à *Machault*, comme premier ministre, le **comte de Maurepas**, *vieillard septuagénaire*, *égoïste et personnel*, *d'une frivolité excessive*, *disgracié* depuis un quart de siècle pour un *quatrain* contre *M*ᵐᵉ de Pompadour, et que le marquis de Mirabeau appelait, avec raison, le *Perroquet de la Régence. — Courtisan profond dans l'art de l'intrigue, superficiel dans tout le reste*, et croyant *prévenir une révolution avec un bon mot*, **Maurepas** était incapable d'une autre politique que celle qui faisait dire à Louis XV : *Cela durera bien autant que moi!*

Maurepas renvoya cependant son neveu d'*Aiguillon*, *Maupeou* et *Terray*, et s'associa des *hommes nouveaux et populaires :* — de **Vergennes**, aux *affaires étrangères;* — **Sartine**, lieutenant général de police sous Louis XV, à *la marine;* — **Miromesnil**, aux *sceaux;* — le vieux **comte de Saint-Germain**, à *la guerre;* — **Turgot**, aux *finances*, et, peu après, son ami **Malesherbes**, comme *ministre de la maison du roi*, chargé de la *police* et des *lettres de cachet;* — ces deux derniers auraient peut-être sauvé la monarchie, sans la *jalousie* de Maurepas et la *faiblesse* de Louis XVI.

Maurepas, malgré l'opposition de Turgot et de Malesherbes, rappela les *anciens Parlements* brisés par Maupeou ; — le **retour de ces magistrats** devenus les *protecteurs des privilèges* et les *adversaires de la royauté* dans ses réformes les plus sages, fut une des *grandes fautes* de l'infortuné Louis XVI.

MINISTÈRE DE TURGOT (1774-1776).

TURGOT (1727-1781), qui, suivant le mot de Malesherbes, « *avait le cœur de L'Hôpital et la tête de Bacon* », administrait, depuis treize ans, avec une *hardiesse* et une *sagesse* étonnantes, le **Limousin**, dont il avait fait « *un petit État fort heureux, enclavé dans un empire vaste et misérable* ». — *Passionné pour le bien public, d'une probité sans réserve, animé d'un vif sentiment de la justice et du droit*, ayant, d'ailleurs, *une vaste instruction, l'intelligence pratique des hommes et des affaires*, **Turgot**, disciple du vieux *Quesnay*, était regardé par l'opinion publique comme le *seul homme d'État* de l'époque; — à certains égards, cependant, c'était un *théoricien* plutôt qu'un homme d'État, et, selon un mot du *président de Brosses*, il y avait en lui, « *moins de ministère que d'encyclopédie* ».

36

Turgot exposa son système financier dans une lettre au roi, qu'il résumait, lui-même, en ces mots : « *Point de banqueroute, point d'augmentation d'impôts, point d'emprunts, mais économie* » ; et il justifia son programme en payant, en vingt mois, 100 *millions de dettes.* — Il proclama la **libre circulation des grains** *dans l'intérieur* (septembre 1774) ; c'était frapper les *accapareurs et les monopoleurs* du pacte de famine ; — ceux-ci profitèrent d'une *disette momentanée* pour soulever le peuple, qui alla *hurler sous les fenêtres du roi*, à *Versailles*, la diminution du pain ; **Louis XVI**, effrayé, fit proclamer que le pain serait taxé à *deux sous la livre* ; — **Turgot** força le roi à révoquer cette concession et réprima énergiquement l'*insurrection* ; mais cette « *guerre des farines* » lui avait donné la mesure de la *fermeté du roi.* — *Sacre du roi* à Reims (1775).

Réformes de Turgot.

Libre circulation des grains.

Abolition des corvées, des jurandes et maîtrises.

Turgot abolit la *solidarité des tailles* entre les habitants d'une même paroisse ; établit des *messageries et diligences* (*Turgotines*) en régie ; — abaissa l'intérêt de l'argent par une *caisse d'escompte*, qui fut l'origine de la *Banque de France.* — Le *Parlement* refusa d'enregistrer l'ordonnance qui remplaçait les *corvées* par un *impôt sur les propriétaires*, et celui qui abolissait les *maîtrises* et les *jurandes* et proclamait la liberté du travail : « *Ce sont ces gênes, ces prohibitions*, disait l'avocat général du Parlement, Séguier, *qui font la gloire, la sûreté, l'immensité du commerce de la France !* »— Le roi y contraignit les magistrats, dans un *lit de justice*, que les économistes appelèrent un *lit de bienfaisance*, et contre lequel protestèrent les magistrats, soutenant que « *le peuple est taillable et corvéable à merci* », et que « *c'est une partie de la Constitution que le roi est dans l'impuissance de changer* ».

Renvoi de Turgot.

Toutes les classes s'insurgèrent bientôt contre le *ministre réformateur* et contre ses *débordements économiques :* — le *peuple des campagnes* s'était persuadé que la libre circulation des grains allait produire la *famine*, et les *petits marchands* s'indignaient de voir leurs *ouvriers* devenir leurs *égaux.* — « *Je vois bien qu'il n'y a que M. Turgot et moi qui aimions le peuple* », disait **Louis XVI**, et cependant, sur les instances de *Marie-Antoinette* et de *Maurepas*, il congédia **Turgot** (1776).

Turgot avait voulu donner à la France une *représentation nationale*, formant une sorte de **hiérarchie de municipalités** : *municipalités des communes*, élisant des *municipalités de province*, qui eussent nommé une grande *municipalité du royaume*, qu'il appelait d'avance l'*Assemblée nationale.*

Malesherbes, ministre (1775-1776).

Lamoignon de Malesherbes (1721-1794), l'ami de Turgot, *un des plus grands hommes de bien du dix-huitième siècle*, avait depuis longtemps conquis une véritable popularité, comme *premier président de la Cour des Aides*, par des *remontrances* justement célèbres « *au prince si jeune, si honnête et si incertain, qui devait être un jour son client* » ; — **ministre de la maison du roi**, chargé de la *police du royaume* et des *lettres de cachet* (juillet 1775), il montra plus de *bonté* et de *philanthropie* que d'*énergie.*

36.

<table>
<tr><td>

Administration de Malesherbes.

___

Sa démission.

</td><td>

Malesherbes s'était vainement élevé contre les *dépenses excessives* et avait voulu faire abolir les *lettres de cachet* et les *arrêts de surséance* qui permettaient aux nobles de ne pas payer leurs dettes ; — dès 1771, il avait demandé la *convocation des États Généraux* ; — longtemps après, en 1787, devenu *ministre d'État sans portefeuille*, il fit rendre aux protestants leur *état civil*.

Malesherbes, harcelé par les *privilégiés*, attaqué par *Maurepas*, n'attendit pas, comme Turgot, « *qu'on le chassât* », il donna sa démission (1776) : « *Vous êtes plus heureux que moi, vous pouvez abdiquer* », lui dit Louis XVI, qui l'aimait et le regrettait. — L'incapable **Amelot**, dont Maurepas disait : « *On ne m'accusera pas au moins d'avoir choisi celui-là pour son esprit* », remplaça le vertueux Malesherbes.

</td></tr>
<tr><td>

Le comte de Saint-Germain, ministre de la guerre (1775-1777).

</td><td>

Le comte de Saint-Germain, *esprit aventureux, bizarre et maladroit*, nommé ministre de la guerre, opéra *quelques salutaires réformes* ; — mais il *blessa l'honneur français*, en essayant d'introduire dans l'armée la *discipline prussienne* et les *coups de plat* de sabre : « *Je n'aime du sabre que le tranchant !* », s'écria un grenadier, dont le mot courut toute la France.

Le comte de Saint-Germain avait supprimé plusieurs corps de la maison militaire du roi, et, entre autres, le *corps fameux des mousquetaires*, l'élite de la *noblesse de France ;* — il fut congédié quelques mois après Turgot.

</td></tr>
<tr><td>

POLITIQUE EXTÉRIEURE.

___

Vergennes, ministre des affaires étrangères (1774-1787).

</td><td>

Le comte de Vergennes, *ministre des affaires étrangères*, était un *homme laborieux, très au courant des affaires de son administration*, mais qui manquait de cette *fermeté de caractère* d'autant plus nécessaire au ministre qu'elle faisait défaut chez le souverain ; — sa **politique** fut de *ménager l'Autriche* en la contenant, de *protéger la Turquie*, et de saisir toute occasion de *nuire à l'Angleterre*.

Vergennes signa le **traité de Soleure** (1777), qui assurait à la France l'alliance de tous les *cantons suisses* ; — aplanit les difficultés survenues entre *Joseph II* et *Frédéric II*, à l'occasion de la *succession de la Bavière*, qu'il rendit à l'héritier légitime, par le **traité de Teschen** (1779),—et signa le **traité de Versailles**, qui nous rendit nos *colonies* (1783).

</td></tr>
<tr><td>

NECKER.

___

Son caractère.

</td><td>

NECKER, né à *Genève*, qui avait fait fortune à Paris, comme *banquier*, et qui fut le père de la célèbre Mme de Staël, succéda, en 1776, aux finances, à **Clugny**, qui, pendant son court passage au ministère, avait rétabli les *corvées*, les *jurandes* et les *maîtrises*. — *Financier habile et intègre*, auteur d'un *Éloge de Colbert couronné par l'Académie française*, *plutôt préoccupé de l'équilibre de son budget que d'économie politique*, Necker, *nature droite et sincère, mais d'une philanthropie un peu emphatique, avec beaucoup de faste, de vanité, de vie extérieure*, séduisit tout le monde par *son esprit, sa confiance, d'heureux expédients, des essais d'économie et un peu de charlatanisme ;* — son grand honneur fut d'avoir *suffi aux charges de la* **guerre d'Amérique**, *sans augmenter les impôts* ; — *protestant et étranger*, il n'eut que le titre de *directeur des finances*, sans entrée au *Conseil*.

</td></tr>
</table>

Necker n'eut que le temps de faire des **réformes de détail** : — Établissement à Paris d'un *mont-de-piété* (1777); *affranchissement des serfs du domaine royal*; diminution de la *taille*; abolition de la *question préparatoire*; suppressions d'*emplois inutiles* dans la maison du roi (*coureurs de vin*, *hâteurs de rôt*, *galopins*, etc.); création d'*assemblées provinciales*. — En 1777, paraissait le **Journal de Paris**, devenu bientôt *quotidien* pour répondre à l'inquiète curiosité de l'opinion publique, et l'empereur **Joseph II** venait, en France, étudier de près notre *industrie* et nos *arts*, et apprenait avec stupeur que son *beau-frère*, **Louis XVI**, confiné à Versailles, n'avait jamais vu ni les *Invalides* ni l'*École militaire;* — en 1778, **Voltaire**, mourant, assistait à Paris à son *apothéose*, et la tombe de **Rousseau**, à *Ermenonville*, devenait un lieu de *pèlerinage*.

Premier ministère de Necker. (1776-1781).

La publication du compte rendu provoque sa disgrâce.

Necker, attaqué par des *pamphlets*, voulut prouver par des chiffres la sagesse de son administration, et publia (janvier 1781) son fameux **compte rendu** de l'état des finances, innovation indispensable à la fondation du crédit public, et « *qui était*, disait-il, *tout le secret de la prospérité financière de l'Angleterre* ». — L'effet produit par ce compte rendu fut *immense* : — la France était, pour la première fois, initiée *aux mystères* du **budget de l'État** et mise à même de contrôler l'importance des *impôts* et l'utilité des *dépenses;* — mais le **compte rendu** effraya la *noblesse*, comme si la vieille société eût déposé son *bilan*; elle fit un crime au ministre d'avoir révélé le *chiffre scandaleux des pensions*, qui s'élevaient à 32 millions, et fit honte à la reine de la *voie roturière* où le roi se laissait avilir.

Maurepas, jaloux de la *popularité* de **Necker**, redoubla d'épigrammes : « *Avez-vous lu le conte bleu?* » demandait-il (le *compte rendu* était relié en *bleu*); le *mot* fit fortune, et **Necker**, *découragé*, adressa au roi sa démission (19 mai 1781); — **Louis XVI**, effrayé de la clameur universelle, et, d'ailleurs, « *lassé de Necker comme il s'était lassé de Turgot* », la reçut avec plaisir. — **Necker**, calomnié par les courtisans, emporta dans sa *retraite* l'estime publique; il y eut même affluence à son *château de Saint-Ouen* qu'autrefois à *Chanteloup*; — Turgot avait reçu les *condoléances* de Voltaire, **Necker** reçut celles de *Catherine II* et de *Joseph II*.

Mort de Maurepas (1781).

L'influence de la reine devient prépondérante.

Maurepas mourut quelque temps après, *pleuré par le roi*; — alors **Marie-Antoinette** crut qu'il était de son devoir de gouverner la *faiblesse de* Louis XVI, et devint désormais son *unique conseillère*; — mais les choix qu'elle lui inspira, loin d'être *indiqués par l'opinion publique*, n'étaient que le résultat d'*intrigues de cour* : ce fut le temps des *ministres courtisans;* — d'ailleurs, la malheureuse **affaire du collier**, en 1785 (intrigue scandaleuse entre le *cardinal de Rohan* et une chevalière d'industrie, la *comtesse de La Motte*), était devenue, pour **la reine**, le point de départ d'une *haine perfide*, *invisible et persévérante*, qui se révéla par d'*infâmes couplets*, d'*odieuses calomnies de libertins*, et empoisonna tout le reste de son existence.

Joly de Fleury avait succédé à Necker, et son passage au ministère avait grevé la dette de 300 *millions*; — après lui, **D'Ormesson** essaya quelques *économies*.

**Ministère
de Calonne
(1783-1787).**

———

**Première
Assemblée des notables
(1787).**

Calonne, intendant de Lille, *de beaucoup d'esprit et d'audace, mais frivole, dissipateur, débauché et accablé de dettes,* fut poussé au ministère par la reine, les *courtisans,* et surtout par le *comte d'Artois* (1783) ; — la *nation* fut alarmée de ce choix ; la *cour* respira : elle s'était assuré *quelques années de repos et de plaisirs.*

Ses *principes financiers* étaient ceux-ci : « *Un homme qui veut emprunter a besoin de paraître riche, et pour paraître riche, il faut éblouir par ses dépenses* » ; — aussi rien ne lui était difficile : « *Si c'est possible, Madame, c'est fait,* disait-il à la reine ; *si cela n'est pas possible, cela se fera !* » — En trois ans, il contracta pour 500 *millions d'emprunts ;* — en face du déficit, Calonne se fit *réformateur,* il revint aux idées de Turgot et de Necker ; — en lisant son programme, Louis XVI, étonné, s'écria : « *Mais c'est du Necker tout pur ! — Sire,* répondit le ministre, *on ne peut rien vous offrir de mieux* ».

Calonne demanda et obtint, pour appuyer ses *réformes,* une **Assemblée de notables** ; — mais demander à des *privilégiés* exempts des *charges publiques,* de supprimer les *privilèges* et de s'imposer, c'était demander l'*impossible :* — sur quoi ce **pamphlet** célèbre d'un cuisinier parlant à des poulets : « *A quelle sauce voulez-vous qu'on vous mange ? — Mais nous ne voulons pas qu'on nous mange ! — Vous sortez de la question, on vous demande simplement à quelle sauce vous voulez être mangés ?* » — Les ennemis de Calonne l'emportèrent enfin, et, peu de jours après que **Louis XVI** avait dit très haut : « *Je veux que tout le monde sache que je suis content de mon contrôleur général* », il l'exila en Lorraine (1787).

**Ministère
de Loménie de Brienne
(1787-1788).**

Loménie de Brienne, *archevêque de Toulouse* et *membre de l'Assemblée des notables,* remplaça Calonne ; — ce *prélat philosophe et de mœurs suspectes, plein de suffisance et de babil,* obtint des **notables** ce qu'ils avaient refusé à son prédécesseur : *impôt territorial, impôt du timbre, suppression des corvées, assemblées provinciales* et *libre circulation des grains ;* — mais, quand il fallut faire *enregistrer* les impôts du timbre et de la subvention territoriale, le **Parlement** s'y refusa avec *emportement ;* — dans le *feu de la discussion,* le mot d'**États Généraux** fut jeté par hasard ; ce mot *rallia aussitôt toutes les pensées,* fut relevé, applaudi, commenté par tout le monde, ce sera désormais un *cri de guerre,* un *étendard de ralliement.*

Louis XVI tint un *lit de justice* pour faire enregistrer les deux édits ; le Parlement protesta et *fut exilé* à Troyes. — Mais le **public** prit parti pour les magistrats, qui *paraissaient défendre ses droits,* et le roi fut obligé de les rappeler ; — ils recommencèrent leur opposition, et **Louis XVI** dut imposer, *par sa présence,* l'enregistrement des édits ; le *duc d'Orléans* ayant prononcé le mot d'*illégalité :* « *C'est légal,* balbutia le roi, *parce que je le veux.* » — Le lendemain, le prince fut exilé à *Villers-Cotterets,* et deux conseillers furent envoyés dans des *châteaux forts ;* — le **Parlement** protesta contre l'atteinte portée à la liberté de ses membres, la France était menacée d'une *nouvelle fronde parlementaire.*

Brienne, pour en finir, comme Maupeou, avec l'*opposition parlementaire*, prépara un projet qui diminuait la *compétence des Parlements*, en agrandissant celle des *présidiaux*, créait *quarante-sept grands bailliages* pour juger les menus procès en dernier ressort, et conférait l'*enregistrement des édits* à une **Cour plénière**, composée des *princes du sang*, des *pairs*, des *hauts dignitaires*, et tenant lieu d'*États Généraux*. — Instruit du projet, le **Parlement** protesta par l'organe de *D'Éprémesnil et Montsabert*; — le roi ordonna de faire arrêter ces deux conseillers; mais, quand le capitaine des gardes se présenta pour les saisir, le **Parlement**, qui *s'était déclaré en permanence*, se leva tout entier : « *Nous sommes tous*, s'écria-t-il, *D'Éprémesnil et Montsabert!* » — et il réclama ses deux membres « *arrachés avec violence du sanctuaire des lois* ».

La Cour plénière fut enregistrée le lendemain dans un *lit de justice*; il n'y eut qu'un cri d'indignation parmi les magistrats du royaume. — **Le roi**, **effrayé**, suspendit l'établissement de la *Cour plénière* et promit les *États Généraux* pour le 1er mai 1789. — **Brienne** acheva de se discréditer en faisant déclarer que les *payements de l'État* se feraient à l'avenir partie en *argent*, partie en *billets du Trésor*; il dut donner sa *démission* le 25 août 1788.

**Lutte
avec le Parlement.**

La cour plénière.

Necker, que Calonne avait voulu *imiter*, et Brienne *s'associer*, était, de l'aveu de tous, le *seul ministre possible;* — il reprit, le 26 août 1788, le titre de *directeur général des finances*, et, cette fois, personne ne lui contesta le droit *d'entrer au Conseil*; les *fonds* remontèrent aussitôt de 30 pour 100; — il avait exigé la convocation des **États Généraux** et, le 27 septembre, parut l'*ordonnance royale* qui les convoquait, à *Versailles*, le 1er mai 1789 : — *tout Français âgé de 25 ans et inscrit au rôle des contributions directes* avait le droit de *choisir des électeurs*, qui, réunis à *l'assemblée du bailliage*, éliraient les *députés* aux États Généraux. — Mais **quelle serait leur composition?**

Le Parlement décida qu'on suivrait les *formes* observées aux derniers États Généraux de 1614, c'est-à-dire la *représentation simple pour le Tiers État* et le *vote par ordre*; — une *clameur universelle* accueillit dans Paris cette décision, et le Parlement perdit, ce jour-là, sans retour, **toute sa popularité** : « *Il ne s'agit pas de ce qui a été*, s'écria **Mirabeau**, *mais de ce qui doit être!* » — Une **seconde Assemblée des notables** (1788) se refusa, après longues discussions, à rien changer à *l'ancien ordre de choses*.

Louis XVI se laissa entraîner par l'*opinion publique* surexcitée par la brochure de l'abbé **Sieyès** : « *Qu'est-ce que le Tiers? — Tout. — Qu'a-t-il été jusqu'à présent? — Rien. — Que demande-t-il? — A être quelque chose* »; — il fut décidé **en Conseil** que les États se composeraient de *douze cents membres*, dont trois cents pour le *clergé*, trois cents pour la *noblesse*, et six cents, c'est-à-dire la *représentation double*, pour le *Tiers État;* — quant à la *question du vote par ordre ou par tête*, on en remettait la solution aux États Généraux eux-mêmes. — Le roi venait de signer la *condamnation de la royauté absolue*, la **Révolution** allait commencer.

**Second
ministère de Necker
(1788-1789).**

**Seconde
Assemblée des notables
(1788).**

**Convocation
des États généraux.**

SITUATION POLITIQUE DE L'EUROPE EN 1789.

GRANDES PUISSANCES.

1° **L'Angleterre,** *augmentée* du Hanovre, de l'Hindoustan, du Canada, de Gibraltar, etc., etc.; *diminuée* des États-Unis. — *Georges III* (1760-1820): William Pitt.

2° **La France,** *qui a acquis,* de 1610 à 1789 : l'Alsace, le Roussillon et la Cerdagne, l'Artois, Dunkerque, la Flandre, la Franche-Comté, Strasbourg, la principauté d'Orange, la Lorraine et la Corse.

Ses colonies sont : *En Asie* : Pondichéry, Mahé, Karikal, Yanaon, Chandernagor; — *en Afrique* : Bône, la Calle, Saint-Louis sur le Sénégal et Gorée, Bourbon, l'île de France et les Seychelles; — *en Amérique* : Saint-Pierre et Miquelon, Saint-Domingue, la Martinique, la Guadeloupe, Marie-Galante, les Saintes, la Désirade, Saint-Martin, Tabago, Sainte-Lucie, la Guyane française.

3° **L'Autriche,** *qui a acquis* la Belgique, le Milanais, le Mantouan, la Galicie et la Lodomérie, *mais perdu* la Silésie. — *Joseph II* (1765-1790).

4° **La Prusse,** *accrue* de Magdebourg, de la principauté de Glatz, de la Silésie, du duché de Posen, de Varsovie qu'elle gardera jusqu'en 1806, et de la Poméranie. — *Frédéric-Guillaume II* (1786-1797), neveu du grand Frédéric.

5° **La Russie,** *accrue* de la Livonie, de l'Esthonie, de l'Ingrie, de la Carélie, d'une partie de la Finlande, de la moitié de la Pologne, de la Courlande, de la Crimée. — *Catherine II* (1762-1796).

6° **L'Espagne,** *qui a perdu,* depuis 1610, le Portugal, les Pays-Bas, le Milanais, Naples, la Sicile, la Sardaigne, Gibraltar, l'île d'Elbe, les Présides de Toscane, la Franche-Comté, le Roussillon et la Cerdagne, l'Artois, le Yucatan et la Jamaïque. — *Charles IV* (1788-1808).

ÉTATS SECONDAIRES.

La Suède : *Gustave III* (1771-1793). — **Danemark et Norvège :** *Christian VII* (1766-1808). — **Empire d'Allemagne :** divisé en 10 *cercles.* — Le **Portugal** et son empire du **Brésil :** *Marie Ire* (1777-1816). — **L'Empire Ottoman :** *Sélim III* (1789-1807). — Le **Royaume de Sardaigne, Piémont et Savoie :** *Victor-Amédée III* (1773-1796). — Le **Royaume de Naples :** *Ferdinand IV* (1759-1825). — La **Hollande** avec *ses possessions coloniales* : la Guyane, Curaçao, Saint-Eustache, le Cap, Ceylan, Java, Sumatra, Bornéo, les Célèbes, les Moluques, Timor : *Guillaume V* (1751-1795). — **États de l'Église :** *Pie VI* (1775-1799). — La **Suisse** partagée en 13 *cantons.*

Petits États.

Républiques de Venise, de Gênes, de Lucques, de Saint-Marin. — *Grand-duché* de Toscane. — *Duchés* de Parme et de Guastalla, de Modène, de Wurtemberg. — *Électorats* de Bavière, de Saxe, de Hanovre. — *Margraviat* de Bade. — *Principautés* de Piombino, de Monaco. — Ile de Malte, aux *chevaliers de Saint-Jean.*

FIN.

Paris. — Imprimerie DELALAIN frères, rue de la Sorbonne, 1 et 3.